인간은 왜 동물보다 잘났다고 착각할까

PSYCHOLOGIE DES ANIMAUX
edited by Jean-François Marmion

!일러두기

1. 옮긴이주는 *로 표시했다.
2. 외국 인명, 지명 등은 외래어표기법에 의해 표기하는 것을 원칙으로 했으나, 일부는 통용되는 방식에 따랐다.
3. 도서는 『 』, 잡지는 《 》로 표시했다.

인간은 왜 동물보다 잘났다고 착각할까

장 프랑수아
마르미옹 지음

김지현
옮김

차례

LE PROPRE DE L'HOMME

L'HOMME

(NE LE RESTE JAMAIS TRÈS LONGTEMPS)

인간만이 가진 특성
(은 잠깐 동안만 허락될 뿐)

장 프랑수아 마르미옹
Jean-François Marmion

심리학자, 《르 세르클 프시Le Cercle Psy》 전 편집장

프랑스 인문주의 거장인 프랑수아 라블레François Rabelais는 '웃음은 인간의 고유한 특성'이라고 했다. 천만의 말씀! 우선, 애석하게도 인간이라고 항상 웃지 않는다. 또한 인간만이 웃는다는 사고는 자기들끼리 장난치며 노는 몇몇 영장류를 무시하는 처사다. 그러면 언어가 인간의 고유한 특성일까? 글쎄다. 『안나 카레니나』같은 소설이나 이케아 제품 설명서를 써 내려갈 수 있는 종種은 우리 인간뿐일지 모른다. 그러나 영장류나 그 외의 동물에게서도 언어를 구성하는 기본 요소 몇 가지를 발견할 수 있다. 게다가 커뮤니케이션은 외침, 노래, 페로몬, 몸짓, 몸치장 등 종마다 아주 다양한 형태로 나타나지 않는가? 그렇다면… 우리의 고유한 특성은 잔인함인가보다! 기분에 따라 나쁜 짓을 저지르는 건 인간뿐일 테니. 과연 그런가? 작고 귀여운 고양이가 사료를 먹는 대신 뾰족뒤쥐(*일본의 토착종인 땃쥐과의 포유류)의 목을 무는 이유는 영양 보충이 아니라 입안에서 쥐의 척추뼈가 와자작 부서지는 즐거움을 맛보려는 행동인데도? 사랑스러운 돌고래가 실은 집단 성관계를 즐기는 동물인데도? 그러면 놀이가 이 위대한 인간종만의 특성인가? 그렇게 믿는 사람이 있다면 내 반려견을 소개해 주어야겠다. 타인의 의도를 해독하는 능력이 인간만의 특성이라고? 그건 내 말이랑 먼저 얘기해 봐야 한다.

도대체 무엇이 인간을 예외적이고 특별한 존재로 만들까? 우리가 신의 형상을 닮은 피조물이라 주장하는 이들까지 있다(신을 닮았다니! 아침에 막 일어났을 때 자신의 상태를 못 봐서 하는 말이겠지). 인간만이 가진 특징은 추상적으로 사고하는 능력일지도 모른다. 달 위를 걷는 꿈을 꾼 유일한 존재가 인간인 만큼 우리의 추상적 사고 능력은 분명 정교하게 발전해 왔다. 달 위를 걷겠다고 결심할 만큼 미친 존재도 우리뿐이고, 그 꿈을 실제로 이루었으니 말이다! (나 같은 사람은 못 한다. 휴지통 앞에 가기도 귀찮다….) 우리는 또한 자신을 병들게 할 수 있는 유일한 존재다. 후회되는 일을 떠올리면서, 더 나은 세상을 상상하면서, 사랑하는 이와 헤어진 후 아파하면서, 또는 내가 왜 여기 있는지 모르겠고 영원히 알 수도 없으리라 생각하면서 괴로워하는 존재다. 인간만이 가진 특성이란 우리 종의 특성이 무엇인지를 스스로 묻고 생각한다는 점이다. 그리고 다른 종의 특성에 대해서도.

바로 이 지점에서 동물심리학, 동물행동학, 그리고 일반 심리학이 우리를 도와줄 수 있다. 우리가 왜 다른 동물들에 매료되는지, 그들과 얼마나 비슷하고 얼마나 다른지를 이해하게 해 준다. 또 이러한 학문적 접근은 우리가 다른 동물들을 어떻게 바라보고 대해야 하는지, 자연과 어떤 관계를 맺어야 하는지를 알게 해 준다. 인간의 특성이 모든 걸 망치는 일이 없도록 말이다.

NAISSANCE DE LA PSYCHOLOGIE ANIMALE

동물심리학의 탄생

마리옹 토마
Marion Thomas

스트라스부르대학교 과학사 부교수

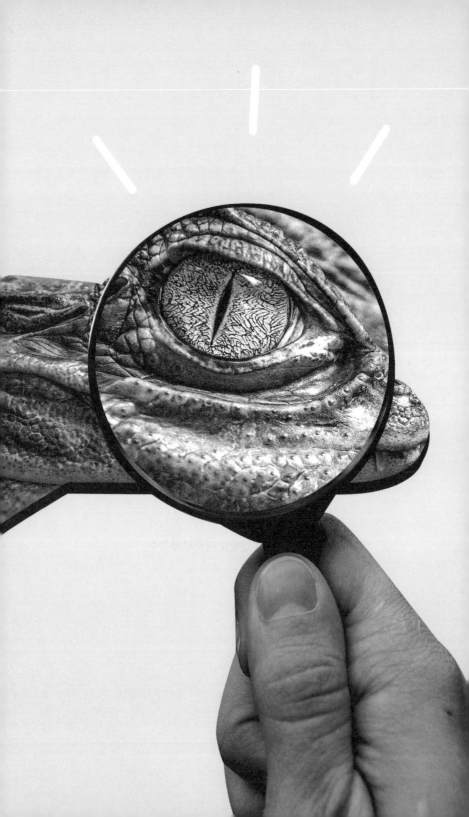

찰스 다윈Charles Robert Darwin, 1809-1882이 쓴 『종의 기원』(1859)은 인간을 비롯한 여러 종種의 자연 선택을 통한 진화를 설명함으로써 생명 과학에 개념적 혁명을 가져왔다. 그러나 다윈이 인간과 고등동물 사이의 해부학적·생리학적·정신행동학적 유사성을 살펴보며 인간의 동물적 기원을 증명한 것은 『인간의 유래와 성性선택』(1871)에서였다. 이 책에서 다윈은 특히 '고등동물의 정신 능력은 정도가 다를 뿐 본질적으로 인간의 정신 능력과 같으며, 더 발전할 수 있다'는 입장을 옹호했다.

모건의 공준

다윈은 진화론의 심리학적 측면을 발전시키는 일을 제자 조지 로마네스에게 맡겼다. 이 일의 핵심은 지능과 본능에 관한 문제였다. 동물의 정신 진화에 대한 로마네스의 연구에 영향을 준 개념은 의인화擬人化(*의인관擬人觀 또는 의인주의擬人主義라고도 함. 신이나 자연 등 인간 외의 존재에 인간의 정신적 특성을 부여하여 해석하거나 인간처럼 표현하는 경향)였다. 그러나 의인화는 1892년에 동물 행동 연구에 관한 몇 가지 규칙을 제시한 심리학자 콘위 로이드 모건 Conwy Lloyd Morgan, 1852-1936에게 비판받았다. 모건은 절약의 법칙을 제시하며 '동물의 어떤 행동을 두고 단순하고 낮은 수준의 능력을 발휘한 것으로 해석할 수 있다면, 그것을 더 복잡하고 높은 수준의 능력을 발휘한 것으로 해석해서도 안 된다'(C. L. 모건, 『비교심리학 서설』, 1894)고 기술함으로써 과도하게 의인화하는 해석을 경계했다. 훗날 '모건의 공준公準, Morgan's Canon'으로 알려진 이 법칙은 동물이 목적과 수단의 측면에서 이치를 따지는 게 아니라 '시행착오'를 겪으며 주변 세계에 점차 적응해 간다는 의미다.

다윈주의 이후 동물 행동에 대한 실험적 접근을 제안한 과학자들 중 미국 심리학자 에드워드 손다이크Edward Thorndike, 1874-1949도 있었다. 모건의 영향을 받은 손다이크는 (그가 만든 학습 곡선에서 알 수 있듯) 정량적 접근 방식에 바탕을 둔 동물심리학을 창시했다. 일화적이고 의인주의적인 접근 방식을 거부했으며, '문제 상자'를 발명하여 주로 고양이와 닭을 대상으로 동물의 학습 능력을 연구했다. 문제 상자는 안쪽에서 열 수 있는 특수한 메커니즘을 사용했고, 굶주린 채 상자에 갇힌 동물이 먹이를 얻으려면 상자 조작법을 터득해야 했다. 『동물의 지능Animal Intelligence』(1911)에서는 학습은 오직 '시행착오'를 통해서만 이루어진다는 사실을 정립했다. 그러나 원숭이가 몇 가지 단편적 개념을 가지고 있다고 인정하면서도 그것을 지능의 신호로 보지는 않았다.

개에서 흰쥐까지, 실험실의 동물들

같은 시대에 러시아 생리학자 이반 파블로프Ivan Pavlov, 1849-1936도 동물의 정신 구조 연구에 적용할 실험 방법을 제안했다. 1903년에 소화 과정에서 신경계가 하는 역할을 연구하던 파블로프는 이 연구의 연장선상에서 개를 모델로 삼아서 침샘 활동이 본능이 아닌 '조건반사'에 따른 결과일 수 있음을 밝혀냈다. 조건반사는 생리 현상과 결합된 기본 정신 현상으로 인정받았고, 이로써 정신은 더는 의식 상태와 동일시되지 않고 보다 유기적인 기반을 갖게 되었다. 그런데 왜 개를 선택했을까? 파블로프에 따르면 포유동물 중 개의 소화 기관이 인간의 것과 가장 유사하다. 게다가 개는 실험 모델로 쓰기에 비싸지 않고 구하기도 쉽다. 또 토끼와 달리 강인하고, 돼지와 달리 차분하며, 고양이와 달리 믿을 수 있는 동물이다. 그래서 인간의 가장 좋은 친구는 파블로프의 생리학-심리학 실험을 위한 '가장 적합한' 희생양이 되었다.

파블로프는 미국 심리학자 존 왓슨John Watson, 1878-1958에게 큰 영향을 미쳤다. 왓슨은 1913년에 논문 「행동주의자가 보는 심리학」을 발표하며 내관內觀 심리학과의 단절을 선언했다. 내관 심리학이 의식을 연구 대상으로 삼은 데 반해 '새로운' 심리학은 순수하게 객관적인 자연과학이며 그 목적은 행동의 예측과 통제임을 표방했다. 간단히 말해 행동주의는 외부 또는 내부 자극(S)이 특정한 행동 반응(R)을 일으켜 동물의 행동을 유발한다는 사고에 기초한다. 왓슨이 볼 때 S-R 패턴의 관찰은 실험실에서 행하는 실험의 틀 안에서 이루어져야 하며 그것이 과학성의 기준, 즉 매개변수 통제와 실험 재현성을 충족할 수 있는 유일한 방법이었다. 왓슨은 실험동물로 흰쥐를 즐겨 사용했다.

영장류학과 동물행동학

1909년에 존 왓슨은 훗날 미국 심리학 및 영장류학의 주요 인물이 되는 로버트 여키스Robert Yerkes, 1876-1956와 친분을 맺는다. 두 과학자의 협력은 처음에는 서로에게 유익했지만 1913년 이후 전문가로서의 둘의 관계는 악화되었다. 왓슨이 급진적 입장을 취하면서 정신 상태와 그 내용에 관한 연구를 비난했기 때문이다. 여키스는 왓슨과 정반대 입장을 보이면서, 동물에게도 정신 구조가 존재하며 동물의 정신 구조와 인간의 정신 구조 사이에 연관성이 있음을 인식해야 한다고 주장했다. 손다이크와 달리 여키스는 고등동물이 '시행착오'를 통해 학습할 뿐만이 아니라 개념을 표현할 수도 있다고 확신했다. 여키스는 1916년에 '다지선다형 선택 장치'를 이용해 오랑우탄 줄리어스Julius를 테스트하는 데 성공하면서 대형 유인원이 개념적 행동을 할 수 있음을 입증해 냈다. 유인원 지능에 관한 실험을 통해 그는 실험실을 비교심리학 연구의 거점으로 삼을 수 있었다. 비인간 영장류는 여키스에게 최고의 조력자였으며 덕분에 그는 비교심리학에서 파생된 새로운 학문인 영장류학의 기초를 수립할 수 있었다. 그러나 실험실을 심리학 연구에 적합한 장소로 옹호하는 태도는 동물 행동 연구가들 사이에서 우려를 불러일으켰다. 오스트리아 동물학자 콘라트 로렌츠Konrad Lorenz, 1903-1989는 심리학자, 특히 왓슨과 여키스에게 적대적 태도를 숨기지 않았고 실험실에서 얻은 결과에 대한 회의적인 시각을 거리낌 없이 드러냈다.

로렌츠는 동물 행동을 자연주의 관점에서 연구하는 다윈주의 전통에 속한다. 그는 『종의 기원』의 8장 주제인 본능을 통해 진화론적 설명을 시도했다. 또 생명론적 차원만이 아니라 기계론적 차원에서도 벗어나는 본능 이론을 전개했고, 네덜란드 동물학자 니코 틴버겐과의 공동 작업을 통해 본능에 관한 통합된 이론에 도달할 수 있었다. 1973년에 두 연구자는 개별적·사회적 행동 패턴의 조직화 및 도출에 관한 발견으로 노벨 생리학·의학상을 수상했다. 공동 수상자인 독일 동물학자 카를 폰 프리슈Karl von Frisch, 1886-1982는 꿀벌의 언어에 관한 연구로 공로를 인정받았다.

로렌츠는 각인 연구와도 관련이 있다. 각인이란 갓 태어난 동물이 움직이는 물체(보통은 어미)에 주의를 집중하고 그에 대한 애착 행동을 발달시키는 것을 말한다. 로렌츠 이전의 학자들은 일반적으로 이 현상을 학습의 결과로 설명했다. 하지만 로렌츠는 각인이 동물의 발달 과정 중 결정적이고 돌이킬 수 없는 시기에 일어남을 보여 줌으로써, 이것이 학습의 결과라는 주장에 의문을 제기했다. 또 각인에는 각각의 종마다 고유한 특성이 있다고 덧붙였다. 동물 및 인간의 행동을 선천적 요인으로 설명하려는 이러한 주장은 로렌츠가 옹호한 심리학의 결정론적 측면을 드러낸다. 각인 이론은 특히 로렌츠가 키운 회색기러기 마르티나Martina로 구체화되어 동물행동학을 대중화하는 데에도 기여했다. 오리 떼가 로렌츠를 쫓아다니는 모습이나 로렌츠가 기러기들과 호수 한가운데서 노는 모습을 담은 사진도 유명하다. 로렌츠의 연구에서 큰 영감을 받은 영국 정신의학자 존 볼비John Bowlby, 1907-1990는 제2차 세계대전 이후 고아가 된 아이들을 관찰하며 애착 이론을 개발하고 여기에 동물행동학의 개념을 도입했다. 자신이 수행한 임상 연구의 과학적 정당성을 강화하는 방법이기도 했다.

다양한 지식 분야의 교차점

동물심리학(비교심리학)과 동물행동학의 역사를 간략히 살피다 보면 주로 남성 과학자의 활약이 눈에 띄지만 이 분야에 공을 세운 여성 과학자도 여럿 있다. 러시아의 무정부주의 생물학자 마리 골드스미스Marie Goldsmith, 1871-1933는 물고기의 생리적·심리적 반응 연구에 관한 논문(1915)과 『비교심리학』(1927)이라는 책을 썼다. 독일 생물학자 마틸드 헤르츠Mathilde Hertz, 1891-1975는 까마귀와 꿀벌의 시력에 관한 연구로 동물심리학 분야의 선구자가 되었다. 남녀 연구자들은 쥐부터 원숭이, 개, 새에 이르기까지 다양한 동물 종을 연구했다. 곤충도 동물심리학에서 선호하는 모델이었다. 동물 모델이 다양하다는 점은 연구 과제의 다양성(본능과 학습 사이의 문제 등)만이 아니라 연구 장소의 다양성(자연환경, 동물원, 실험실 등)과도 맞물려 있다. 또 연구 장소의 다양성은 서로 다른 방법론적 접근과 결합하면서 인식론적 긴장 관계(이를테면 실험실 vs. 현장)를 낳는다. 이는 그 자체로 과학적으로 인정받으려는 노력과 연결되며, 새로운 지식 분야가 등장할 때 민감하게 벌어지는 학문적 경쟁을 반영한다. 동물의 지능과 언어에 관한 연구를 통해 인간과 동물의 경계가 재검토되고 있으며, 인간의 특성(지능, 언어 등)이 존재하는가에 관한 의문도 제기되고 있다.

끝으로 주목할 점은 동물심리학의 역사가 아동심리학의 역사와 겹친다는 사실이다. 특히 유인원과 아동을 비교한 연구를 통해서 관계가 드러난다. 예를 들면 프랑스 동물학자 루이 부탕Louis Boutan, 1859-1934이 긴팔원숭이와 아동을 대상으로 한 실험, 러시아 심리학자 나디아 라디기나코츠Nadia Ladygina-Kohts, 1889-1963가 어린 침팬지*Pan troglodytes* 조니Joni를 대상으로 한 실험과 몇 년 후에 조니의 아들 루디Roody를 대상으로 한 실험, 그리고 미국 심리학자 윈드롭 켈로그Winthrop Kellogg, 1898-1972와 그의 부인이 아들 도널드와 두 살짜리 암컷 침팬지 구아Gua를 대상으로 한 실험 등이다. 유인원과 아동의 감정 표현 및 정신 능력 발달을 비교 탐구한 이 연구들은 20세기 초반 동물심리학 분야의 활력과 풍요로움을 보여 준다. 또 동물심리학이 다양한 지식 분야의 교차점에 자리한다는 사실을 방증한다.

데카르트 vs. 몽테뉴

조지 로마네스 전에도 동물에게 지능이 있는지를 알아내고자 애쓴 이들이 있었다. 동물에게 지능이 있는지 여부는 과학 영역의 문제이기 이전에 철학 영역의 문제였다. 몽테뉴와 데카르트의 상반된 입장을 떠올려 보면 알 수 있다. 몽테뉴는 인간이 지능을 독점하는 게 아니며, 정도의 차이는 있지만 다른 동물들과 하나의 동일한 자연법칙을 공유한다고 주장했다. 반면에 데카르트는 동물이 감각은 타고났지만 의식이 없고 따라서 지능도 없는, 다소 시끄러운 기계라고 보았다. 이 중 데카르트의 사상이 큰 영향을 미쳐 대다수가 오랫동안, 그리고 일반적으로 지능은 인간만의 특성이며 동물은 본능의 지배를 받는다고 여겼다. 그러다 지능과 본능을 이분법적으로 나누는 인간-동물 이원성을 타파하자는 목소리가 높아졌다. 18세기에는 샤를 조르주 르로이Charles-Georges Leroy, 1723-1789가 몽테뉴와 같은 목소리를 냈다. 르로이는 마를리 및 베르사유 정원의 왕실 사냥터를 관리했고, 드니 디드로Denis Diderot의 『백과전서』에 글을 기고한 인물이다. 그는 기계론적 세계관을 지닌 이들이 동물을 극단적으로 해석하는 방식 (가령 동물이 고통스러울 때 내는 소리를 기름칠이 제대로 되지 않은 기계가

20

삐걱거리는 소리에 비유한 철학자 니콜라 말브랑슈의 해석)에 반대하면서, 동물에게는 느끼고 기억하고 판단하고 계산하는 능력이 있으며 심지어 언어도 있다고 주장했다. 르로이는 동물의 감각에 중점을 두면서 데카르트파에 대항하는 감각론자 집단에 합류했다. 또 본능이란 고대부터 내려오는 지적 행위이며, 그것이 반복되면서 자동적인 행위, 습관의 양상을 띠게 된 것으로 보았다. 이러한 정의는 이후 장 바티스트 라마르크Jean Baptiste Lamarck에게서, 그 후에는 로마네스에게서 찾아볼 수 있다.

비교심리학

조르주 퀴비에Georges Cuvier(*19세기 프랑스 동물학자, 박물학자, 정치가. 고생물학과 비교생물학의 기초를 세움)의 동생이자 동물학자인 프레데릭 퀴비에Frédéric Cuvier, 1773-1838는 1803년에 파리 식물원 부속 동물원의 관리자가 되었다. 그는 동물원에 있는 동물들을 이용해 영장류의 본능, 지능 및 인지 능력을 연구하고자 했다. 비교심리학이라는 새로운 과학의 개념적·방법론적 토대를 마련하고 싶어서였다. 1836년 5월 15일 동물원에 첫 번째 오랑우탄이 들어왔고, 퀴비에는 이 오랑우탄의 정신 능력을 연구하면 인간과 동물의 유사점 및 차이점에 대한 근본적 의문을 해결할 수 있으리라 확신했다. 1837년 퀴비에는 비교생리학과 비교심리학을 전문으로 하는 강좌 개설을 준비했다. 그러나 동물심리학을 향한 퀴비에의 과감한 추진력은 1838년 그가 갑작스럽게 세상을 떠나면서 멈추었다. 퀴비에가 사망한 후에도 강좌는 운영되었으나 심리학을 향한 방향성은 사라지고 말았다. 퀴비에의 소망은 1933년, 뱅센 동물원의 개장을 맞아 국립자연사박물관이 '야생동물행동학 강좌'를 개설하면서 비로소 실현되었다.

PSYCHOLOGIE ANIMALE:

LES RÉVOLUTIONS CONCEPTUELLES

동물심리학: 개념의 혁명

베로니크 세르베
Véronique Servais

심리학자, 리에주대학교 커뮤니케이션 인류학 교수

역사적으로 동물의 행동을 연구하는 학문은 두 가지 전통을 중심으로 조직되었다. 하나는 비교심리학(동물심리학)이고, 다른 하나는 동물행동학이다. 동물행동학은 다윈주의 혁명으로 활성화된 동물학에서 유래한 학문이다. 비교심리학이 실험실에서 주로 쥐와 비둘기를 대상으로 연구하며 학습의 일반 법칙에 초점을 맞추었다면, 동물행동학은 자연환경에서 종의 전형적 행동에 관심을 가지고 본능에 따른 행동을 주요 연구 대상으로 삼았다. 동물 행동 연구에 대한 이 두 가지 접근 방식이 대립하면서 선천성과 후천성 사이의 오랜 논쟁에 새로운 바람이 일어났고, 1980년대까지 매우 활발하게 진행되었다. 당시 리에주대학교에서 심리학을 공부하던 나는 동료들과 마찬가지로 막연히 둘 중 하나를 선택해야 한다고 생각했다. 많은 학생이 관찰을 기반으로 해 '주관적'일 위험이 있는 동물행동학보다는 과학성을 기반으로 해 안심할 수 있는 비교심리학을 선호했다.

오늘날 상황은 확연히 달라졌다. 물론 동물행동학과 동물심리학은 지금도 서로 다른 관점을 유지 중이다. 동물행동학은 언제나 진화론적 관점에서 행동을 고찰하며, 자연환경에서의 연구를 중요시하고 적응주의적 가치를 추구한다. 반면 동물심리학은 여전히 실험을 기반으로 하며, 행동이 나타나는 생태학적 틈새와는 무관하게 일반 법칙을 규명하는 것을 목표로 한다. 그러나 과거에 치열했던 논쟁은 이제 비교적 평화로운 공존으로 바뀌었고, 새로운 분야와 쟁점도 등장했다. 동물의 행동을 연구하는 학문은 30년 동안 두 가지 개념 혁명과 전례 없는 기술 혁명을 겪었다. 이로 인해 동물 행동 연구 분야의 환경과 도구에도 상당한 변화가 일어났다.

동물의 내면을 향한 새로운 시선

동물의 행동을 연구하는 학문 분야가 겪은 첫 번째 개념 혁명은 1980년대의 인지 혁명이다. 인지 혁명은 오로지 행동에만 초점을 맞추던 행동주의 중심의 비교심리학을, 동물의 정신 과정과 인지를 연구 대상으로 삼는 심리학으로 변화시켰다. 이를 혁명이라 부를 수 있는 이유는 그전까지의 행동주의가 생물체 내부에서 일어나는 정신 과정, 감정, 인지 활동 등에는 관심을 두지 않고 또 이를 연구하기도 불가능하다고 여겼기 때문이다. 그러나 행동은 단순한 자극-반응 연관성보다 훨씬 복잡한 인지 과정의 결과이며, 실험을 통해 연구할 수 있다는 생각이 점차 자리 잡았다. 1981년에 리처드 모리스Richard Morris는 물을 채운 원형 수조 안에서 쥐를 헤엄치게 하면서 쥐의 공간 학습 능력을 실험했다. 모리스는 쥐가 물을 피해 올라갈 수 있도록 수조 안에 플랫폼 하나를 설치했는데, 이 장치를 수면 아래에 잠기도록 해 헤엄치는 쥐에게는 보이지 않게 했다. 다양한 위치에서 쥐를 풀어 놓고 피신처(플랫폼)로 헤엄쳐 가는 궤적을 분석해 본 결과, 쥐는 출발점에서 이미 목적지를 결정하고 여기 맞게 궤적을 계획하는 것으로 나타났다. 이 실험은 설치류의 움직임이 자극-반응-강화 연관성을 기반으로 한 단순 학습이 아니라 수조와 피신처 위치에 대한 공간 개념 작용임을 보여 주었다. 그리고 동물의 공간 파악 능력과 '정신 지도' 연구에 매우 풍부한 실험 패러다임을 제공해 주었다.

  동물이 환경을 어떻게 인식하고 해석하는지, 그리고 환경과 어떤 관계를 맺는지에 대해 연구자들은 수많은 질문을 던진다. 그런 질문들은 동물의 인지 능력을 종별 수준 또는 개체 수준에서 명확히 밝히는 데 도움이 된다. 몇 가지 질문과 답을 정리해 보자. 거미는 시각적 단서 없이도 길을 돌아가거나 방향을 잡아 먹이를 찾을 수 있을까? 그럴 가능성이 높다고 밝혀졌다. 초파리는 원초적 형태의 의식을 가질까? 퀸즐랜드대학교의 브루노 반 스윈더렌Bruno van Swinderen 부교수에 따르면 초파리는 선별적으로 주의를 기울일 수 있는 능력이 있으므로 초파리도 주관적 시각을 가질 수 있으며, 이것이 초파리에게 의식이 나타나는 첫 번째 단계라고 한다.

심리학과 행동학이 한자리에?

다른 질문들도 있다. 어미 양은 어떻게 자기 새끼를 알아보며, 그 바탕에 있는 생리학 메커니즘은 무엇일까? 양은 주로 후각으로 새끼를 인식하는데 새끼를 낳을 때 분비되는 호르몬이 양의 후각을 더 민감하게 만든다고 한다. 철새는 어떻게 길을 찾을까? 일부 조류의 경우 망막에 위치한 특수 뉴런이 지구 자기장에 반응해 화학 변화를 일으키기 때문에 방향을 파악할 수 있다는 사실이 밝혀졌다.

이와 같은 질문들에 답하려고 할 때, 동물심리학은 비로소 동물이 세상을 인식하는 방식 또는 동물이 생존 문제를 해결하는 정신적 과정만을 연구하는 데서 벗어나게 된다. 인지의 기초가되는 생물학적 메커니즘도 파악해야 하기 때문이다. 동물심리학 일부는 이제 신경생물학, 내분비학, 행동유전학과 밀접하게 연관되어 있으며, 동물의 행동을 정교한 생물학적 장치가 만들어 내는 결과물로 간주한다. 동물심리학은 인지 메커니즘이 적응주의적 가치를 지닌다고 가정한다. 다시 말해 동물의 인지 메커니즘은 동물이 환경에서 발생하는 문제를 효과적으로 해결할 수 있도록 적응하며 발전했다고 본다. 따라서 동물심리학은 인지 혁명을 겪으면서 대체로 다윈주의 관점을 통합해 왔다.

동물심리학의 이런 측면은 신경행동학에 가까우며, 때로는 둘을 구별하기 어렵다. 동물심리학과 신경행동학의 만남은 분명 밝은 미래로 이어지리라 본다. 신경과학과 뇌 영상 기술이 끊임없이 발전하면서 새로운 사실들도 속속 발견되고 있다. 뉴욕 컬럼비아대학교 연구진은 살아 있는 유기체(히드라)의 전체 신경계가 작동하는 모습을 실시간으로 관찰하는 데 성공했다. 유전자에 변형을 가해 칼슘이 있으면 뉴런이 형광 특성을 띠고, 뉴런이 활성화되면 '밝게 빛을 내도록' 만든 것이다. 앞으로의 과제는 이런 기술이 만들어 내는 방대한 자료를 의미 있고 일관된 하나의 시각으로 결합하는 일이다.

다양하게 얽히고 쌓인 요소들

동물심리학에서 흥미를 끄는 또 다른 영역은 사회적 인지다. 동물이 동료를 어떻게 인식하는지, 사회적 정보를 어떻게 처리하는지, 동물의 사회적 전략에는 어떤 인지 과정이 관여하는지 등과 관련 있다. 이 지점에서 심리학과 행동학이 손을 맞잡아야 한다. 동물의 사회적 행동을 설명하려 할 때 개체의 인지에서 찾을 수 있는 답은 일부에 불과하다. 나머지 답은 사회적 네트워크와 그 계층 구조, 즉 개체와 개체의 파트너가 맺는 유의미한 관계에서 찾을 수 있기 때문이다. 침팬지는 자신과 협력할 파트너를 선택해야 하는 실험 상황에 놓일 때, 무조건 이전에 자신을 도와준 개체를 선택하지 않는다. 하지만 자연 상태의 침팬지 사회 집단에서 침팬지는 서로의 털을 손질해 주며 정서적 관계와 신뢰를 형성해 온 개체를 도우려는 경향을 보인다.

동물은 사회적 의사소통으로 받은 정보에 의미를 부여하며, 의미는 동물의 경험과 현재 상황에 따라 달라진다. 그러나 실험심리학은 실험 대상인 특정 동물의 상황을 고려하지 않고 일반적 인지 과정을 기술하는 데 중점을 두므로, 실험 대상 동물이 자신의 행동에 의미를 부여하는 데에는 방해가 된다. 이럴 때 상황 속에서의 행동에 관심을 두는 동물행동학이 실험심리학을 보완해 줄 수 있다. 실험심리학이 연구하는 개별 인지 메커니즘이 보다 넓은 체계 안에 자리 잡게 해 주기 때문이다. 동물에 대한 객관적 접근과 생태학적 접근 사이의 대화를 시작하는 일은 오늘날 동물 행동을 연구하는 학문 분야가 직면한 주요 과제다. 또 다른 주요 과제는 특히 사회적 인지 연구에서 행동의 감정적 측면을 통합하는 일일 것이다.

유익하지만 단편적이었던 사회생물학의 견해

동물 행동을 연구하는 학문 분야에 변화를 가져온 두 번째 개념 혁명은 행동생태학 혁명이다. 혁명은 E. O. 윌슨의 『사회생물학』(1975)이 반향을 일으키며 시작되었다. 사실 이 책은 출간 즉시 논쟁거리가 되며 비판받았다. 행동을 유전적 결정 요인으로만 축소하는 경향을 보였을 뿐만이 아니라 인간 사회학 분야를 다루는 방식이 서툴고, 그에 대한 정보도 부족해서였다. 그러나 새로운 패러다임의 출현에 기여하고 진화생물학에 중요한 개념을 하나

선물했다. 진화의 관점에서 볼 때 유기체의 성공이란 후손에게 유전자를 전달하는 능력인 '적응적 가치'(또는 적합성)로 측정된다는 개념이다.

　행동생태학이 성공적으로 자리 잡은 이유는 행동생태학 덕분에 다윈의 진화와 도태 이론 안에 행동이라는 개념을 다시 통합할 수 있었기 때문이다. 행동생태학은 동물이 번식 성공과 유전자 전달 극대화를 목표로 하는 합리적 행위자라고 가정한다(물론 본능 수준에서는 동물이 목표를 의식하지 않고 행동하지만 말이다). 이를 위해 동물은 자원을 활용하는 전략과 번식하는 전략을 개발하고, 이러한 전략은 개체나 유전자 입장에서 '비용 대비 이익'이 큰 경우 그 후손에게 전달된다.

　행동생태학이 성공한 또 다른 이유는 가설을 테스트할 수 있는 방법론, 즉 모델링을 제공한다는 점이다. 덕분에 연구자들은 동일한 동물 집단 내에서 경쟁 전략의 비용과 이익을 계산하고 이를 세대 간 진화를 모방하는 알고리즘 모델에 대입함으로써 어떤 전략이 '진화적으로 안정적인 전략'인지, 다시 말해 어떤 전략이 궁극적으로 집단 내에서 유지될지를 추론할 수 있다. 그다음 이렇게 얻은 결과를 동물의 실제 행동을 관찰한 결과와 비교할 수 있다.

행동생태학을 향한 비판 중 하나는 동물의 행동을 생물학적 메커니즘이 유발하는 자동 결과로 설명하려 한다는 데 있다. 또 다른 비판은 유기체를 단위 특성으로 나누고 각각의 특성을 개별적인 선택과 적응의 대상으로 삼는다는 점이다. 선택이란 고립된 개별 특성에 작용하는 것이 아니라 유기체 전체에 작용하는 것인데도 말이다. 하지만 행동생태학의 패러다임이 동물행동학에 확고한 이론적 기반을 제공했고 동물행동학의 실질적인 부활을 가져왔다는 점은 인정해야 한다.

여러 관점을 동시에 다루는 일이 커다란 과제

앞에서 본 것처럼 두 가지 개념 혁명, 즉 인지 혁명과 행동생태학 혁명은 동물 행동 연구를 서로 다른 방향으로 끌고 간다. 두 길이 교차할 수도 있다. 한편에서는 적응과 최적 행동 전략(행동의 '이유')에 관한 연구를 개별 전략, 집단 내 형질 전달, 행동의 유전학 측면에서 설명한다. 다른 한편에서는 개별 인지 과정 및 이를 뒷받침하는 생물학적 메커니즘(행동의 '원리')에 관한 연구를 통해 동물심리학을 행동생물학 쪽으로 이끌며, 이러한 연구는 전반적으로 적응주의 패러다임에 포함된다. 이 두 가지 혁명으로 탄생한 새로운 학문 분야들은 신경과학만이 아니라 인지심리학에서도 영향을 받았다. 행동생태학, 신경행동학, 신경심리학, 행동유전학, 행동신경내분비학 등이 여기 속한다. 여러 학문 분야가 각각의 방식으로 동물 행동에 대한 관점을 구성한다.

동물행동학과 동물심리학은 지난 30여 년 동안 크게 변화했고 앞으로도 끊임없이 변화하리라 본다. 연구원들이 무기로 이용할 수 있는 기술도 점점 더 발전하고 그들이 답할 수 있는 질문도 계속 늘어난다. 하지만 가장 큰 과제가 남아 있다. 다양한 이론을 통합해 행동 메커니즘과 행동이 일어나는 사회적·생태적 맥락 모두를 고려하는 체계적인 비전을 제시하는 일이다. 또 동물의 주관적 경험을 고려할 수 있는 여유도 가져야 할 것이다.

동물의 의식에 관한 논쟁

동물을 의도와 자의식을 지닌 주체로 볼 수 있을까? 1980년대에 도널드 그리핀Donald Griffin은 여러 저서에서 이 문제를 제시함으로써 주목받았다. 그리핀은 동물을 보는 기계론적 관점에 반기를 들었다. 그리고 동물도 생각을 하고, 의도를 가지고 있으며, 자의식을 지니고 있음을 진지하게 고찰하는 인지동물행동학의 기초를 세우고자 노력했다. 그리핀의 주장은 더 멀리 나아가지 못했으나 의인화와 동물의 정신 상태에 대한 논쟁을 다시 불러일으켰다는 데서 의의를 찾을 수 있다. 오늘날 동물에게 주관적 정신 상태가 있음을 부정하는 사람은 없다. 또 의인화가 어느 정도 유용하다는 사실을 부인하는 사람도 없다. 그리핀의 주장을 심화하고 확장한 동물행동학자 고든 버가트는 1997년에 쓴 글에서 '21세기의 가장 흥미로운 연구 분야가 될 인지동물행동학을 위해 자리를 마련할 때'라고 했다. 특히 오늘날에는 엄청난 잠재력을 지닌 응용동물행동학이 인지동물행동학의 주장을 확장하는 데 중요한 역할을 수행 중이다.

COMMENT LES ANIMAUX PERÇOIVENT LE MONDE?

동물은 세상을 어떻게 지각할까?

스즈키 고타로
Kotaro Suzuki

니가타대학교 실험심리학 명예 교수

동물은 자신을 둘러싼 세상을 어떻게 지각할까? 물론 누구도 자신의 주변에 물리적으로 존재하는 모든 것을 지각하기란 불가능하다. 또한 동물의 지각은 상당히 제한된 범위 내에 머물러 있다. 하지만 각 동물 종은 오랜 시간 진화를 거치면서 생존에 가장 중요한 특정 정보를 포착하고 해석할 수 있는 고유 능력을 개발하고 다듬어 왔다.

다양한 시야

동물의 시각을 중심으로 살펴보자. 동물의 눈이 반드시 한 쌍인 것은 아니며 몇몇 종은 훨씬 더 많은 눈을 가지고 있다. 예를 들어 가리비는 작은 눈 100여 개로 세상을 본다. 깡충거미는 네 쌍, 즉 여덟 개의 눈이 있어 사냥감을 눈으로 찾아내는 데 익숙하다. 그중 가운데 있는 눈 한 쌍의 시력이 매우 좋은데, 색과 움직임을 볼 수 있어 먹이나 파트너를 식별할 수 있다. 나머지 눈 세 쌍은 옆과

뒤에 달려 주변 움직임을 감지한다. 그래서 깡충거미의 시야는 360도에 이른다.

하지만 동물 대부분은 한 쌍의 눈만 가지고 있다. 우리 같은 척추동물도 그렇고, 두족류(*연체동물의 한 강으로, 낙지와 오징어 등이 속함)와 일반적인 곤충도 마찬가지다. 곤충의 경우 머리에 작은 눈이 한 개 또는 세 개 더 달린 경우도 있다. 인간의 시야는 앞을 향해 있는 두 눈의 위치에 따라 결정되므로 약 180도 파노라마를 볼 수 있다. 중앙의 80도에서는 시각이 중첩되어 입체시가 가능하므로 주변 사물의 상대적 거리를 파악할 수 있다. 말, 소, 토끼 등 초식동물의 경우 두 눈이 우리보다 옆쪽으로 붙어 있다. 그래서 인간에 비해 입체 시각의 범위는 좁지만 전체 시야는 더 넓다. 덕분에 주변 환경을 더 잘 감시하고 큰 육식동물을 쉽게 발견할 수 있다. 극단적인 예이지만 멧도요는 머리 양옆에 큰 눈이 달려 있어 뒤쪽을 곧바로 볼 수 있다. 입체 시각을 포기한 대신 완벽한 파노라마 시야를 자랑한다!

시력도 종마다 다르다. 인간의 시력은 망막 중심부에서 가장 좋고 주변부로 갈수록 급격히 떨어진다. 송골매는 시력이 우리보다 두세 배나 뛰어나 멀리 있는 작은 먹잇감도 쉽게 볼 수 있다. 반면에 초식동물은 일반적으로 인간보다 시력의 정확도가 열 배 정도 떨어지기 때문에 초식동물의 눈에는 세상이 덜 뚜렷이 보이리라 짐작할 수 있다. 일반적으로 시력이 동물의 크기와 상관관계를 보인다는 점도 흥미롭다. 기린 같은 대형 동물은 대체로 수용체를 많이 포함하는 큰 눈을 가지고 있고 시력도 뛰어나 멀리 있는 생물이나 무생물을 더 잘 지각할 수 있다. 반면에 소형 동물, 가령 파리나 꿀벌 같은 곤충은 우리보다 시력이 오십 배는 더 나빠 세상을 흐릿하게만 인식할 수 있다.

세상의 색깔

색을 인식하기 위해서는 서로 다른 빛의 파장을 인식하는 수용체(망막 원추세포)를 두 종류 이상 지녀야 한다. 인간에게는 세 종류의 원추세포가 있으며, 440나노미터, 535나노미터, 570나노미터의 파장(각각은 우리가 파랑, 초록, 노랑으로 인식하는 파장과 어느 정도 일치)에 매우 잘 반응한다. 이 세 가지 원추세포의 반응이 다양하게 조합되어 다른 색들을 인식한다. 그 결과 우리는 진한 보라색부터 진한 빨간색까지, 380-720나노미터 범위의 파장을 감지할 수 있다.

개, 고양이, 소처럼 두 종류의 원추세포만 가진 동물은 인간과 비교해 색을 뚜렷하게 인식하지 못한다. 반대로 주행성晝行性 조류처럼 네 종류의 원추세포를 가진 동물은 우리보다 더 선명한 색깔로 이루어진 세상에 사는 셈이다.

곤충과 조류의 많은 종이 인간은 볼 수 없는 자외선(파장 380나노미터 미만)도 지각할 수 있다. 예를 들어 꿀벌은 320-620나노미터 범위의 파장을 감지하므로 자외선을 볼 수 있지만 인간이 빨간색으로 지각하는 620나노미터를 넘는 파장은 구분하지 못한다.

한 종류의 수용체(망막 막대세포)만 가진 종들도 있다. 이들은 빛의 양은 구별할 수 있으나 파장은 구별할 수 없는데, 그들이 지각하는 세계가 단색이라는 의미다. 큰가리비, 쥐, 문어가 그렇다. 주변 물체의 움직임을 감지할 수 있는 가리비나 기본적으로 야행성인 쥐에게 있어 색깔은 전혀 중요하지 않다. 망막 막대세포는 망막 원추세포보다 빛에 훨씬 민감하기에 막대세포가 많은 동물은 어두운 환경에서도 사물을 선명하게 지각할 수 있다.

문어의 능력은 조금 신기해 보인다. 그들은 몸 전체의 색과 모양을 즉각적으로 바꿔 위장할 수 있기 때문이다. 이러한 변화는 문어가 무언가를 시각적으로 알아차려서가 아니다. 문어는 눈이 보이지 않을 때도 이런 식으로 제 몸을 숨길 수 있다. 피부에 있는 특수 세포가 빛의 변화에 따라 수축하면서 피부색을 달리 보이게 할 수 있어서다.

인간은 막대세포와 세 가지 종류의 원추세포를 가지고 있어 낮에는 세상의 색을 명확히 인식하고 밤에도 주변을 비교적 쉽게 지각할 수 있다. 반면에 주행성 조류는 원추세포만 가지고 있어 해가 지면 사물 대부분을 볼 수 없다.

박쥐에 관한 궁금증

각각의 동물 종은 외부 세계를 어떻게 경험하는 걸까? 엄격한 입장을 보이는 철학자들과 과학자들은 이 '실존적' 질문에 대해 종종 불가지론不可知論적 태도를 유지해 왔다. 박쥐의 반향 탐지 능력을 보자. 박쥐는 완전한 어둠 속에서 초음파를 발사하고 초음파가 앞에 있는 생물이나 무생물에게 부딪혀 돌아오는 반향을 감지할 수 있다. 이를 통해 박쥐는 주변 환경 안에서 적절하게 움직인다. 철학자 토마스 네이글은 1974년에 「박쥐가 되는 건 어떤 것일까?」라는 유명한 논문을 통해 인간은 반향 탐지 기관이 없으므로 박쥐가 어떻게 인식하는지 진정으로 이해하기는 불가능하다고 단언했다.

철학자들에게는 박쥐의 주관적 경험을 파악하는 일이 불가능했지만 심리학자들은 여기 만족하지 않았다. 1940년대에 코넬대학교 소속 심리학자 칼 달렌바흐Karl Dallenbach와 그의 동료들은 앞이 보이지 않는 사람들을 대상으로 몇 가지 실험을 했다. 실험 대상자들은 걸을 때 장애물을 피하는 방법을 알고 있었다. 달렌바흐의 의문은 시각적 지각이 없이 어떻게 장애물을 피할 수 있느냐는 것이었다. 심리학자들은 실험 대상자들의 귀를 막고, 그들이 소리를 들을 수 없을 때 장애물에 부딪히는지를 살펴보았다. 실제로 대상자들은 귀를 막았을 때 장애물 피하기를 더 어려워했고, 소리 울림이 없는 방에 있을 때도 마찬가지였다. 요컨대 시각 장애인은 자신의 발걸음 소리나 목소리의 메아리를 이용해 장애물의 존재를 지각하면서도 자신이 소리를 이용하고 있음을 인지하지 못하고 있었다. 시각 장애인은 자신이 공기의 흐름이나 얼굴 피부에 닿는 광선 등을 이용해 앞에 놓인 장애물을 감지한다고 믿고 있었다. 하지만 시각 장애가 없는 사람도 소리를 이용하고 메아리를 지각하는 연습을 하면 눈을 가리고 걸으면서도 장애물을 피하는 방법을 배울 수 있다.

이렇게 우리는 반향 탐지 능력을 개발하고 다듬을 수 있다. 이 능력을 이용해 박쥐가 외부 세계를 어떻게 지각하는지를 상상할 수도 있다. 또 다양한 장치의 힘을 빌려 초음파, 적외선, 자외선, 편광, 자기장 등 현재 우리가 지각할 수 없는 자극을 탐지하고 인식할 수도 있다. 그리고 다양한 종의 주관적 지각에 점점 더 가까이 다가가는 중이다.

각자의 '움벨트'

1934년에 독일 생물학자 야콥 폰 윅스퀼Jacob von Uexküll은 『동물들의 세계와 인간의 세계』에서 여러 종(개, 벌, 파리, 지렁이, 진드기, 달팽이 등)의 지각 세계를 파악하려고 시도했다. 윅스퀼은 동물들이 저마다 고유한 세계를 살아간다면서 각 종이 지각하고 경험하는 세계를 그 종의 환경세계, 즉 '움벨트Umwelt'라고 불렀다.

윅스퀼에 따르면 포유류의 피부에 달라붙어 피를 빨아먹는 기생충인 진드기의 '움벨트'는 매우 흥미롭다. 진드기는 눈도 귀도 없으나 먹이를 찾아 달라붙는다. 어떻게? 진드기는 피부로 빛을 감지하는 능력을 이용해 수풀 잔가지에 기어 올라간 다음에 그곳에 머물며 먹이가 지나가길 기다린다. 그러다 먹이가 지나가면 먹이가 내뿜는 낙산 냄새를 후각으로 알아차리고 본능적으로 먹이 위로 몸을 던져 내려앉는다. 먹이의 표면에 달라붙는 데 성공하면 촉각을 이용해 털이 없는 부분을 찾은 다음, 머리를 피부 조직에 파묻고 배부를 때까지 따뜻한 피를 흡입한다. 따라서 진드기의 지각 세계는 본질적으로 냄새, 온도, 물리적 접촉으로 구성된다. 잔가지 위에서의 기다림은 여러 날, 여러 달, 심지어 여러 해 동안 이어질 수도 있다. 기다림의 시간 동안 진드기는 움직이지 않기 때문에 객관적으로 오랜 시간이 흐르더라도 진드기는 아주 짧은 시간으로 인식할 수 있다(44쪽 '시각적 지각&주관적 시간' 참고).

우리에게는 상상력이라는 능력이 있으니 다른 종들의 지각 세계를 상상해 보자. 물론 그 모든 세부 요소를 물리적으로 경험할 수는 없다. 하지만 심리학의 연구 결과를 활용해 동물들이 각기 고유한 '움벨트'에서 겪는 주관적 경험을 상상할 수 있다.

시각적 지각 & 주관적 시간

시간을 길게 또는 짧게 인식하는 능력도 종에 따라 차이를 보인다. 이 분야의 연구 도구 중 하나가 '임계 융합 주파수'다. 빛의 깜박임이 간헐적인 빛이 아닌 연속적인 빛으로 보이게 되는 최소 주파수를 의미한다. 인간의 경우 깜박임이 융합되는 주파수는 약 15-60헤르츠이지만, 꿀벌은 60-310헤르츠다. 꿀벌에게 스크린에 투사되는 영화 필름을 보여 준다면 어떨까? 꿀벌은 필름에 보이는 각 이미지를 독립적으로 인식할 것이다. 동일한 기간이 꿀벌에게는 더 많은 시각적 순간을 포함하는 것처럼 보인다는 의미다. 이는 꿀벌과 인간이 객관적으로 동일한 시간을 인식하더라도 둘의 주관적 경험은 다를 수 있음을 시사한다. 꿀벌은 같은 시간을 인간이 느끼는 것보다 훨씬 길게 느낄 수 있다.

매미, 노래는 하지만 들을 수는 없다?

인간이 들을 수 있는 주파수는 20-2만 헤르츠다. 반면 코끼리는 매우 낮은 주파수(20헤르츠 미만)의 소리를 감지할 수 있고, 개와 쥐는 우리가 초음파라고 부르는 소리를 각각 5만 헤르츠와 9만 헤르츠까지도 구별할 수 있다. 박쥐가 들을 수 있는 주파수는 1천 헤르츠부터 무려 15만 헤르츠에 이른다! 따라서 동물마다 소리의 세계가 크게 다르리라 상상할 수 있다.

100여 년 전 장 앙리 파브르Jean-Henri Fabre는 『파브르 곤충기』에서 매미의 청각을 실험한 이야기를 들려주었다(파브르는 세계적으로 저명한 곤충학자이지만 프랑스에서는 많이 알려지지 않았다). 파브르가 매미 옆에서 대포를 쏴 굉음을 냈는데 나무에 붙은 매미는 아무 일도 없다는 듯 계속 노래했다고 한다. 그래서 파브르는 매미가 비록 시끄럽게 울어대지만 정작 자기는 귀먹었거나 적어도 소리에 관심이 없으리라는 결론을 내렸다. 물론 오늘날의 우리는 매미가 귀머거리인 게 아니라 감지할 수 있는 소리의 범위가 매우 제한적임을 잘 알고 있다. 대포가 내는 우레 같은 소리는 주파수가 너무 낮아 매미가 들을 수 있는 범위를 벗어났을 뿐이다.

RÉFLEXIONS SUR LES ÉMOTIONS ANIMALES

동물의 감정에 대한 고찰

조르주 샤푸티에
Georges Chapouthier

생물학자이자 철학자

감정이 무엇인지를 객관적으로 정의하기는 매우 어렵다. 이와 모순적으로 우리 모두는 매우 뚜렷하게 주관적 인상을 느낀다. 개인적이고 내적인 경험을 통해 언제 행복하고, 슬프고, 불안하고, 혼란스럽고, 화가 나는지 안다. 그러나 말이나 글을 통해 자동으로 감정을 표현하도록 프로그래밍된 기계와 대화해 보면 '감동받았다', '행복하다', '우울하다'와 같은 주관적 인상이란 일반화할 수 있는 요소가 아님을 곧바로 깨닫는다. 우리가 생명체처럼 행동하는 정교한 로봇(이 부분은 나중에 다시 설명하겠다)과 대화하지 않는 한, 단어만 반복하는 기계는 감정을 느낄 수 없음을 쉽게 이해하게 된다.

그러므로 감정의 영역은 순수한 주관성의 영역으로 보인다. 인간 주체로서 우리는 나 자신의 감정만 진정으로 알 수 있을 뿐이다. 그렇다면 우리는 왜 인간과 비슷한 특성을 지닌 동물 사촌들도 감정을 경험할 수 있으며 그들이 녹음된 말을 내뱉는 기계와 다르다고 여기는 것일까? 답은 여러 가지다. 우선 그들이 우리와 비슷하게 행동하기 때문이다. 또 그들도 의식을 가지므로 우리처럼 내적 경험을 할 수 있다고 확신해서다. 동물들 간 행동의 유사성은 해부학적 유사성에서 비롯된다는 사실도 고려할 수 있겠다. 몇몇 동물은 우리와 동일한 뇌 구조를 가지고 있으며 이러한 구조 중 일부가 감정을 담당한다. 따라서 인간 이외의 동물이 느끼는 감정도 인간의 감정과 비슷함을 인정해야 한다.

다양한 감정과 뇌 구조

감정의 종류는 다양하지만 크게 긍정적 감정과 부정적 감정으로 분류할 수 있다. 긍정적 감정은 기쁨, 행복, 공감, 애정, 사랑 등 감정을 느끼는 주체에게 즐거움을 주는 감정이다. 반대로 부정적 감정은 공포, 불안, 증오, 분노 등의 불쾌감을 주는 감정이다.

척추동물이 감정을 다스리는 주요 부위는 잘 알려져 있다. '변연계'라 불리는 뇌의 특정 집합으로 특히 편도체와 해마를 포함한다. 해마는 대뇌의 오래된 영역에 속하며, 감정을 담당하는 변연계와 인지 및 의식을 담당하는 대뇌 피질을 연결하는 역할을 한다. 감정에 따라 혈압, 심장 박동, 폐 환기(*호흡 운동에 의해 폐에 공기가 들어오고 나가는 것)에 변화가 생기는 자율신경 징후라든가 스트레스가 있을 때 혈중 코르티손이 분비되고 기분이 좋을 때 뇌에서 엔도르핀이 분비되는 등 특정 분자의 분비가 증가하는 현상도 변연계의 작용과 관련되는 것으로 본다.

척추동물이 감정을 느낀다면 무척추동물에게도 감정이 있다고 말할 수 있을까? 갑각류와 꿀벌 같은 일부 무척추동물에게라면 이 질문은 폭넓게 열려 있다. 최근에 나온 연구 결과가 이들에게 특정한 형태의 의식이 있음을 시사하기 때문이다. 특히 아주 영리한 연체동물(예를 들면 문어나 갑오징어 같은 두족류)과 관련해서는 격렬한 논의가 벌어진다. 문어는 도구를 사용하거나 복잡한 우회 경로를 기억하는 수많은 실험에서 뛰어난 지능을 입증했기에 감정을 느낄 가능성도 활발하게 제기된다. 문어가 몸 색깔을 바꾸는 이유가 두려움 같은 감정과 관련될 가능성도 있지만, 이 부분은 아직 연구 중이다.

기쁨과 공감

감정은 모든 척추동물에 존재하고 일부 무척추동물에도 분명히 존재한다. 감정은 특히 온혈 척추동물인 포유류와 조류에서 연구되었다. 그리고 이들의 감정은 인간의 감정과 가장 뚜렷하게 연관되는 것으로 밝혀졌다. 온혈 척추동물은 인간 종에서 설명할 수 있는 모든 감정 범위를 보여 준다 . 몇 가지 예를 살펴보자.

긍정적인 감정 가운데 기쁨은 흔히 웃음으로 나타난다. 영장류가 웃는다는 사실은 잘 알려져 있으며 영장류의 웃음은 인간의 웃음과 유사하다. 앵무새도 웃는다는 보고가 있고 개도 웃는다고 짐작된다. (개는 행복할 때 웃음과 비슷한 소리를 내는 경우가 많다.) 그러나 최근에 밝혀진 매우 흥미로운 사실은 쥐가 행복하거나 간지럼을 탈 때 초음파로 웃는다는 점이다. 인간의 귀로는 감지할 수 없으나 설치류에게는 중요한 문제다. 어린 쥐들도 더 많이 웃는 쥐와 놀기를 좋아한다!

두 동종 동물 사이의 우정에서부터 모성애나 효심에 이르기까지 모든 형태의 공감과 애정은 포유류와 조류에 보편적으로 존재한다. 수많은 실험을 통해 두 동종 사이에 공감이 존재한다는 사실이 밝혀졌다. 원숭이나 쥐를 대상으로 레버를 누르면 먹이를 주는 실험을 해 보자. 이때 레버를 누르면 자기는 먹이를 얻지만 동종 동물에게 전기 충격이 간다는 것을 알게 되면, 이들은 동종에게 고통을 주고 싶지 않다는 듯 레버 누르는 횟수를 자발적으로 줄인다. 야생에서 코끼리나 돌고래가 상처 입은 동종을 돕는 모습, 실험실에서 쥐가 다른 쥐와 먹이를 나누는 모습 등이 관찰된 사례는 셀 수 없이 많다. 서로 다른 종 사이에 공감을 느끼는 모습도 볼 수 있는데, 둥지에서 떨어진 아기 새를 날게 해 주려고 애쓰는 어린 원숭이나 부모 잃은 새끼 가젤을 키우는 암사자의 경우가 그렇다.

감정과 관련해서는 변연계가 보편적 역할을 하지만 대뇌 피질에 위치한 거울 뉴런도 공감과 애착 발달에 한몫하는 것으로 보인다. 한 개체의 거울 뉴런은 자기가 어떤 행동을 할 때는 물론이고 동종의 다른 개체가 똑같은 행동을 하는 모습을 볼 때도 자극을 받는다. 따라서 개체는 다른 개체의 행동을 자기 행동과 연결(또는 동화)하면서 다른 개체의 행동에 무의식적으로 주의를 기울이게 된다. 이것이 공감의 기본 과정일 것이다. 동물이 파트너의 제스처를 '모방'하는 행동은 거울 뉴런을 사용하는 것으로 여겨지며, 두 개체 간의 애착을 한층 강화해 준다.

인간이든 다른 동물이든 애착이 깊어지면 뇌의 시상하부에서 생성되는 호르몬인 옥시토신이 작용한다. 바로 '사회적 유대감 호르몬'이다. 한 집단 안에서 상호 작용하는 두 개체 사이에서든 어미와 새끼 사이에서든 애착이 형성될 때마다 애착에 관여하는 주체에게서 옥시토신이 강하게 분비된다.

불안에서 병리까지

이번에는 부정적 감정을 들여다보자. 원시 정글에서 각 주체는 항상 자기를 위협하는 위험을 경계해야 생존할 수 있었다. 따라서 불안 같은 특정한 부정적 감정이 다른 감정들보다 훨씬 더 중요했다. 실제로 뇌의 정상적인 상태는 가벼운 불안을 느끼는 상태다. 또 이는 기억을 떠올리는 데 유리하게 작용하는 것으로 나타났다. 야생에서는 많은 포식자의 먹잇감이 되는 설치류에게서 강한 불안을 관찰할 수 있다. 항불안제를 테스트할 때 주로 설치류를 대상으로 삼는 이유이기도 하다. 불안에 관여하는 뇌 기반도 밝혀졌다. 그 과정은 복잡하지만 주로 뇌에, 특히 변연계에 널리 존재하는 물질인 감마-아미노부티르산(가바GABA)에 의존한다. '불안 억제' 물질인 가바가 충분히 작용하지 않으면 불안한 감정이 발생한다.

부정적 감정이 지나치면 심리 장애로 이어질 수 있다. 그 사례는 많은 동물에게서 관찰할 수 있다. 동물원에 갇힌 동물이나 충격적인 상황(주인을 잃거나 다른 동물이 집에 침입하는 등)에 놓인 반려동물에게서 병리적 불안 또는 '우울' 증후군이 보고된다. 이 경우 '행동주의' 수의사 또는 향정신성 의약품, 항불안제, 항우울제 등의 도움이 필요하다. 모든 동물 정신의학은 이와 같은 부정적 감정의 병리를 중심으로 발전해 왔다.

동물 대부분은 폭염, 혹한, 과한 압력 등 몸에 해를 끼칠 수 있는 자극을 받으면 '통각'을 느낀다. 통각은 위험이 닥쳤음을 경고하는 신경 감각이다. 동물들은 위협받는 부위를 움츠리거나, 가능하다면 도망감으로써 위험에 대응한다. 그러나 통각에 대한 반응은 많은 무척추동물의 경우에서처럼 단순히 무의식적 반사 행동일 수도 있다. 통각이 감정과 연결되면 통증이라고 말할 수 있고, 통각이 의식과 연결되면 고통이라고 말할 수 있다. 특히 척추동물에게 해당된다. 가령 마취된 환자의 경우 의식이 없더라도 감정과 연관된 통증이 있을 수 있다. 반대로 감정 없이 뇌의 순수한 고통을 느낄 수도 있다. 앞서 살펴본 것처럼 변연계와 대뇌 피질은 실제로 서로 연결되어 있으며, 대부분 두 기능이 함께 작용한다. 이처럼 감정은 고통을 유발함으로써 개체의 생존을 유지하는 데 중요한 역할을 수행한다.

동물에서 동물 로봇으로?

신경 계통의 감각이나 감정을 지닌 생명체와 감정을 자동으로 표현하는 기계 사이의 명확한 대립에서 출발하여 동물의 정신 구조를 이루는 본질적 현상인 감정과 그 영향을 간략히 살펴보았다. 언젠가는 인간이 살아 있는 동물처럼 감정을 느끼는 정교한 기계를 만들 수 있을까? 그런 기계가 나온다면 오늘날의 동물에 한층 가까워질 것이다. 우리는 그 '기계'가 현재의 정보과학이 아니라 지난 수천 년 동안 검증된 생물학과 유기화학을 기반으로 만들어지리라 상상할 수도 있다. 그렇다면 인류가 '인공 동물'을 만들 수도 있을까? 현재로는 SF소설만이 여기 답할 수 있겠지만 이성적으로 생각하면 영 터무니없는 일이 아니다. 로봇 공학 전문가 프레데릭 카플랑이 말했듯이 '아마도 매우 긴 탐구 여정이 될 것이며, 우리는 지금 그 일부만을 얼핏 보았을 뿐이다'.

동물의 성격과 도덕

감정은 특정 개체에게 독창적인 성격을 부여해 주기도 한다. '빅 파이브Big Five' 이론은 인간의 성격을 다섯 가지 감정 관련 요인, 즉 경험에 대한 개방성, 성실성, 외향성, 친화성, 신경증의 조합으로 정의한다. 이와 같은 방법으로 개의 성격을 일곱 가지, 고양이의 성격을 다섯 가지, 아시아코끼리의 성격을 세 가지 요인에 기반해 분류하는 방법이 제시된 바 있다. 물론 각 요인은 동물마다 다르다 .

도덕은 가족을 포함한 사회 집단의 삶을 조화롭게 유지하는 규칙의 집합체다. 예를 들어 어린 개체가 부모에게 함부로 행동할 수 없도록 하는 규율이다. 담론적 도덕은 인간에게서 볼 수 있으며, 때로는 추상적이고 감정과 직접적으로 관련되지 않는 경우도 있다. 실천적 도덕은 동물 집단에서 볼 수 있으며, 특히 영장류학자 프란스 드 발Frans De Waal이 반자유 상태의 침팬지 무리를 대상으로 연구한 개념이다. 이는 새끼 보호, 화해, 장애를 가진 개체에 대한 배려 등 집단의 안락과 관련된 이타적 주제와 이어진다. 따라서 사회적 유대에 기반을 둔 도덕적 특성은 공감이라는 감정 경험과 밀접한 관련이 있다.

LES SURICATES ATTAQUENT! OU LA VIOLENCE CHEZ LES ANIMAUX

미어캣이 공격한다! 동물의 폭력

장 프랑수아 도르티에
Jean-François Dortier

휴머놀로지(인간학) 전문가, 《시앙스 위맨Sciences Humaines》 및
《뤼마놀로그L'Humanologue》 창간인

인간은 '살인 유인원'이며 동종의 구성원을 죽이는 유일한 존재다. 이는 잘못된 주장이지만 오랫동안 널리 퍼져 있었다. 아무 근거 없이 나온 생각은 아니다. 1960년대 초에 고생물학자 레이먼드 다트와 같은 유명 과학자들이 대중화했다. 다트의 이론은 미국 작가 로버트 아드리Robert Ardrey의 베스트셀러 과학서『아프리카 창세기African Genesis』를 통해 널리 알려졌다. 그러나 동종에게 폭력을 쓰는 인간의 특성을 부각한 인물은 동물행동학의 아버지인 콘라트 로렌츠였다. 그가 1963년에 출간한『공격성에 관하여』는 엄청난 반응을 불러일으켰다.

콘라트 로렌츠는 다음과 같은 관찰에서 출발했다. 폭력은 동물 세계 어디에나 존재하지만 경계는 명확히 한정되어 있다는 것이다. 호랑이, 사자, 독수리, 상어 같은 포식자가 사냥감을 죽이는 이유는 잡아먹기 위해서이며, 이때 동종을 죽이지는 않는다. 물론 동종 사이에는 많은 갈등이 존재한다. 자기 영역을 지키려고, 암컷을 정복하려고, 먹잇감을 차지하려고, 우두머리 자리에 오르려고 서로 다툰다. 하지만 이런 싸움은 늘 특정 상황에 국한된다.

수탉, 사슴, 코끼리물범, 황소는 때때로 피를 흘리며 싸우지만 상대를 죽이는 일은 드물며, 대부분 위협을 주고 협박하는 데서 그친다. 무리에서 주도권을 차지하려는 늑대 두 마리의 대결도 목숨을 건 결투가 아니다. 싸우다가 한 마리가 우위를 점하면 다른 한 마리는 도망가거나 혹은 누워서 목과 성기를 내보여 복종 자세를 취함으로써 패배를 인정한다. 그러면 승리를 쟁취한 늑대가 싸움을 중단한다. 개코원숭이 두 마리가 싸우다가 패한 원숭이가 이긴 원숭이에게 자기 엉덩이를 보여 주면 이긴 쪽은 지배의 표시로 성행위를 흉내 낸다. 콘라트 로렌츠는 오직 인간만이 서로를 죽이는 이유를 두고 인간의 공격 본능이 엄격한 행동 프로그램으로도 통제되지 않기 때문이라고 주장했다. 공격성은 호모 사피엔스가 억제할 수 없는 충동이 되었다는 것이다. 여기에 더해 인간은 지능을 이용해 도구와 무기를 발명함으로써 파괴력을 획기적으로 향상했다.

폭력은 동물의 세계 어디에나 존재하지만 동종 내에서 전쟁, 살인, 학살을 자행하는 동물은 인간뿐이라는 생각이 학계와 여론에 널리 퍼져 있다. 그래서 제인 구달이 침팬지 무리 안에서 죽고 죽이는 광경을 처음 목격했을 때 모두가 큰 충격을 받았다.

죽고 죽이는 침팬지

콘라트 로렌츠가 연구 결과를 발표한 1960년대 초에 젊은 영장류학자였던 제인 구달은 탄자니아의 곰베Gombe 숲에서 야생 침팬지 무리를 관찰하기 시작했다. 얼마 지나지 않아 구달은 침팬지들이 나뭇가지로 흰개미를 잡거나 돌과 받침대를 이용해 나무 열매를 깨는 등 도구를 활용한다는 사실을 발견했다. 이 발견 덕분에 침팬지가 인간과 크게 다르지 않은 매우 지능적인 영장류라는 평가가 더욱 힘을 얻었다. 또 이들이 작은 공동체를 이루고 난잡한 성생활을 즐기며 불안정한 위계질서 아래서 사는 모습을 통해 침팬지의 사회성을 확인할 수 있었다.

이어서 하나의 극적 사건이 일어나면서 침팬지는 기존의 호감 가고 유순한 영장류의 이미지가 아니라 어둡고 음침한 모습을 드러낸다. 1973년에 제인 구달은 침팬지 한 마리가 다른 무리의 구성원에게 공격당해 죽는 장면을 목격했다고 발표했다. 이곳 침팬지 무리는 원래 하나의 큰 공동체였다가 두 무리로 나뉜 상태였다. '남쪽 무리'는 어른 수컷 여섯 마리, 암컷 세 마리, 이들의 새끼들, 청년 수컷 한 마리로 구성되어 있었다. '북쪽 무리'는 마릿수가 좀 더 많았다. 북쪽 무리는 첫 번째 공격으로 남쪽 무리에 치명타를 입힌 다음 두 번째 공격, 세 번째 공격을 이어 나갔다…. 1974년부터 1978년까지 4년 동안 두 무리가 여러 번 충돌했다. 북쪽 무리는 남쪽 무리를 점차 괴멸해 갔다. 이 과정에서 남쪽 무리의 수컷 여섯 마리와 암컷 한 마리가 죽었다. 남쪽 무리의 남은 암컷들은 북쪽 무리의 수컷들에게 공격당하고, 폭행당하고, 납치되었다!

침팬지들의 전쟁을 접한 연구자들은 매우 혼란스러워했다.

이 전쟁이 정말 '자연적'으로 발생했는지, 혹시 인간과 접촉하거나 생활방식이 급변한 탓은 아닌지 의문을 제기하는 이들도 있었다. 하지만 이후 이런 의심은 사라졌다. 침팬지들이 서로에게 치명적인 해를 입히는 다른 갈등 상황이 여러 번 관찰되었으며 일부는 영상으로 증거가 남았기 때문이다. 2014년에는 영장류학자 서른 명이 서명한 연구가 발표되었는데, 1960년대 이후 야생 침팬지에 대해 진행한 모든 조사를 집대성한 것이었다. 이 연구에 따르면 아프리카의 여러 나라(탄자니아, 우간다, 세네갈, 콩고민주공화국, 코트디부아르)에 있는 열여덟 개 침팬지 공동체에서 침팬지가 동족을 죽인 경우가 총 152건에 달했다. 연구에 참여한 학자들은 침팬지들 사이에서 '상대를 죽이는 일은 경쟁자를 제거하는 수단'이라는 결론을 내렸다. 그러니 같은 종 내에서 목숨을 위협하는 싸움은 인간에게만 발생하지 않는다! 한편 다른 연구들에서는 관찰 대상을 마카크Macaque, 개코원숭이, 긴꼬리원숭이 등 그 밖의 영장류까지 확대했는데, 때로는 몸 일부가 절단될 정도로 심하게 부상을 당하거나 죽은 채로 방치되기도 했다.

동물의 '영아 살해'

무리 사이에 일어나는 싸움은 동종 죽이기의 한 가지 형태일 뿐이다. 작은 공동체에서 주도권을 차지하기 위한 수컷 간의 싸움은 죽고 죽이는 일로 이어진다. 프란스 드 발에 따르면 동물원에 있는 침팬지들에게서 자주 볼 수 있다. 사자는 우두머리 지위를 차지하려는 동료 사자 한두 마리에게 죽임을 당하기도 한다. 이는 공격성이 '의식화儀式化, ritualization'된 형태를 띤다는 콘라트 로렌츠의 견해와는 다르다.

지배권을 차지하기 위한 싸움이나 폭력은 여기서 끝나지 않는다. 경쟁자를 물리친 후에도 새로운 보스는 폭력 행위를 이어 나간다. 새로 등극한 사자 왕이 공동체의 갓 태어난 새끼들을 공격해 잔인하게 죽이는 게 관례이기 때문이다. 영아 살해는 동종 죽이기의 또 다른 형태이며, 동물의 세계에서 널리 행해진다고 알려져 있다. 풍뎅이, 거미, 개구리, 생쥐, 다람쥐, 곰, 하마, 갈매기, 까마귀, 늑대, 돌고래 등이 모두 어린 동종을 죽인다. 수컷이 자신의 새끼를 우선순위에 두려고 할 때 또는 어린 동종의 어미와 짝짓기를 하고 싶을 때(어미는 새끼에게 젖을 먹이는 동안에는 짝짓기를 수용하지 않음) 이런 살육이 벌어진다.

엘리즈 위샤르와 디터 루카스, 두 연구원은 육상 포유류를 통합 연구하면서 동종의 새끼를 죽이는 동물 119종을 조사한 바 있다. 개코원숭이의 경우에 새롭게 지배자가 된 수컷은 자기 왕국 내의 어린 개코원숭이들을 제거한다. 보츠와나에 사는 차크마개코원숭이들 사이에서는 어린 동종을 죽이는 행위로 인한 새끼 원숭이 사망률이 무려 70%에 달한다! 때때로 살육은 소유욕이 강하고 난폭한 수컷이 아니라 새끼를 기르는 어미에게서 볼 수 있다. 암컷 쥐는 스트레스를 받으면 자기 새끼를 죽이고 잡아먹는 경우가 종종 있다. 형제자매를 죽이는 경우도 동종 죽이기의 또 다른 형태다. 독수리나 매 같은 맹금류에서 흔하다. 예를 들면 둘째보다 며칠 먼저 부화한 첫째가 부리로 둘째를 가혹하게 쪼아 몸에 큰 해를 입히고 먹이를 모두 가로챈다. 둘째는 집요하게 괴롭힘을 당하고 영양도 제대로 공급받지 못해 결국 죽고 만다. 동물행동학자들은 이 행위를 '카이니즘Cainism'(구약에서 카인이 동생 아벨을 죽인 것에 빗댐)이라 부른다. 카이니즘은 점박이하이애나에게서도 볼 수 있다.

경쟁 무리 간의 폭력을 통한 해결, 수컷 간의 대결, 어린 동종 죽이기, 형제자매 죽이기. 여전히 인간만이 서로를 죽인다고 여기는 이들이 있다면 2017년 발표된 한 총론을 참고해 이제는 사실을 인정해야 한다. 해당 총론은 스페인 연구자 두 명이 1천여 종(포유류 종의 80%에 해당)의 폭력에 관해 반세기 동안 수행된 연구를 종합한 것이다. 그 결과는 논쟁의 여지가 없을 만큼 분명하다. 포유류 10종 중 4종이 동종을 죽이는 것으로 나타났다. 동종 죽이기는 포식자인 사자나 늑대처럼 공격적이라고 알려진 종뿐만이 아니라 가젤 같은 초식동물 사이에서도 일어난다…. 그중 치명적인 결과를 초래하는 종으로는 개코원숭이가 대표적이다. 그뿐일까. 긴꼬리원숭이, 푸른원숭이, 여우원숭이(15%가 죽음에 이름), 물개, 바다사자, 늑대, 가젤 등이 그 뒤를 잇는다. 하지만 이들 모두를 압도하는 종은 사막에 사는 작고 매력적인 동물, 바로 미어캣이다. 커다란 눈을 가진 이 사랑스러운 생명체는 끈끈한 결속력으로 무리 생활을 하는데, 두 발로 서서 지평선을 바라보는 모습은 우리를 미소 짓게 만든다. 그야말로 동물 다큐멘터리의 스타다. 그들의 귀여운 외모에 속아 넘어가서는 안 된다. 미어캣 무리를 지배하는 것은 공포이며, 미어캣 개체의 20%가 동종 개체에게 죽임을 당한다!

모두 똑같은 놈들?

잔인성, 야만성, '모두에 대한 모두의 전쟁'이 동물 세계 전체를 지배한다고 결론 내려야 할까? 아니, 그건 인간만이 서로를 죽인다는 생각과 마찬가지로 잘못되었다. 우선 정어리나 양이 동종을 죽이는 모습은 결코 볼 수 없을 것이며 , 이들처럼 다른 종에 비해 평화롭게 지내는 종들이 존재하기 때문이다. 또 같은 종이라도 생활환경에 따라 폭력성의 정도가 다르다. 동부고릴라, 서부고릴라, 침팬지 등이 그렇다. 쥐도 좁은 공간에 갇혀 살다 보면 어느 정도 몰살을 자행한다. 설치류에서는 먹이가 부족할 때 어미가 새끼를 죽일 수도 있다. 마지막으로 동종에서도 어떤 개체는 공격적이고 호전적인 데 반해 다른 개체는 겁이 많고 유순하다. 그러므로 인간 외의 종이 인간보다 더 야만적이거나 덜 야만적이라고 할 수 없다. 동물의 폭력성은 종의 특성, 생활환경, 성격 등 다양한 요인에 따라 다르다. 늑대나 침팬지 중에는 폭군 같은 지도자, 학대하는 부모가 있는 반면에 순하고 온화한 개체도 있다. 말하자면 인간 외의 동물들은 생각보다 인간과 많이 닮았다!

동물들은 왜 싸울까?

동물이 공격성을 보이는 주된 이유는 다음 다섯 가지다.

1. 포식

초식동물은 풀을 뜯어먹는 것으로 만족하지만 포식자는 먹잇감을 죽여야 한다. 박쥐나 명매기(*귀제비라고도 함. 제빗과의 여름 철새)는 먹이가 지나갈 때 잡아먹으면 되므로 싸울 필요 없이 기술만 있으면 된다. 그러나 육식동물은 종종 싸워야 하고 때로는 자신보다 더 큰 동물을 죽여야 할 때도 있다. 사자, 호랑이, 늑대, 하이에나, 들개 등이 그렇다.

2. 영역 보호

잠자리나 호랑이와 같은 영역 동물은 자기 영역을 침범당하면 공격성을 보인다. 반려견이 낯선 이가 문 앞에 다가오면 짖는 건 조상의 늑대 유전자로부터 영역 행동을 물려받았기 때문이다. 낯선 사람이 다가오면 짖어서 알리고 송곳니를 드러낸다.

3. 자기방어

평소에는 해를 끼치지 않는 동물도 위험을 느끼면 공격적으로 변할
수 있다. 새끼가 공격받으면 공격성이 더 강하게 드러난다. 제비는
원래 싸움을 좋아하지 않지만, 사람이나 고양이가 자기 새끼에게 너
무 가까이 다가가면 주저 없이 달려든다. 수컷만의 특성이 아니다.
새끼를 보호하는 암컷만큼 공격적인 동물은 없다.

4. 수컷 간의 갈등

사자, 늑대, 황소, 코끼리, 사슴, 양, 염소, 단봉낙타 등에서 볼 수 있
다. 목적은 분명하다. 결투에서 이긴 개체는 패배한 개체를 쫓아내
거나 새로운 권력 관계를 맺는다. 승리한 수컷은 암컷에 대한 특권적
(때로는 독점적) 접근 권한을 갖는다. 공격이 몇 번 오간 뒤 한쪽이 굴
복하면 끝나기도 하지만 때로는 피바다가 되어야 끝나고 얼룩말처
럼 고환이 뜯기는 일도 있다.

5. 가정 폭력

'가정 폭력'은 많은 종에 존재한다. 암탉은 부리로 쪼는 행위를 통해
개체 간 서열을 정리하는데, '페킹 오더pecking order'(모이를 쪼는 순위
또는 우열 순서)라 부른다. 늑대, 하이에나, 침팬지 무리에서는 수컷이
무리 내 다른 구성원들에게 일종의 공포를 심는다. 늑대의 경우 우두
머리 부부가 주로 유모(먼저 태어난 암컷들이 새끼를 돌봄)에게 폭력을
가한다. 다른 암컷을 물어뜯거나 서열을 환기시켜 스트레스를 줌으
로써 불임을 유발한다. 우두머리 암컷만 번식하기 위해서다.

DES DAUPHINS
ET
DES JEUX

돌고래와 놀이 활동

파비엔 델푸르
Fabienne Delfour

프랑스 고등연구원 강사

동물 및 인간의 행동을 연구하는 학문인 행동학에 따르면 놀이의 기능은 동물의 일차적 욕구(예를 들면 배고픔) 해결과는 관련이 없으며 그렇다고 동물의 이동(특히 고래류에서 볼 수 있음)과 관련 있지도 않다. 동물의 놀이에 대해 합의된 정의는 없다. 하지만 놀이의 특징을 말하자면 목적이 없고, (새로운 놀이를 만들어 낸다고 할지라도) 반복적이며, ('진지한' 행동과 정반대로) 재미있고 장난스러운 행동이다. 놀이는 개체의 번식을 방해하는 위협이 없을 때 나타나는 행동이며, 평안함의 지표가 될 수도 있다. 하나의 놀이 활동과 다른 놀이 활동을 구분하기는 비교적 쉽다. 리듬감이 살아 있는 작은 움직임이 멈추거나 시작하면 하나의 놀이, 즉 즐거움이나 긍정적 감정의 원천이 끝나거나 시작하는 것이다.

놀이를 하는 이유

놀이는 동물이 삶을 배우는 방법이다. 어린 동물은 놀이를 통해 물리적·사회적 환경을 학습하기 때문이다. 또 놀이를 하면서 운동 능력을 개발하고, 완성하고, 다듬는다. 일반적으로 놀이 활동은 동물이 여유롭게 움직이며 문제 해결 능력과 유연성을 키우고 새로운 행동을 시도해 그 결과를 시험해 볼 수 있는, 그러면서도 해를 입거나 실제 위험에 빠지지 않는 안전한 분위기에서 이루어진다. 새로움에 도전하고 겪어 보지 못한 경험을 쌓기에 이상적인 상황이다.

큰돌고래*Tursiops truncatus*를 예로 들어 보자. 큰돌고래만 놀이를 하는 건 아니지만 고래류 중에서 놀이와 관련해 가장 많이 연구된 종이다. 나이도 놀이 활동의 발현에 기여하는 한 가지 요소다. 어린 돌고래는 나이 든 돌고래보다 더 많이 또 지속적으로 논다. 놀이는 어린 동물이 무리 내에서 자신의 위치를 찾고 다른 구성원들을 식별하고 그들과 상호 작용하는 데 도움을 준다. 어린 돌고래는 사회적 놀이를 통해 감정을 조절하는 법을 배울 뿐만이 아니라 상대의 감정 상태를 인식하는 법을 배운다. 따라서 일반적으로 놀이는 사회성 기술을 기르고 또 다듬도록 해 준다. 놀이를 통해 어린 돌고래는 운동 기능을 향상하고 완성함으로써 먹이를 찾고, 위험이 닥쳤을 때 도망가고, 싸우고, 성적 파트너를 찾는 데 점차 능숙해진다. 청음 능력도 놀이를 통해 발달한다. 어린 돌고래는 처음 옹알이를 한 이후 다양한 소리(휘파람과 비슷한 휘슬 소리, 딸깍거리는 클릭 소리, 일정하게 반복되는 펄스 소리)를 내거나 듣는 데 거의 전문가가 된다. 놀이는 대부분 유쾌한 활동이고 즐거움의 원천이다. 또 돌고래가 스스로 좋은 컨디션을 유지하도록,

그리고 어린 돌고래가 자꾸 놀이를 찾아 나서도록 유도하는 효과가 있다. 놀이는 끊임없이 새로워지므로 지루할 틈이 없으며, 따라서 참가하는 이들이 놀이에 계속 매력을 느낀다. 하지만 어떤 놀이는 다른 놀이보다 더 힘들거나 고통스럽다. 암컷과 달리 수컷 돌고래는 때때로 매우 폭력적이어서 서로를 물고, 밀고, 때리기도 한다. 이 현상은 신경생물학적 요인(특히 호르몬)과 사회화 수준의 차이로 설명할 수 있다. 한 연구에 따르면 어린 돌고래가 거리낌 없이 게를 잡아 놀다가 크게 혼난 사례도 있다. 어린 돌고래가 게를 입에 물고 헤엄치면서, 게를 잠시 놓아주고 바다 밑바닥에 떨어지기 전에 다시 잡는 놀이를 즐기다가 게에게 혀를 꼬집히고는 부랴부랴 어미 돌고래에게 돌아갔다고 한다.

놀이는 어른 돌고래에게 덤비는 어린 돌고래에게 해도 되는 행동과 해서는 안 될 행동의 한계를 짚어 주는 역할도 한다. 때로는 어린 동물의 도전에 짜증이 난 성체가 아주 잔인한 방식으로 한계를 알려 준다. 한편 어린 돌고래에게 놀이는 도전의 기회이기도 하다. 그래서 돌고래 수족관에서는 어린 돌고래가 자발적으로 수면으로 올라왔다가 힘차게 꿈틀거리며 물속으로 되돌아가는 모습을 흔히 볼 수 있다. 올바르게 수행하기에 꽤 어려운 활동이지만 잘 익혀 두지 않으면 훗날 어쩌다가 뭍으로 밀려 올라왔을 때 위험에 처할 수 있다. 야생에서 돌고래가 해안가로 올라오는 행동은 어미가 지켜보는 가운데 이루어지는 학습 활동이다. 특히 돌고래가 먹잇감을 해변으로 유인해 잡을 수 있도록 훈련하는 방법이기도 하다.

유용함과 즐거움

만족감과 성취감은 모든 동물에게 즐거움을 주며, 놀이를 흥미롭게 만들고 또 이어 가도록 해 준다. 돌고래들이 노는 이유는 무엇보다… 다른 돌고래들이 놀기 때문이다! 실제로 놀이 활동은 사회적 촉진(동종 동물의 존재나 행동이 활동 전반에 영향을 미침), 자극 강조(동종 동물의 활동이 기존 특정 행동의 발현을 촉진하거나 억제함), 관찰을 통한 모방 및 학습(동종 동물의 활동이 새로운 행동의 발현으로 이어짐)에 도움이 된다. 어떤 대상이 돌고래 한 마리에게 흥미롭고 긍정적인 활동의 원천이 되면 그 대상은 다른 돌고래들에게도 매력적으로 보인다. 그래서 어린 돌고래들은 놀이 활동을 할 때 서로를 모방한다. 돌고래는 서로의 시선 아래에서 창조하고, 모방하며, 혁신한다.

따라서 놀이는 즐거움을 추구한다는 만족감을 줄 뿐만이 아니라 고도의 인지 능력을 필요로 하고 다양한 감정을 불러일으키는 복합적 학습에도 도움이 되는 활동이다. 놀이는 개체의 성격과도 관련이 있다. 실제로 외향적이고 호기심이 많으며 사교적인 돌고래들이 가장 활발히 논다. 모험심이 많고 무모하며 개방적인 돌고래들은 탐험하고 실험하고 도전하길 즐긴다. 돌고래가 놀이 파트너로 택한 상대 돌고래를 살펴보면 돌고래들 간의 사회적 관계와 친화력이 드러난다. 어린 돌고래와 어린 벨루가(흰돌고래)는 정교한 놀이를 선호하는 성체에 비해 몸을 쓰는 단순한 놀이를 더 즐기는 것으로 보인다. 가령 어린 돌고래들은 쫓고 쫓기는 역할을 바꿔 가며 추적 놀이를 자주 한다. 마지막으로, 놀이는 문화를 전달하고 혁신하는 매개체다.

즐기며 배우기

오늘날 돌고래 수족관에서 조련사가 이용하는 훈련 기술은 동기 부여와 보상을 기반으로 한다. 돌고래가 필요한 동작을 하도록 동기를 부여하고, 동작을 수행하고 나면 보상을 주는 방식이다. 조련사가 학습시키는 동작 중에는 수의사가 돌고래를 검진할 때 돌고래가 취해야 할 동작도 있기에 이런 훈련은 중요한 활동이다. 예를 들어 사육사는 돌고래에게 체중을 잴 수 있도록 저울 위에 서거나 채혈이나 초음파 검사를 위해 자세를 안정적으로 유지하는 법을 가르친다. 학습은 수행하기 쉽고 간단한 일련의 동작으로 구성된다. 사육사는 어루만져 주거나, 물고기를 주거나, 다정한 말을 건네 돌고래에게 격려와 보상을 준다. 훈련은 돌고래에게 짧고 즐거우며 긍정적 경험을 주는 시간이다. 이런 훈련 외에도 돌고래와 사육사는 함께 놀이를 즐긴다. 개와 사람이 노는 방식과 비슷하다. 조련사가 물건을 던지면 돌고래가 가져오거나, 탐나는 장난감을 가진 상대를 쫓아다니거나, 자기를 쓰다듬어 달라고 요청하기도 한다.

물속에서 노는 법

동물 종들은 상대에게 놀이를 유도하는 제스처를 발달시켜 왔다. 갯과에 속하는 동물들과 일부 유인원이 하는 플레이 바우*play bow*(*개가 상대에게 놀이를 권유할 때 하는 행동으로, 가슴 앞부분을 땅에 대고 앞다리를 펴 엉덩이를 높게 드는 자세)가 그중 하나다. 돌고래도 함께 놀자고 권하는 행동을 한다. 수직으로 천천히 가라앉았다가 떠오르기를 되풀이함으로써 상호 작용과 놀이를 하고 싶다는 의사를 나타낸다. 또 수면에서 움직이지 않고 가만히 있는 것은 자기 몸을 내맡긴 채 밀려날 준비가 되었다는 신호다. 돌고래는 격렬하게 놀 때 특별한 발성을 내는데, 펄스 소리에 이어 휘슬 소리가 뒤따르며 시간은 합해서 600밀리세컨드(0.6초)를 넘지 않는다. 이런 발성은 대형 유인원이 웃거나 킥킥거리는 소리를 내는 것과 마찬가지로 놀이가 실제 싸움으로 번지지 않도록 긴장을 늦추는 역할을 한다고 추정된다. 대서양알락돌고래*Stenella frontalis*는 특정한 성적 유희를 즐길 때 비명과 비슷한 소리를 내고, 임무를 성공적으로 완료하면 '승리의 외침*victory squeal*' 소리를 내 만족감을 표시한다.

해양 포유류는 운동하듯 몸을 쓰며 논다. 혹등고래*Megaptera novaeangliae*는 공중으로 점프하고, 긴부리돌고래*Stenella longiristris*는 공중에서 몸을 빙빙 돌리고, 돌고래와 범고래*Orcinus orca*는 마치 좌초될 때처럼 일부러 뭍으로 올라오며, 흰배낫돌고래*Lagenorhynchus obscurus*는 파도타기를 한다. 혼자 하는 놀이와 사회적 놀이, 물체

76

를 사용하는 놀이와 사용하지 않는 놀이가 따로 있다. 물체를 사용해 놀 때 돌고래는 바다에 있든 수족관에 있든 자기 주변에 있는 대부분을 가지고 논다. 북극고래*Balaena mysticetus*는 떠다니는 나무줄기 같은 자연물 외에 비닐봉지 같은 인공물도 가지고 논다. 긴부리돌고래는 해초를 가슴지느러미나 꼬리지느러미에 한참 동안 걸고 다니며 논다. 동종 친구와 함께 놀 때는 지느러미를 흔들어 해초를 떼어 친구가 해초를 잡을 수 있게 해 준다. 돌고래 수족관에서 관찰된 바에 따르면, 큰돌고래는 물체를 운반하고 밀고 다룰 때 가슴지느러미나 꼬리지느러미보다 두개골의 앞부분인 '멜론melon'(*지방으로 이루어진 말랑말랑한 기관으로, 여기를 통해 초음파를 발사한다.) 아니면 입을 이용하길 선호한다. 돌고래 수족관에서는 벨루가와 돌고래가 스스로 '장난감'을 만드는 모습도 관찰되었는데, 이들은 기포를 둥그런 모양 또는 길고 구불구불한 모양으로 만들어 옮기거나 터뜨리며 논다.

놀이는 평안함을 나타내는 지표?

놀이가 평안함을 나타내는 지표가 될 수도 있을까? 돌고래 수족관에서는 수조 주변에서 공사가 진행될 때 돌고래들의 사회적 놀이가 감소하는 경향이 있다. 물론 이 결과를 검증할 추가 연구도 필요하다. 또 큰돌고래 수조에 놀이 활동을 유발하는 물체를 넣어 주는 환경 강화 프로그램을 진행해 보면, 돌고래가 복잡한 물체보다 다양하고 창의적인 활동을 만들어 낼 수 있는 단순한 물체를 선호한다는 걸 알 수 있다. 수조에 넣는 물체를 돌고래가 장난감으로 여긴다는 결론을 내리기 전에 우선 돌고래의 행동을 관찰, 측정, 평가하는 일이 중요하다.

해양 포유류, 특히 큰돌고래는 놀이를 통해 창의성과 혁신을 마음껏 발휘한다. 돌고래의 행동을 자세히 분석해 보면 돌고래가 사회적 파트너와 주고받는 상호 작용의 특성은 물론 주변 환경과 주고받는 상호 작용의 특성도 알 수 있다. '움벨트', 즉 그들만의 환경세계를 연구함으로써 우리는 돌고래에게 먹이가 장난감이 될 때도 있고 버려질 때도 있음을 알게 된다. 또 '장난감'이 다양한 의미를 지닌다는 사실도 알게 된다. 플라스틱 원반을 예로 들어 보자. 돌고래의 머리 위에 놓이면 모자가 되고, 다른 돌고래가 가지고 놀면 탐나는 대상이 된다. 때로는 동종에게 쏘는 포탄이 되고 어떤 때는 다른 물체에 문질러 삑삑 소리를 내는 도구가 된다. 말하자면 놀이는 사회화, 의사소통, 문화의 매개체이자 한 집단의 사회적 역학 관계, 집단 구성원의 개성, 구성원이 경험하는 감정을 드러낸다.

다른 종과 놀기

해양 포유류는 다른 종과도 함께 논다. 가령 갑각류(새우와 게), 파충류(돌고래에게 인기 많은 거북이), 자포동물(해파리), 어류 및 가오리, 조류, 극피동물(불가사리와 해삼), 두족류(문어)와 잘 어울린다. 이빨을 가진 고래들인 이빨고래류는 기각류(물개와 바다표범), 수염고래류(혹등고래와 남방참고래)와 놀거나 이빨고래류에 속하는 다른 고래들(큰돌고래, 알락돌고래, 향유고래, 쇠돌고래, 뱀머리돌고래 등)과 어울려 논다. 큰돌고래와 혹등고래가 함께 노는 모습을 관찰하다 보면 큰돌고래가 혹등고래의 앞쪽에 자기 몸을 두어 혹등고래의 움직임으로 발생하는 물살의 흐름을 즐기는 장면을 자주 볼 수 있다. 혹등고래 여러 마리가 물 밖을 향해 큰돌고래 한 마리를 수직이나 수평으로 밀어 올리기도 한다.

돌고래와 인간도 긍정적 상호 작용을 나눈다. 이 또한 다른 종 사이의 놀이라 할 수 있다. 자연환경에서 돌고래가 놀이를 즐기는 성향을 이용해 바하마에서 알락돌고래와 인간 사이의 상징적 의사소통을 실험한 적이 있다. 미국과 프랑스 연구진이 세 가지 시각 기호로 구성된 장치를 개발하고, 각각의 기호에 소리 신호와 물체(스카프, 밧 줄, 모자반. 모자반은 돌고래 서식지에서 볼 수 있는 갈조류의 일종)를 연결했다. 실험 참여자들은 돌고래가 보는 앞에서 이 장치를 사용하여 놀이하면서 돌고래에게 장치의 기능을 보여 주었다. 그리고 돌고래들을 점차 놀이에 참여시켜 상징적 의사소통을 유도했다. 돌고래가 어떤 물체를 원할 경우 해당 물체와 관련된 시각 기호를 가리키거나 소리를 내야만 그 물체를 준 것이다. 연구 결과 어린 돌고래일수록 놀이를 좋아하고 호기심이 많으며 적극적이었다. 돌고래 수족관에서는 돌고래와 사육사의 관계가 상호 작용의 기반이 된다. 연구에 따르면 돌고래에게는 사육사와의 관계가 매우 중요한 요소다. 돌고래는 사육사가 먹이 보상을 주지 않아도 사육사와의 관계를 기대하고 놀이를 긍정적으로 경험할 수 있다.

L'ÉTUDE DES CHATS:

UNE SCIENCE
À PATTES DE VELOURS

고양이 연구: 보드라운 발 속에 숨긴 발톱

마린 그랑조르주Marine Grandgeorge와의 대담

렌대학교 동물 및 인간 행동학 강사 겸 연구원

왜 고양이에 관한 연구는 많지 않을까요?

실제로 고양이보다 개와 말에 관한 과학 연구가 더 많습니다. 실험 프로토콜에 고양이를 포함시키는 일이 복잡하기 때문이죠. 고양이는 오래전부터 '독립적'이라 여겨져 왔고, (인간에게) 협조적이지도 않거든요. 하지만 그게 유일한 이유는 아닙니다. 어쩌면 우리는 고양이에 대한 선입견에 갇혀 있는지도 모릅니다. 고양이가 인간과 별로 가깝지 않고, 따라서 고양이와 인간의 관계를 분석하는 일도 그리 흥미롭지 않으리라 여길 수 있죠. 한데 최근의 연구들은 이와 정반대 결과를 보여 줍니다. 인간과 고양이 사이의 유대감은 서로가 얼마나 가까이 있는지, 그리고 인간이 고양이에게 얼마나 관심을 가지는지에 따라 크게 달라진다는 사실이 밝혀졌습니다. 그뿐만 아니라 이 상호 작용을 연구하면 우리자신에 대해서도 많은 것을 알 수 있어요. 제가 주목하는 흥미로운 역설이 하나 있습니다. 프랑스는 서유럽에서 1인당 고양이 수가 가장 많은 나라이지만 고양이 연구에서는 선두주자가 아니라는 점인데요. 고양이에 관한 중요한 연구는 스위스에서는 동물

행동학자 데니스 터너Dennis Turner가, 헝가리에서는 아담 미클로시Ádám Miklósi가, 이탈리아에서는 크리스티안 아그릴로Christian Agrillo가 수행했습니다.

그들의 연구를 통해서 고양이의 행동이나 인지 기능에 관해 새로이 알게 된 점이 있나요?

크리스티안 아그릴로와 아담 미클로시가 진행한 연구는, 우리가 손가락으로 무언가를 가리킬 때 개와 고양이, 새와 물고기가 어떤 반응을 하는지 비교하는 거였습니다. 고양이는 지시를 잘 따르지 않는 것으로 나타났는데, 무언가를 가리켜도 그것에 별로 반응하지 않았거든요. 밥그릇을 가리켜도 밥그릇 쪽으로 잘 가지 않았고, 실험자의 손가락이 밥그릇에 직접 닿았을 때만 밥그릇 쪽으로 향했습니다. 반응하는 시간도 다른 동물들에 비해 오래 걸렸죠. 한 연구에 따르면 고양이가 이해하는 단어 개수가 개에 비해 적다고 합니다. 그렇다면 고양이가 정말로 지시를 잘 이해하지 못한다거나 협조적이지 않은 걸까요? 고양이는 인간이 사용하는 어조에 더 민감한데, 이는 고양이에게 다른 능력이 있다는 의미입니다. 그러니 고양이가 '재능'이 부족하다거나 덜 똑똑하다고 성급히 결론짓기 전에 손가락으로 물건을 가리켜 지시하는 행동 자체가 고양이에게 적합한지를 따져 봐야 합니다. 올바른 방법이 아닐 수 있으니까요. 고양이를 훈련하고 고양이가 실험에 필요한 몇 가지 제약을 잘 받아들이도록 하기 위해서라도 과학적 평가 기준이 발전해야 할 겁니다. 긍정적 강화를 통해, 그리고 유대감의 질을 높이기 위한 노력을 통해 우리는 고양이를 교육할 수 있습니다. 물론 고양이를 잘 다루는 것을 넘어 고양이를 교육하려면 다른 동물보다 오랜 시간이 필요할 수 있겠죠. 고양이는 다른 동물과 다르기 때문에 고양이와 최상의 관계를 맺으려면 우리가 적응해야 합니다!

게으르고, 주의가 산만하고, 가르치기 어려운 학생이네요…. 그럼 고양이의 장점은 뭘까요?

고양이는 자기 필요에 맞는 재능을 갖추고 있기에 인간이 이에 관한 가치 판단을 내리지 않도록 주의해야 합니다. 예를 들어 고양이는 어떤 물체나 먹이의 개수보다는 그것의 크기에 더 관심을 두는 걸로 보입니다. 고양이가 사냥꾼의 특성을 지니고 있다는 방증이죠. 여러 개체가 모인 집단이 아니라 하나의 개체, 하나의 먹잇감을 노려야 목적을 달성할 수 있기 때문일 겁니다. 고양이의 기억력에 관해 일본에서 진행한 연구를 보면 고양이의 인지 능력을 보다 잘 이해할 수 있습니다. 연구진은 색과 용량이 다른 그릇을 여러 개 준비해 다양한 내용물을 넣었습니다. 음식이나 물건을 넣기도 하고 또는 아무것도 넣지 않았죠. 그리고는 고양이에게 시간차를 두고 여러 번 그 그릇들을 보여 주었습니다. 인간과 마찬가지로 에피소드 기억과 완충 기억을 지닌 고양이는 어느 그릇에 무엇이 담겨 있는지를 기억했다고 합니다. 그러나 확실하게 증명되었다고는 말할 수 없습니다. 연구에 참여한 고양이의 수가 워낙 적어서 연구 결과에 논란의 여지가 있기 때문입니다. 더 많은 고양이를 참여시키는 일이 가능하긴 할까요? 이런 실험은 적어도 재현될 수 있어야 합니다. 아쉽게도 당장은 고양이를 데려다 연구하는 것보다 인간을 연구하기가 더 쉽죠. 그러니 연구 대상은 고양이가 아니라 고양이에 매료된 인간입니다!

**인간을 연구하기가 더 쉽다지만 인간도 여전히 수수께끼인걸요….
수백만 명이 매일 고양이 영상을 시청하는 열정을 어떻게 이해해야
할까요?**

그런 걸 보면 인간은 고양이를 일방적으로 사랑하는 존재 같죠. 우선 사람들이 개 동영상보다 고양이 동영상을 더 많이 본다고 말하긴 어렵습니다. 하지만 고양이가, 아니 좀 더 정확히 말하면 고양이가 나오는 동영상을 시청하는 것이 사람들의 직업 환경에 미치는 영향을 살펴본 연구가 있습니다. 인디애나대학교의 연구원 제시카 갈 미릭이 7천 명을 대상으로 대규모 설문을 실시했고, 고양이 동영상 시청이 업무를 미루는 습관을 부추길 수는 있어도 업무에서의 감정 관리와 생산성에는 도움이 된다는 사실을 확인했습니다. 굳이 고양이가 등장하는 동영상만 콕 집어 연구했다는 점이나 이 연구로 고양이 동영상 시청의 다양한 이점이 드러났다는 점이 흥미롭습니다. 하지만 이는 설문을 통해 지난 일을 후향後向 연구한 것이라 어쩔 수 없이 기억과 주관성이라는 필터를 거치게 되고, 따라서 현실을 항상 정확히 반영하지는 않습니다. 그러니 우선 동영상을 시청할 때 뇌의 어떤 영역이 활성화되는지 살펴봐야 합니다. 그리고 다른 동영상, 이를테면 강아지 동영상

을 시청할 때 나타나는 효과와 비교해 볼 필요가 있습니다.

우리는 왜 고양이를 지켜보길 좋아할까요?

고양이는 동그란 얼굴에 커다란 눈을 갖고 있습니다. 인간에게 아주 매력적으로 느껴지는 '베이비 페이스'의 특징이죠. 종족 보호와 생존 논리의 측면에서 보면 아기의 얼굴은 보살펴 주고 싶은 마음을 갖게 합니다. 인간은 아기 얼굴 앞에서 동정심을 느끼도록 '프로그래밍'되어 있거든요. 그래서 무의식적으로 둥근 윤곽에 매력을 느끼죠. 고양이는 때론 코믹한 모습도 보여 줍니다. 특히 새끼 고양이가 놀고, 자기를 방어하고, 어설프게 사냥을 배우는 과정을 보면 절로 웃음이 나죠. 진지해 보이다가 갑자기 터무니없는 짓을 하는 모습도 재미있고요. 또 고양이에게서 느껴지는 부드러움이나 유연함, 향기 등이 좋은 감정을 자극할 수도 있습니다. 사실 이 모두는 연구자들보다는 고양이 애호가들이 추측하는 이유입니다. 우리가 왜 고양이에게 매료되는지에 관해서는 사실 연구된 게 별로 없습니다. 고양이의 고유한 특성보다는 고양이끼리의 상호 작용, 고양이와 인간의 상호 작용, 특히 고양이와 어린이의 상호 작용이 더 많이 연구되어 왔죠.

심리적으로 고통을 겪는 사람이 고양이와 관계를 맺는 게 어떤 도움을 주나요?

마음이 괴로울 때는 일반적으로 동물과의 관계가 도움이 될 수 있죠. 어려움에 처한 아이에게 누구한테 마음을 털어놓고 싶은

지 물으면 아이는 대개 반려동물의 이름을 댑니다. 무슨 동물이든 간에요. 케임브리지대학교의 연구원 맷 캐슬스가 관찰한 내용에 따르면 아이들은 형제자매보다는 반려동물에게 속내를 더 쉽게 이야기한다고 합니다 . 동물은 무슨 이야기를 하든 그 내용을 판단하지 않을뿐더러 대화 내용이 향후 동물과의 관계에도 아무런 영향을 미치지 않기 때문입니다. 따라서 부모가 이혼했을 때, 아플 때, 사춘기를 겪을 때 등 괴로움을 겪는 시기에 어려움을 이겨 내는 데 반려동물이 중요한 역할을 할 수 있습니다. 특히 고양이는 잠시 움직임을 멈추고 상대의 이야기를 듣는 것처럼 보이는 행동을 해서 상호 작용을 이끌어 낼 수 있다고도 하는데요. 실은 추측일 뿐입니다. 그리고 고양이가 주는 이점과 다른 동물이 주는 이점을 비교한 바도 없고요. 하지만 바르셀로나자치대학교가 어피니티 재단과 함께 실시한 연구를 보면 반려묘와 사는 프랑스인들의 97%가 매일 고양이를 보며 즐거운 시간을 보낸다고 답했습니다. 이들 중 60%는 매일 고양이와 지내는 게 개인적 어려움을 헤쳐 나가는 데 도움이 된다고 인정했고, 50% 가까이는 다른 누구보다 고양이에게 마음을 더 많이 털어놓는다고 답했습니다. 어른들도 아이들과 마찬가지로 고양이가 주는 긍정적 효과를 잘 알고 있다는 증거이죠.

괴로움을 겪는 시기에
어려움을 이겨 내는 데
반려동물이 중요한
역할을 할 수 있다.

병리학의 관점에서 고양이와 인간의 상호 작용이 치료로 이어질 수 있을까요?

동물과의 상호 작용이 치료에 도움이 된다는 사실은 자폐증에 관한 여러 연구에서 밝혀진 바 있습니다. 모든 연구가 고양이만을 대상으로 하지는 않았지만요. 제가 박사학위 과정에서 진행한 연구가 있는데요 . 자폐스펙트럼장애ASD를 가진 아동이 있는 가정에서 동물을 입양했을 때, 4년 후에 어떤 효과가 나타나는지 살펴보는 것이었습니다. 실험 대상 동물은 개와 고양이였습니다. 관찰이나 놀이처럼 동물과의 관계를 다지는 활동이 다양하고 많을수록 동물이 아동에게 미치는 효과도 더 컸습니다. 동물과 함께 지내면서 ASD 아동의 공유 능력(물건이나 음식을 다른 사람과 공유하는 능력)과 위로 능력(슬픈 사람에게 공감하는 능력)이 향상되었습니다. 동물이 아동의 행동을 긍정적으로 구조화하고 공감 능력을 발달시키는 데 도움을 준다는 걸 알 수 있죠. 이런 긍정적인 결과는 아이가 태어나고 몇 년이 지난 후부터 동물을 키우기 시작한 가정에서만 나타났습니다. 또 부모들은 ASD를 앓는 자녀가 동물을 관찰하는 데 아주 많은 시간을 보낸다고 답했습니다. 이는 ASD 아동과 고양이의 정서적 상호 작용에 관한 또 다른 연구 결과를 일부 설명해 주죠. 고양이는 일반적으로 성인에게 쉽게 다가가는 편이지만 정상적인 발달 단계를 보이는 아동보다는 ASD 아동과 더 가까이 지내는 것으로 관찰되었습니다. 아마도 ASD 아동이 일반 아동보다 관찰력과 주의 집중력이 높고 고양이와의 관계에 더 많은 투자를 하기 때문일 겁니다.

자폐증 및 기타 질환과 관련해서 진행된 고양이 연구 프로젝트가 또 있나요?

개와 마찬가지로 고양이도 인간에게 건강상의 이점을 준다고 알려져 있습니다. 심장병의 위험을 줄여 주거나 (단기적인 효과이긴 하지만) 스트레스가 높은 상황에서 고양이와 함께 있으면 심박 수가 낮아지는 사례를 들 수 있죠. 이런 결과는 일반적으로 정상적인 발달 단계를 거친 사람들을 대상으로 얻은 것입니다. 신체적으로 취약하거나 장애가 있는 사람들에게도 적용되나, 실제 측정된 바는 없으므로 신중해야 합니다. 우울증을 앓는 사람들은 다른 사람과의 상호 작용이나 접촉을 추구하는 경향이 약합니다. 그렇다면 고양이 같은 동물과도 어울리기 싫어할까요? 우울증을 앓지 않는 사람에 비해서 동물의 존재가 가져다주는 효과가 더 작을 수는 있을 겁니다. 이런 복잡한 상황을 이해하려면 여러 분야의 연구자들이 협력해야 합니다. 가령 심리학자와 동물행동학자가 함께 연구해야 하죠. 그래야 사람의 감정과 태도에 대해 질문하는 동시에, 종과 종 사이의 유대감을 직접 관찰하고 특징을 밝힐 수 있으니까요. 인간과 고양이가 단순히 공존하는지, 아니면 서로 다른 감각 채널을 통해 상호 작용을 모색하는지 판단하려면 더 많은 연구가 필요할 겁니다.

프랑스인은 유독 고양이를 좋아한다?

프랑스에는 1천350만 마리의 반려묘가 살고 있으며, 프랑스 국민 1인당 고양이 보유 비율은 다른 서유럽 국가들에 비해 높은 편이다. 왜일까? 글쎄, 미스터리다. 농촌에서는 고대부터 고양이를 중요한 존재로 여기는 전통이 있었고 프랑스는 농촌 지역이 많기 때문이라고 주장하는 이들이 있다. 하지만 마린 그랑조르주에 따르면 지리적 논거는 타당성이 없다. 농촌 지대가 많은 유럽의 다른 나라들에서는 프랑스만큼 고양이가 많이 살지 않기 때문이다. 프랑스인들의 데카르트주의 때문에 고양이들이 그저 움직이는 기계로 여겨졌고, 덕분에 고양이들이 프랑스에서 일찍이 평화를 찾은 것일까? 이것도 옳지 않다. 2015년 마르세유에서 검은 고양이들이 잔인하게 살해된 일에서 볼 수 있듯 프랑스에서 고양이는 여전히 미신의 희생물이다. 어쩌면 고양이가 가진 프랑스적 관능미에 매료되었거나 비단처럼 부드러운 털 때문일지 모른다. 아니면 고양이와 사랑에 빠진 보들레르의 표현처럼 '탄력 있는 등'과 '짜릿한 몸' 때문일 수도(*'탄력 있는 등'과 '짜릿한 몸'은 보들레르의 시집 『악의 꽃』에 수록된 「고양이」라는 시에 나오는 표현이다). 아니면 그저 프랑스인들의 모방 행동일 뿐인가? 다른 사람들이 키우니 우리도 키운다는…. 또는 고양이의 복종하지 않는 성향이 프랑스인들의 국가에 대한 반항 정신에 어울리는 것일 수도 있다. 경찰 활동을 보조하는 경찰견은 있어도 경찰묘는 없으니 말이다. 이 또한 마음에 들지 않는가! 좀 더 진지하게 말해 보자. 동물행동학자는 '사회학적 탐구를 통해 고양이를 더 잘 이해할 수 있을 것'이라고 본다. 특히 바르셀로나자치대학교와 어피니티 재단이 실시한 연구는 프랑스의 고양이 주인들에 대한 질적 접근을 통해 새로운 시각을 열어 주었다. 연구진이 고양이를 반려동물로 선택한 이유를 조사해 두 가지로 나눈 결과, 32%는 감정적인 이유를 꼽았고 68%는 돌보기에 부담이 적다는 실용적인 이유를 제시했다. 이 비율은 '정서적' 이유가 65%를 차지하는 스페인의 경우와 반비례한다. 여기에 관해서는 아직 명확히 설명된 바 없다. 하지만 조사에 응한 프랑스인들은 대부분 고양이에 매료되어 매일 고양이와 행복한 시간을 보낸다고 답했다. 그리고 약 3분의 2는 문제가 생겼을 때 고양이가 마음을 안정시켜 준다고 인정했다. 고양이는 '날 사랑한다고? 난 널 사랑하지 않아' 방식을 능숙하게 구사하니 우리는 우리 의지와 상관없이 고양이에게 빠져들지도 모른다. 또는 고양이의 의지와 상관없이 고양이에게 빠져들지도….

_소피 비기에 뱅송

À L'ÉCOLE DE LA VIE:

LES APPRENTISSAGES DANS LE MONDE ANIMAL

인생 학교: 동물 세계에서의 학습

마리 부르자드
Marie Bourjade

툴루즈장조레스대학교 강사 겸 연구원

우리는 학습 유전자를 가지고 있을까? 학습하는 방법을 배울 수 있는 동물은 인간뿐일까? 보통 인간을 학습 능력이 있는 유일한 종으로 본다. 언어를 배우고 여러 도구의 사용법을 학습함으로써 예술을 창조하고 도시를 건설하며 우주선을 만들 수 있다. 이런 의미에서 인간에게 고유한 것은 학습 과정 자체가 아니라 학습의 결과다. 조금 과장하자면, 선천적 능력은 우리의 유전자에 기록되어 있는 것이고 후천적 능력은 개인의 학습만으로 얻은 결과다. 이런 이분법 때문에 동물이 방향을 잡거나 먹이 또는 성 파트너를 찾는 행동은 종종 타고난 능력으로 묘사된다. 반면에 인간은 모든 것을 학습해야 한다(103쪽 '개의 학습 능력' 참고). 배우려는 성향 자체가 타고난 것으로 여겨지기 때문이다! 자세히 살펴보자.

인간만이 학습할 수 있다고 배웠다면 그만 잊자…

학습은 뇌가 있는 모든 동물, 심지어 아주 작은 동물에게서도 관찰된다. 동물의 보편적인 특징이기 때문에 동물행동학자에게는 주요 실험 도구가 된다. 실제로 실험실에서 시행하는 연구는 대부분 단순한 학습을 기반으로 한다. 학습 자체가 연구 대상은 아니지만 연구자는 실험할 동물을 먼저 학습시킴으로써 동물을 더 잘 통제하여 다른 현상을 연구할 수 있다. 예를 들어 연구자는 수족관의 물고기들에게 먹이를 얻을 장소와 시간을 쉽게 학습시킬 수 있다. 학습이 완료되면 '장소와 시간 정보를 아는' 물고기들과 '순진한' 물고기들을 섞어 놓고 집단 수준에서 무슨 일이 일어나는지 관찰할 수 있다. 정보를 가진 물고기들이 아무것도 모르는 물고기들을 먹이가 있는 곳으로 데려간다!

예쁜꼬마선충에 관한 연구 결과도 살펴보자. 흙에 서식하며 302개의 뉴런을 가진 1밀리미터 크기의 이 작은 유기체는 먹이의 존재 여부를 나타내는 맛, 냄새, 온도를 학습함으로써 어떤 물질에 접근하거나 접근을 피할 수 있는 것으로 밝혀졌다. 이 종의 모든 개체가 동일한 신경 구조를 가진다는 점을 고려하면 더욱 놀라운 결과다. 과학자들은 똑같은 신경 구조를 가진다는 것은 곧 인지적 유연성(*학습의 필수 요소로, 새로운 상황에 맞게 지식이나 행동을 조정하는 능력)이 결여된 증거라고 믿었기 때문이다. 그러나 내·외부 자극에 반응해 자연적으로 발현되는 선천적·반사적 행동을 하는 유기체조차도 학습을 통해 행동을 바꾸는 것으로 나타났다. 가령 독일바퀴벌레는 언제든지 출발점을 기준으로 자기 위치를 파악할 수 있는 내비게이션 시스템을 지니고 있으며, 이를 활용해 먹이를 찾는다. 그리고 이 타고난 시스템에 더하여 주방의 음식물 찌꺼기처럼 풍부하고 예측 가능한 먹이 공급원이 있는 환경에서는 시각적 단서를 사용하는 방법까지 배운다. 따라서 바퀴벌레는 환경의 특성에 따라 타고난 전략이나 학습한 전략 가운데 하나를 택하게 된다. 그러므로 학습은 개체가 경험을 통해 자신의 행동을 수정하는 과정이라고 말할 수 있다.

개별 학습

학습을 위해서는 맞닥뜨린 자극을 기억에 저장해야 한다. 다양한 자극과 그것이 기억에 인코딩되는 방식에 따라 학습을 여러 형태로 구분할 수 있다. 통계 학습은 무의식적으로 이루어지며 언어의 소리나 중력에 의한 물체 낙하 등 매우 규칙적인 환경 자극을 수반한다. 개코원숭이나 비둘기에게 컴퓨터 화면으로 영어 단어를 계속 보여 주면 어떻게 될까? 이들은 언어를 이해하지는 못해도 단어와 비단어, 즉 영어 단어와 영어로 말이 되지 않는 단어를 구분해 낼 수 있다. 도로변에서 관찰된 21종의 새를 대상으로 한 연구에 따르면 자동차가 새에 접근할 때 새가 자동차를 피해 날아가는 거리는 자동차의 실제 속도보다는 해당 도로의 제한 속도에 따라 달라진다. 습관화는 주어진 자극에 더 이상 반응하지 않는 경향을 말한다. 이 역시 무의식적으로 이루어지며 매우 광범위하고 적응성이 뛰어난 학습 과정이다. 습관화는 아주 빈번히 일어나고 위험하지 않은 자극에 신경 쓰는 데서 벗어남으로써 주변 환경의 다른 측면에 주의를 기울일 수 있게 해 준다.

조건화는 자극과 행동을 연관 지어 학습하는 과정이다. 이를 통해 동물은 행동이 발생한 이후의 결과를 예측할 수 있다. 이 연상 학습의 법칙은 고양이, 비둘기, 쥐, 개에게서 처음 발견되었다. 최근의 한 연구는 갑오징어가 고전적 조건화(파블로프 조건화라고도 함)를 학습하는 과정을 보여 주었다. 우선 갑오징어에게 시각적으로 자극이 되는 색상을 보여 주고 5초가 지난 후에 갑오징어가 좋아하는 작은 물고기를 보여 줌으로써 갑오징어가 색상과 먹이라는 두 요소를 연관 짓도록 학습시켰다. 조건화 후 갑오징어는 물고기를 잡아먹듯 시각 요소를 공격했다. 포유류를 대상으로도 비슷한 실험을 했는데, 흥미롭게도 포유류 개체들은 시각 요소를 공격하지 않고 대신 몇 초 후에 나타날 먹이를 공격할 준비를 했다. 갑오징어보다 포유류의 인지적 유연성이 더 높다는 의미다. 조건화의 또 다른 형태인 조작적 조건화에서는 먹이를 보상으로 사용해(긍정적 강화) 특정 행동이 발생하는 빈도를 높인다. 이 방식을 통해 쥐나 비둘기는 발이나 부리를 사용해 두 가지 옵션 중 하나를 선택하도록 학습하고, 개나 말은 움직이지 않고 얌전히 있는 법을 배운다. 그밖에도 원숭이와 새를 포함한 많은 동물에서 조작적 조건화를 이용하면 학습 결과를 빨리 얻을 수 있다.

최근 들어 연구자들은 동물들이 연관성을 어떻게 형성하는지 자세히 조사하기 시작했다. 벌새나 꿀벌처럼 꽃의 꿀을 좋아하는 동물들은 다양한 높이와 일조 조건에 놓인(이러한 요소들에 따라 꿀의 품질이 달라질 수 있다!) 여러 색의 꽃을 먹이 공급원으로 삼는다. 실험 조건에서 이 동물들은 수직으로 선 꽃 두 송이 중에서 상대적으로 위쪽에 있는 꽃을 선택한다. 꽃이 땅으로부터 얼마나 높은 곳에 있는지는 아무 관련이 없다. 따라서 동물이 학습하는 것은 대상의 특성이 아니라(예를 들어 땅으로부터 70센티미터 위에 있는 꽃을 선택하는 것) 두 꽃 사이의 관계다(둘 중 키가 더 큰 꽃을 선택하는 것). 어떤 동물들은 이런 관계 학습을 통해 동일성(특정 측면에서 자극이 같음)과 차이성(특정 측면에서 자극이 다름)의 의미를 이해하고 활용할 수 있다. 비둘기는 동일한 색의 두 가지 자극을 선택하도록 훈련받고 나면 이를 응용해 동일한 모양의 두 가지 자극을 선택할 수 있다. 이 학습은 연관성을 기반으로 한다. 동물은 두 물체의 관계(비둘기의 경우 동일성, 즉 자극의 색이나 모양이 같음)를 먹이 획득과 연결하는 것이다. 이와 같은 관계 학습은 주변 사물을 추상화하고 추론하는 기초가 된다.

사회적 학습

일반적 규칙은 사회적 환경에도 적용된다. 사회적 학습은 어떤 동물이 동종 동물에게 관심을 기울여 동종 동물이 수행하는 행동의 목적이나 행동 자체를 재현하는 것이다. 어린 새가 노래하는 법을 배우기 위해서는 먼저 모방할 성체 모델이 있어야 한다. 이런 학습은 민감한 시기에 일어나며 어린아이가 언어를 배울 때와 비슷하다. 푸른박새의 새끼를 둥지에서 꺼내 노란배박새의 둥지에 넣으면 푸른박새 새끼는 양부모인 노란배박새의 노래를 배우게 되는데, 이런 실험은 선천적 행동과 후천적 행동을 연구하는 데 널리 사용된다.

그런데 새가 노래를 배우는 경우를 제외하면 동물들 사이에서 행동을 모방해 학습하는 일은 흔치 않다. 복잡한 상자를 열면 보상을 주는 실험에서 침팬지와 어린아이를 비교한 사례가 있다. 어린아이는 성인 시범자의 행동을 그대로 따라 하며 상자를 열었으나 상자를 여는 데 필요하지 않은 제스처까지 모두 모방했다. 침팬지에게서는 과잉 모방을 볼 수 없었다. 침팬지는 같은 상황에서 보상을 얻는 데 꼭 필요한 행동만 모방하고 불필요한 제스처는 따라 하지 않았다. 이처럼 동물은 행동의 목적을 사회적으로 모방하지만 행동 자체를 구성하는 제스처까지 충실히 모방하지는 않는다. 이 흥미로운 실험은 다른 환경에서도 여러 번 재현되었다. 그 결과 침팬지나 개코원숭이는 항상 '지름길', 즉 보상으로 이어지는 최소한의 행동 시퀀스를 사용한다는 사실을 알 수 있었다.

일부 연구자들은 인간의 과잉 모방 성향이 문화 전파에 한몫한다고 본다. 인간은 모방을 통해 다른 문화에서 일어난 혁신을 축적해 나간다. 일부 조류, 고래류, 영장류도 지역적 특수성을 사회적으로 전달한다. 어린 개코원숭이는 특정 선인장의 가시를 제거하고 먹는 방법을 배우는데, 먼저 성체 개코원숭이에게 다가가 과일 냄새를 맡고 성체의 제스처를 관찰한다. 동물의 문화적 행동은 먹이를 가공하는 절차나 지역별로 다른 음성 및 행동 특징 등에서 볼 수 있다.

학습과 문제 해결: 논쟁 너머로

비교심리학에서는 흔히 이해와 학습을 대비되는 개념으로 바라본다. 개체가 어떤 문제에 부딪혔을 때 주어진 해결책을 이해하지 못하더라도 해결법을 배울 수 있다는 사고가 깔려 있다. 의학 연구에서는 어떤 약물이 병을 치료하는 데 효과가 있음을 먼저 알아낸 다음 이유를 이해하는 경우가 많다. 이해와 학습을 대비시키는 개념은 다소 인위적이다. 이해하는 쪽에 인간을, 학습하는 쪽에 동물을 두는 경우 더욱 그렇다. 문제 해결에는 두 가지 접근 방식이 있다. 시행착오를 거쳐 해결책을 찾는 것과 직관적 해결책을 개발하는 것(먹이가 멀리 있을 때 짧은 도구 두 개를 결합해 긴 막대기를 만들어 먹이를 취하는 행동)이다. '통찰insight'이라고도 부르는 이 직관적 해결책은 1930년대에 심리학자 볼프강 쾰러Wolfgang Köhler가 술탄이라는 침팬지를 데리고 도구 사용에 관한 일련의 실험을 한 후에 제시한 개념이다. 통찰은 상황을 전체적으로 분석해 문제 해결책을 직관적으로 이해하는 방식으로, 게

슈탈트(형태주의)라는 인간 심리학의 흐름으로 이어졌다.

실험실에서의 한 관찰에 따르면 보노보와 오랑우탄은 추후 다른 곳에서 먹이를 구할 때 사용할 특정 물건을 사용하기 30분 전 또는 전날 밤에 챙겨 놓는다. 물건을 사용할 계획을 미리 세우는 것은 시행착오를 통한 학습과는 다르다. 그리고 실험을 진행하는 동안 향상되는 능력도 아니다. 이와 같은 추상화는 과거의 학습을 기반으로 하며, 물건과 먹이 획득을 연관 지음으로써 올바른 해결책을 찾을 수 있다.

최근 개코원숭이를 대상으로 진행한 연구를 보자. 훈련사가 개코원숭이들을 주의 깊게 살펴보며 먹이를 구걸하는 제스처를 훈련시키면, 이후 이 개코원숭이들은 훈련사의 주의집중 상태를 인식할 수 있는 것으로 나타났다. 훈련사가 자신들에게 주의를 기울이고 있을 때는 개코원숭이들이 학습한 제스처를 이용해 구걸하지만 훈련사가 눈을 감거나 등을 돌리고 있으면 소리를 내며 물건을 다루었다. 이때 개코원숭이들이 사람의 얼굴에서 주의력 지표를 인식하는 것은 연상 학습에 속한다. 반면에 소리를 내는 행동은 문제에 대한 직관적 해결책이며 훈련사의 주의를 끌어 먹이를 얻기 위함이다. 이 연구를 통해 문제가 발생한 상황에서 연상 학습과 통찰이라는 두 가지 메커니즘이 상호 작용하여 문제 해결을 지원한다는 사실을 알 수 있다.

개의 학습 능력

2000년대에 리코Rico라는 이름의 보더 콜리가 화제를 일으켰다. 과학자들은 리코가 200개에 달하는 사물 이름을 이해할 수 있을 뿐만이 아니라 단 한 번에 새로운 이름을 학습할 수 있음을 보여 주었다. '빠른 의미 연결fast mapping'이라 알려진 이 현상은 어린아이가 모국어로 단어를 배울 때 나타난다. 오늘날에는 체이서Chaser라는 개가 리코를 뛰어넘는 기록을 보유 중이다. 체이서는 1천22개에 달하는 물체 이름에 오류 없이 응답한다. 그리고 "코를 원반에 갖다 대" 또는 "원반 다시 가져와"와 같은 명령을 구분할 줄 안다. 게다가 새로운 이름이 등장하면 그것이 눈앞에 있는 미지의 물체에 해당하는 이름이라고 추론할 수도 있다.

발달의 의미를 학습으로 축소할 수 있을까?

심리학에서 발달이란 개인에게 일생 동안 일어나는 변화를 뜻한다. 일부 행동주의 이론가들은 개인의 발달을 학습의 총합으로 본다. 이때 발달은 전적으로 외부 환경에 좌우된다. 개인의 학습은 외부 환경에 대한 경험을 통해 이루어지기 때문이다. 반대로 장 피아제Jean Piaget, 앙리 왈롱Henri Wallon, 레프 비고츠키Lev Vygotsky와 같은 발달주의 이론가들은 발달이 주체의 내부 요인(신경계의 성숙, 현실을 동화시키고 거기에 적응하는 능력, 감정 등)과 외부 요인(물체·가까운 사람·문화 등과의 상호 작용에서 발생하는 학습) 모두에서 비롯되며, 이로 인해 (볼프강 쾰러가 설명한 '통찰'에서처럼) 사고의 재구성이 일어난다고 여긴다.

"RESPECTER LES ANIMAUX, C'EST RESPECTER LEURS DIFFÉRENCES"

"동물을 존중하는 것, 우리와 다름을 존중하는 것"

장 피에르 디가르Jean-Pierre Digard와의 대담

인류학자, 말 및 승마 역사학자

선생님은 말을 길들이는 조마사調馬師와는 거리가 먼 듯합니다. 그보다는 말이 본성에 맞게 행동하도록 돕는 분 같은데요….

최악의 동물 학대는 동물을 동물이 아닌 것처럼 대하는 행동입니다. 따라서 아이러니하게도 가장 학대받는 동물이 반려동물인데요. 예를 들어 품에 안거나 코에 뽀뽀하는 등 사람들이 반려동물을 자녀나 배우자를 대신하는 존재로 대하는 경우가 제법 있어요! 이는 동물의 본성을 무시하는 것이니 아주 부적절한 대우라고 할 수 있죠. 이런 행동은 반反종차별주의라는 새로운 이데올로기와 관련 있습니다. 종을 차별하여 대우하는 데 반대한다는 것인데, 인종차별주의를 모델로 삼았지만 인종차별주의와 정반대 이유로 불합리합니다. 인종차별주의는 인종이라는 것이 존재하지 않기 때문에 불합리하고, 반종차별주의는 동물 종이 실제로 존재하기 때문에 불합리하죠. 동물 종은 거의 1천만 개에 달합니다. 가재를 말처럼 취급하거나 개를 고양이처럼 취급할 수는 없어요. 자신을 동물의 친구라고 자처하고 우정이라는 이름으로 이를 옹호하는 사람들은 동물을 제대로 모를 뿐만이 아니라 동물을 정말로 사랑하지도 않습니다. 제가 쓴 『동물주의는 반反인간주의다』의 주제이기도 합니다.

승마학자인 선생님은 말과 어떤 관계인가요?

오래전부터 시작된, 아주 열정적인 관계라고 할 수 있죠. 제가 어릴 적에는 말이 일상생활의 일부였습니다. 길거리에 말이 지나다녔고, 사람들이 말과 함께 일했고, 심지어 파리에서는 말이 냉동차를 끌어 카페에 얼음덩어리를 배달했죠. 제가 말을 타고 또 기수가 된 것은 원래 실용적인 이유 때문이었습니다. 민족학을 공부할 때였는데, 이란 남서부의 기마 유목 부족에 관한 논문을 쓰기로 결정했거든요. 그래서 페르시아어와 승마를 급히 배워야 했어요. 알고 보니 유럽의 승마와 이란 기마 부족의 승마 사이에는 엄청난 차이가 존재했습니다. 고전적인 유럽식 승마에서는 사람의 손이 고삐를 통해 말의 입과 계속 접촉하게 됩니다. 또 말에게 부담을 주지 않고 느슨한 긴장감을 유지할 수 있는 형태의 재갈을 사용하죠. 그런데 제가 이란 부족을 찾아갔을 때 거기 있는 말들은 아래턱을 통과하는 아랍식 고리형 마구를 착용하고 있었습니다. 고삐를 당기면 말이 자기를 방어하려고 고개를 들기 때문에 사람은 아무것도 할 수 없는 구조가 되더군요. 그 경험은 제게 민족학자로서 생각할 거리를 주었습니다. 승마에도 문화적 차이가 있고, 따라서 기마술에도 한 가지가 아닌 여러 종류가 있음을 알게 됐죠.

야생에 살던 말이 어떻게 집에서 기르는 동물이 되었나요? 자유의 화신인 말을 길들였다면 인간이 처음부터 말을 학대한 걸까요?

그렇지 않습니다. 가축화는 동물과 관계를 형성하는 것이고, 어떤 의미에서는 동물의 동의를 전제로 하기 때문입니다. 동물이 동의하지 않으면 인간이 동물을 포획하고 굴복시키고 구속할 수는 있어도 가축으로 길들일 수는 없어요. 어떻게 보면 말이 인간에게 '자신을 내맡긴' 겁니다. 왜냐고요? 동물에게도 인간과 마찬가지로 기회주의적인 면이 있습니다. 가축화는 인간과 동물의 이해관계가 일치해서 일어난 겁니다. 그리고 동물, 특히 말은 폭력을 써서는 다룰 수가 없습니다. 말의 가축화와 관련해 놀라운 사실은 말이 거의 마지막으로 가축화된 동물이라는 점입니다. 개는 기원전 1만 3천 년, 반추동물(*소화 과정에서 되새김질하는 동물)과 돼지는 지금으로부터 1만 년 전, 그리고 말은 5천 년 전쯤에 가축화되었습니다. 말의 주된 방어 수단이 도망가는 것이었기 때문에 그만큼 늦게 길들여진 겁니다. 인간은 편의상 인간에게 쉽게 다가오는 동물들과 먼저 가까워졌습니다. 인간은 누군가가 자신을 피해 도망가는 걸 좋아하지 않죠. 그래서 제 생각에는 어느 순간부터 말을 가축으로 길들이는 일이 인간에게 일종의 도전을 의미했으리라 봅니다. 그 이전에는 말을 가축화할 필요가 없었습니다. 기원전 3500년경에 인류는 먹을 게 풍부했거든요. 수천 년 동안 길러 온 돼지, 양, 소가 있었으니까요. 말이 없어도 살 수 있었던 겁니다. 말이 오랫동안 도망 다니다가 사람의 꾐에 스스로 넘어온 또 다른 이유는 기후입니다. 당시 급격한 기후 변화로 숲이 사라지면서 초원에 살던 말에게는 불리한 환경이 조성되었습니다. 이런 역사를 통해 인간과 말 사이의 관계가 형성되었으리라 보입니다. 일종의 이해관계가 일치한 거죠.

말이 인간을 고귀하게 만들어 주는 측면도 있지 않았나요? 사회적 지위와 권력의식을 확립하는 데 도움을 주었으니까요.

그렇다고 할 수 있죠. 말이 처음 가축화되었을 때, 사람들은 이미 먹을 것이 충분했기 때문에 말을 어떻게 활용해야 할지 몰랐습니다. 말이 가축화되고 나서 실제로 사용되기까지 1천 년이 넘게 걸렸는데요. 말을 사용하게 된 시기는 바퀴가 발명된 시기와 거의 일치합니다. 말의 첫 번째 용도는 전차를 끄는 것이었고, 이로 인해 보다 집약적인 형태의 전쟁이 가능해졌습니다. 기병대가 탄생한 것은 그로부터 1천 년도 더 지난 후입니다. 말 위에 올라타려는 시도는 그 이전에도 있었지만, 전쟁에 사용할 기병대를 만들 정도로 체계적이고 효과적인 기마술은 기원전 700년에 시작되었으니까요. 결국 말이 실제로 사용되기까지 아주 오랜 시간이 걸린 거죠. 하지만 말을 전쟁에 사용하고부터 말의 위상이 비약적으로 높아졌습니다. 인간에게 힘과 지위를 부여해 주었거든요. 말은 다른 사회 계층이나 다른 민족에 대한 전쟁과 지배의 도구가 된 때부터 명성을 얻었습니다. 사람들은 점차 더 크고 효율적인 말을 원하게 되었고, 선택 번식을 시켰습니다. 매우 긴 시간이 걸리는 일이었죠. 원래 프랑스인들이 타던 말은 거의 조랑말에 가까웠지만 말을 선별하면서 품종을 만들게 된 거죠. 말안장과 등자는 기원후에나 널리 사용되었으니 로마인들은 이러한 도구 없이 지중해 일대를 정복한 겁니다! 그리고 이와 같은 발전이 있을 때마다 말은 한층 더 위엄을 얻었고, 동시에 말을 타는 사람도 위엄을 얻게 되었습니다. 그래서 어느 순간 큰 변화가 일어난 겁니다. 처음에는 중앙아시아에서처럼 누구나 말을 탈 줄 알고 간단하고 실용적인 승마 기술을 사용하는 '기마 민족'의 시대였지만, 이집트의 맘루크 왕조나 앙시앵 레짐Ancien Régime(*프랑스 혁명 이전 프랑스 왕국의 체제)하의 프랑스처럼 승마가 사회계급의 특권으로 여겨지는 '승마 사회'로 전환된 거죠.

야생마는 여전히 존재하나요?

야생마는 수천 년 동안 이 세상 어디에도 존재하지 않았습니다! 우리가 야생마라고 여기는 말은 사실 도망친 말입니다. '마롱'(*프랑스어로 '도망친'이라는 뜻)이라는 단어도 가축화된 동물이 야생으로 돌아가는 현상인 '마로나주marronnage'에서 유래되었습니다. 나미브 사막에 사는 말, 미국의 무스탕(머스탱), 호주의 브럼비 등도 마로나주의 결과입니다. 하지만 흔한 경우는 아닙니다.

말에게 특정한 지능을 부여할 수 있다고 생각하시나요?

혼란을 줄 수 있는 용어는 사용을 지양해야 합니다. '지능intell-igence'이라는 단어는 모호해요. 우선 말에게는 감각이 있습니다. 감각의 정도는 다양한데, 통각 수용nociception(*통증을 유발하는 자극을 감지하는 것)이라고 부르는 것, 그리고 통증, 그다음으로 고통이 있습니다. 말에게는 의식과 관련된 개념도 존재합니다. 물론 의식에도 여러 가지가 있죠. 우선 주위 환경에 대한 의식이 있고, 신체에 대한 의식, 예를 들면 고통스러웠던 경험에 대한 기억이 있습니다. 그러나 거기까지입니다. 자아의식이나 자기를 성찰하는 의식은 동물과는 거의 관련이 없습니다. 그래서 인간과 말의 관계는 결국 감각적일 수밖에 없습니다. 말은 아주 예민한 동물이고 자기를 방어하는 수단이 도망이기 때문에 항상 경계를 늦추지 않습니다. 조금이라도 위험에 처했을 때 도망치지 못해 궁지에 몰리면 말은 사람을 발로 차고 물기도 합니다. 따라서 인간이 아주 사소한 자극만 주어도 말은 과민하게 반응합니다. 말에게 적응하는 법을 알고 말을 섬세하게 다루며 존중한다면, 인간은 말을 더 유익하고 보람 있게 이용할 수 있을 겁니다.

동물행동학에 대해 어떻게 생각하시나요? 동물행동학의 접근 방식이 선생님의 신념과 반대되나요?

우리의 지식 발전에 이바지하는 건 무엇이든 긍정적으로 생각해야 합니다. 그리고 흥미로운 작업을 하는 동물행동학자들도 있으니까요. 하지만 동물에게서 감성과 지능을 발견한 척하는 일부 동물행동학자에 대해서, 저는 그들이 '동물을 거의 모른다'라고 말하고 싶습니다. 동물과 함께 일하는 사람들은 모두 동물에게 감수성이 있다는 사실을 오래전부터 알고 있었는데, 일부 동물행동학자들은 그걸 발견하기까지 너무 오래 걸린 거죠. 그들은 시류에 발맞추려고 과장하는 면이 있습니다. 요즘 동물의 '복지'라는 개념이 유행하고 있지만 동물 복지는 정의하기 어려운 개념입니다. 자신이 개나 소, 돼지가 되어 보지 않는 한 누구도 동물 복지가 무엇인지 진정으로 알 수 없습니다. 동물 복지는 동물주의자들에게 트로이 목마가 되어 그들이 더 많은 것을 요구하는 데 사용되고 있습니다. 더 많은 것이란 '동물 해방'을 말합니다. 그것뿐입니다! 이미 가축으로 길들인 수백만 마리의 동물을 야생에 풀어놓는다는 건 상상하기도 어려운 일입니다. 수천 년간 인간이 머물 곳과 먹을 것을 제공하면서 보호해 온 동물들이에요. 갑자기 그들끼리 남겨진다면 얼마나 고통스럽겠습니까!

동물주의를 향한 관심이 높아지고 있습니다. 시대의 흐름일까요, 아니면 동물과 인간 모두의 행복을 위한 명령일까요?

동물에 대한 연민의 개념은 18세기부터 존재했습니다. 프랑스 대혁명 이후 동물애호가 운동이 발전했고, 19세기 중반에는 공공장소에서 가축을 학대하는 행위를 금지하는 그라몽Grammont 법과 함께 동물보호협회SPA가 탄생했습니다. 그 후 '동물보호주의'라고 불리는, 연민을 바탕으로 하는 운동이 일어났습니다. 이 운동은 1975년 피터 싱어의 『동물 해방』이 출간되면서 더욱 활발해졌습니다. 그때부터 모든 것이 급진적으로 진행되었고, 이 운동을 지지하는 사람들은 점점 더 멀리 나아갔어요. 동물보호주의에서 동물주의로, 이제는 아예 비거니즘(*채식주의를 넘어, 동물에 대한 착취와 학대를 거부하는 철학. 동물성 식품만이 아니라 동물성 제품과 서비스의 사용도 지양한다.)으로요…. 이 모든 운동이 점점 경쟁하면서 서로 더 많은 것을 요구하고 있습니다. 끝이 없는 경주랄까요.

동물주의가 말에게 위험을 초래하나요?

그렇습니다! 1950년대 이후 말은 노동의 세계에서 여가의 세계로 옮겨 왔고, 점차 반려동물의 지위로 향하고 있습니다. 이런 지위는 말에게 치명적입니다. 반려동물에게는 주인과 시간을 보내는 것 외에 다른 역할은 없으니까요. 말은 몸집이 크고, 먹는 양도 상당하고, 괄약근 조절 능력도 없어 반려동물로서 결코 개나 고양이와 경쟁할 수 없습니다. 말을 사랑한다는 명목으로 말을 충분히 활용하지 않는 이데올로기가 보편화된다면 말은 결국 멸종하고 말 겁니다. 요즘 들어 퇴역한 말을 은퇴 시설에 보내는 사람이 늘고 있습니다. 프랑스에는 말이 100만 마리 정도 있는데, 퇴역하는 비율이 연간 7%이니 매년 7만 마리가 퇴역하는 거죠. 그런데 이들이 모두 은퇴 시설로 들어간다면, 전년도에 은퇴한 7만 마리에 새로운 7만 마리가 추가되는 겁니다. 은퇴한 말은 10년 정도 더 살 수 있습니다. 농경지도 줄어드는 마당에, 수십만 마리의 말을 초원에 방치하는 건 경제적으로 아무 의미가 없습니다…. 조금 도발적으로 들릴 수 있지만, 실현 가능한 유일한 해결책은 도축이에요. 식용에 부적합한 약물 처치를 받지 않은 이상 말고기는 훌륭한 고기입니다. 동물이 받는 스트레스가 고기의 품질에 영향을 주는 문제에 관해서는 우리가 진지하게 고려해야 하는데, 잔인한 예가 몇 가지 있습니다. 19세기 영국에서는 소의 육질을 연하게 만들기 위해 맹견으로 알려진 불도그가 소를 쫓아다니게 했습니다. 스페인에서는 투우장 밖에서 방금 죽은 황소의 고기를 기다리는 사람들이 있었죠. 이러한 관행에 경악하는 사람도 있겠지만 동물에 대한 지나친 보호주의는 종에 따른 차이를 부인하는 것과 마찬가지로 터무니없는 일입니다.

동물과 인간이 우호적으로 소통한다는 게 가능한 일인가요? 아니면 인간이 다른 정서적 결핍을 보상하려고 지어 낸 이야기일까요?

저는 인간에게 동물이 필요하다고 생각합니다. 동물의 가축화는 인간화hominization(*생리학적·심리적 변화 등을 통해 영장류에서 인류로 진화하는 과정) 과정에서 중요한 단계입니다. 신석기 시대에는 경제 구조가 포식 경제에서 생산 경제로 전환되면서 인간이 동물을 더 소중히 여기고 더 잘 이해해야 했습니다. 시대는 변했지만 도시에서도 동물의 존재는 인간에게 큰 도움이 됩니다. 그리고 인간의 존재는 동물에게 큰 도움이 되고요…. 인간이 동물을 있는 그대로 대한다면 말입니다. 말을 소처럼, 소를 당나귀처럼, 개를 고양이처럼 대하지 않는다면요. 종을 보호하는 것은 궁극적으로 종마다 다른 차이와 현실을 존중하는 겁니다. 저는 이 생각을 적극 지지합니다.

COMMENT LES BABOUINS VOIENT-ILS LE MONDE?

개코원숭이는 세상을 어떻게 볼까?

자크 보클레르
Jacques Vauclair

엑스마르세유대학교 비교심리학 및 발달심리학 명예 교수

동물에게 '추상화 능력'이 없다고 주장한 경험주의 철학자 존 로크John Locke에 대해 다윈은 1838년 다음과 같이 썼다. '개코원숭이를 이해하는 사람은 형이상학에서 로크보다 더 많은 일을 할 것이다.' 아래에서 소개하는 현장 연구 및 실험실 연구는 개코원숭이에 속하는 세 가지 종, 즉 기니개코원숭이Papio papio, 올리브개코원숭이Papio anubis, 차크마개코원숭이Papio ursinus에 관한 것이다. 이들은 숲이 우거진 사바나(대초원)에서 50-150마리씩 무리를 지어 살며, 이들의 사회는 여러 계층으로 조직되어 있다.

(1) 인지: 다양한 인지 처리 과정

심적 회전mental rotation

심적 회전은 인간이 물리적 세계를 처리하는 능력이다. 1971년에 심리학자 로저 셰퍼드와 재클린 메츨러가 처음 연구해 인지심리학의 고전이 되었다. 두 사람은 실험 참가자들에게 서로 다른 각도로 회전된 복잡한 도형 두 개를 나란히 제시했다. 그리고 참가자들에게 한쪽 도형을 머릿속에서 회전시키게 한 다음 다른 쪽 도형과 동일한 형태인지 말해 보도록 했다. 연구 결과에 따르면 응답에 걸리는 시간은 두 도형 간 회전 각도의 차이가 커질수록 일정하게 늘어났다. 이 연구는 인간의 머릿속에서 이루어지는 심적 회전 과정이 실제 물리적으로 이루어지는 회전 과정과 유사함을 보여 주었다. 1993년에 나는 동료들 과 함께 모델 매칭이라는 절차를 사용해 어린 기니개코원숭이 여섯 마리를 대상으로 이 실험을 재현했다. 먼저 개코원숭이들에게 컴퓨터 화면으로 한 개의 모델(예: P 또는 F)을 제시했다. 그리고 잠시 시간을 준 다음 두 가지 자극을 함께 보여 주었는데, 하나는 처음에 제시한 모델과 같고 다른 하나는 그 모델을 거울에 비춘 형태, 즉 미러링 모델이었다. 두 자극은 모두 같은 각도($60°$, $120°$, $180°$, $240°$ 또는 $300°$)로 회전시킨 상태였다. 개코원숭이들의 과제는 두 자극이 동일한 형태로 일치하는지 파악하고 일치하는 경우 조이스틱으로 선택하는 것이었다. 그 결과, 여섯 마리 중 네 마리가 일치하는 자극 쌍을 통계적으로 유의미하게 선택할 수 있었다. 인간과 마찬가지로 반응 시간은 자극의 회전 각도에 따라 달라졌다. 따라서 개코원숭이도 인간이 구성하는 것과 동일한 수준의 정신적 이미지를 생성할 수 있음이 확인되었다.

범주화 categorization

1998년과 2001년에 다릴라 보베Dalila Bovet 와 내가 함께 발표한 연구들 에서는 올리브개코원숭이들을 대상으로 범주화 능력을 실험했다. 첫 번째 실험에서는 원숭이들이 물체를 먹을 수 있는 것과 먹을 수 없는 것으로 분류하도록 훈련시켰다(예: 바나나 대 자물쇠). 원숭이들은 몇 번의 표본 학습을 거쳐 범주화에 성공했다. 놀랍게도 이들은 이 분류를 제시된 모든 물체(총 80개)에 일반화했으며, 더 나아가 물체들을 찍은 사진에도 범주화를 적용하는 능력을 보여 주었다. 두 번째 실험에서는 첫 번째 실험에 참여했던 원숭이들을 데리고 사과 두 개는 동일성의 관계에 있고 사과 하나와 자물쇠 하나는 차이성의 관계에 있음을 판단하도록 훈련시켰다. 그러자 원숭이들은 새로운 물체 쌍을 제시했을 때 동일성의 관계인지 차이성의 관계인지를 정확히 판단해 반응했다. 세 번째 실험에서는 원숭이들이 첫 번째 실험의 범주화와 두 번째 실험의 '동일성/차이성' 관계를 함께 사용하도록 했다. 이 실험의 목적은 원숭이들이 서로 다른 물체 두 개를 '음식'이거나 '음식이 아닌' 범주로, 즉 '같은 종류'로 분류하는 능력이 있는지 테스트하는 것이었다. 원숭이들은 사과와 바나나를 '같은 종류'로, 자물쇠와 돌을 '같은 종류'로 분류했으며, 사과와 자물쇠는 '다른 종류'로 분류했다. 이 과제를 완료하려면 제시된 각 물체를 단순히 '음식'이나 '음식이 아닌 것'으로 분류하는 것보다 더 높은 수준의 추상화 및 개념화가 필요하다.

우리의 실험 결과는 개코원숭이가 같은 범주에 속하는 물체 간의 유사성을 판단할 수 있을 뿐만이 아니라 시각적 유사성과 관계없이 기능적 개념이 동등한지를 평가할 수 있음을 보여 준다. 동등성을 파악하는 능력은 2000년 로저 톰슨과 데이비드 오든이 침팬지를 대상으로 한 연구에서도 보고된 바 있다.

숫자 능력

2013년에 앨리슨 버나드와 동료들 은 올리브개코원숭이 여덟 마리에게 땅콩 1-8개가 든 그릇을 두 개씩 제시했다. 땅콩 개수는 매번 다르게 설정했다. 원숭이의 과제는 두 개의 그릇 중에서 땅콩이 더 많이 들어 있는 그릇을 선택하는 것이었다. 그 결과, 개코원숭이는 두 그릇 간의 땅콩 개수 차이가 클 때(예: 7개 대 2개) 과제를 더 잘 수행해 성공률이 75%에 달했다. 반면에 개수 차이가 작을 때(예: 7개 대 6개) 성공률은 55%에 불과했다. 개코원숭이의 이 능력(다른 영장류와 특정 종의 조류에게도 있음)은 양을 대략 파악해 '더 많음' 또는 '더 적음'을 판단하는 데 국한되어 있기는 하지만 서너 살 어린아이의 수준에 비할 만하다. 아이들은 이 기본적인 계산 능력을 바탕으로 단어를 수량과 연관시키고 수에 대한 언어 체계를 발달시킨다. 개코원숭이는 언어를 사용할 수 없으나 수량을 평가할 수 있다.

'철자' 능력

조너선 그레인저와 그의 동료들은 2012년 에 넓은 울타리 안에서 사회적 집단생활을 하는 기니개코원숭이를 대상으로 철자 규칙을 이해하는 능력을 실험했다. 우선 원숭이들이 자유롭게 드나들 수 있는 방갈로에 터치스크린 컴퓨터 약 10대를 설치했다.

연구 목적은 원숭이들이 알파벳 4개로 이루어진 문자열들을 보고 영어 단어에 해당하는 문자열과 영어에 존재하지 않는 문자열(비단어)을 구별할 수 있는지 알아보는 것이었다. 초기 단계에서는 비단어들 사이에 단어를 반복적으로 보여 주면서 원숭이가 화면을 터치해 응답하도록 했다. 일부 원숭이는 약 8천 개의 비단어 표본 사이에서 300개 이상의 단어를 정확도 75%로 구별할 수 있었다. 이렇게 원숭이들이 '최소한의 어휘'를 습득하고 나면 연구진이 새로운 문자열을 화면에 제시했다. 원숭이들은 처음 보는 문자열을 비단어보다 단어로 분류하는 경우가 많았다. 마치 철자 규칙에 대한 암묵적인 지식(이를테면 DONE(단어)이 DRAN(비단어)에 비해 문자 배열과의 연관성이 높음)을 습득한 것처럼 보였다. 반면에 비단어가 실제 단어와 비슷할수록 개코원숭이는 이를 단어로 분류하는 오류를 범했다. 연구진에 따르면 개코원숭이들은 통계적 학습이 가능하며 철자 부호 체계에 상응하는 시각적 부호 체계를 확립할 수 있다.

(2) 사회적 관계, 의사소통, 의도성

인지와 사회생활

영장류학자들은 영장류의 인지 능력이 영장류가 겪는 사회적 삶의 복잡성을 반영한다고 여긴다. 로버트 세이파스나 도로시 체니 같은 몇몇 연구자는 언어가 사회적 관계를 조직하는 데서 출발해 점차 발전하면서 음성 커뮤니케이션의 성격을 가지게 되었다고 본다. 또 다른 연구자들은 인지가 하나의 통합된 현상이라고 주장한다. 1979년에 심리학자 엘리자베스 베이츠가 유아 발달과 관련해 이야기한 것처럼, 사회적 세계를 다루는 과정과 비사회적 세계를 다루는 과정 모두 공통된 인지 '소프트웨어'에 기반할 수 있다. 예를 들어 물리적 영역(비사회적 세계)에서 도구를 사용한다는 것은 수단과 목적 사이의 관계에 숙달했다는 의미다. 이는 사회적 의사소통(사회적 세계)에서 상대방에게 무언가를 요청함으로써 상대방을 '도구화'하는 것과 같다. 즉, 아이가 어른을 바라보며 손이 닿지 않는 물체를 향해 손짓하는 것은 막대기를 사용하여 물체를 가까이 가져오는 것과 유사한 인지 활동이다. 물리적 영역에서의 도구화 사례는 개코원숭이에게서도 발견된 바 있다. 1993년 오딜 프티와 베르나르 티에리는 갇혀 있는 기니개코원숭이 여러 마리가 시멘트 판을 부수고 그 아래의 땅을 파기 위해 돌을 사용한 사실을 보고했다 .

가리키기 및 관심 공유

마이클 스케이프와 제롬 브루너가 1975년 '공동주의joint atten-tion'(*흥미 있는 대상에 다른 사람과 함께 주의를 집중하는 사회적 상호작용)라고 이름 붙인 주요 행동은 인간이 태어난 첫해 후반에 형성된다. 공동주의는 이후의 언어 발달과 관련되며 아동의 어휘력과 화용 능력, 즉 의사소통의 맥락에 적응하는 능력에 영향을 미친다. 공동주의 과정을 통해 아동은 상대방이 보는 곳을 바라보

거나 멀리 있는 물체를 가리켜 다른 사람에게 보여 준다. 가리키
는 제스처는 다른 사람의 주의를 특정 사물이나 사건에 집중시키
는 효과를 낸다.

　마이클 토마셀로 같은 몇몇 영장류학자는 인간이 아닌 영장
류는 의사 전달 능력이 없으므로 무언가를 가리키는 제스처를 하
지 않는다고 본다. 하지만 오늘날 이러한 견해에 의문이 제기되
고 있다. 실제로 개코원숭이는 적절한 훈련을 받으면 접근하기
어려운 먹이를 얻기 위해 손을 뻗는 요청 또는 구걸하는 제스처
를 취할 수 있다. 2014년에 마리 부르자드와 동료들이 설정한 실
험 환경 에서 개코원숭이는 인간 실험자가 있을 때만 먹이를 요

청하는 제스처를 취하는 것으로 밝혀졌다. 또 실험자가 눈을 뜨고 시각적으로 주의를 기울이고 있으면 그렇지 않을 때보다 먹이를 요청하는 제스처를 더 많이 사용하면서 실험자의 얼굴과 실험자가 손에 든 포도를 번갈아 바라보았다. 개코원숭이는 실험자가 눈을 감고 있거나 등을 돌리고 있을 때보다 자기에게 관심을 가질 때 훨씬 더 주의력 있는 행동을 보였다. 제스처와 그 제스처가 만들어지는 맥락을 살펴보면 제스처가 의도하는 목적을 알 수 있다. 개코원숭이는 인간과 눈을 맞추려 하고, 눈 맞춤이 이루어지고 나면 제스처를 취했다. 그리고 인간이 눈앞에 있으면 어떤 상황에서든 제스처를 여러 번 반복하며 인내심을 보여 주었다. 또 인간이 눈을 감거나 등을 돌리는 등 자기에게 무관심해 보일 때, 개코원숭이(16마리 중 14마리)는 자발적으로 음향 요소를 포함해 제스처(실험을 위해 설치한 아크릴 유리 장치를 손바닥으로 두드림)를 취했다. 이는 실험자의 주의를 끌려는 노력으로 보인다. 전반적으로 이 실험은 침팬지나 생후 18개월 된 아이와 마찬가지로 개코원숭이도 의도성의 기준을 충족하는 제스처 커뮤니케이션(손짓이나 몸짓을 이용하는 의사소통)을 개발할 수 있음을 보여 준다.

음성 커뮤니케이션 및 사회적 인지

비인간 영장류에서 한 개체의 음성 제어는 개체가 속한 집단의 위계 구조가 규정하는 엄격한 규칙을 따른다. 1955년 도로시 체니와 동료들은 차크마개코원숭이에게 미리 녹음된 발성을 들려주면서 이 문제를 연구했다. 원래 우두머리 암컷과 피지배 암컷들 간 음성 커뮤니케이션에는 정해진 특징이 있는데, 우두머리는 특정한 울음소리를 내고 피지배 암컷들은 두려움의 울음소리라는 또 다른 소리를 낸다. 연구진은 원숭이의 서열에 따라 예상되는 발성 또는 예상과 다른 발성(지배 암컷 쪽에서 피지배 암컷 쪽을 향해 두려움의 울음소리를 방송함)을 들려주었다. 그 결과 연구진은 개코원숭이들이 예상되는 발성이 들려오는 방향보다 예상치 못한 발성이 들려오는 방향을 더 오래 바라보는 모습을 관찰할 수 있었다. 따라서 개코원숭이는 다른 영장류와 마찬가지로 사회적 위계질서 내에서 각 개체가 차지하는 위치를 이해할 수 있으며, 특정 개체가 위계질서에 따라 상호 작용할 것임을 예상할 수 있다. 동종의 다른 개체에게도 지식과 의도가 있음을 알아차리는 능력은 '마음 이론'을 연구하는 방향으로 이어진다. 침팬지를 대상으로 한 여러 실험에서는 침팬지가 다른 침팬지, 심지어 인간에게 '정신 상태'가 있음을 이해하는 능력을 보여 주었다. 반면 도로시 체니와 로버트 세이파스는 차크마개코원숭이가 동종 개체들의 지식 상태는 고려하지 않음을 발견했다. 예를 들어 차크마개코원숭이 한 무리가 악어를 피해 한 섬에서 다른 섬으로 이동할 때, 성체들은 새끼들을 해안에 남겨 놓고 먼저 물에 들어간다. 그리고 어린 개코원숭이들이 도움을 요청해도 어미 개코원숭이들은 돌아오지 않는다. 새끼들이 어려운 상황에 처해 있음을 짐작하지 못하는 것으로 보인다.

이들 구세계원숭이(*긴꼬리원숭이과에 속하는 원숭이들. 꼬리가 몸통의 길이보다 길고, 콧구멍 사이가 좁은 게 특징이다. 아프리카와

아시아가 원산이며 개코원숭이, 마카크 등이 여기에 속한다.)는 진화적으로 볼 때 인간보다는 비인류 유인원에 가깝다. H. 뫼니에H. Meunier(2017)가 지적했듯이 비인류 유인원에서 확인된 정교한 인지행동과 사회행동은 고도의 사회적 관계를 다루는 우리 인간의 놀라운 능력을 근본적으로 이해하는 데 매우 유익한 연구 모델이 되어 준다.

L'INTELLIGENCE COLLECTIVE CHEZ LES ABEILLES

꿀벌의 집단 지성

마티유 리오로 & 타마라 고메즈 모라쇼
Mathieu Lihoreau & Tamara Gómez-Moracho

동물행동학자, 프랑스 국립과학연구센터CNRS 연구원/
동물인지연구센터 연구원

집단으로 생활하면 혼자서 해결하기 어렵거나 불가능한 문제를 해결할 수 있다. 집단 구성원들은 서로 독립적으로 정보를 습득한 다음 이를 공유해 문제에 대한 공통 해결책을 찾는다. 이런 '집단 지성'은 인간 집단은 물론 포유류 무리, 새 무리, 물고기 무리 등 동물계 전반에 걸쳐 보고되어 왔다.

집단 지성의 가장 놀라운 현상은 곤충에게서 찾아볼 수 있다. 나수티테르메스*Nasutitermes* 속에 속하는 흰개미는 몇 밀리미터에 불과한 몸집으로 대성당처럼 웅장한 둥지를 짓는데, 둥지의 높이가 무려 10미터를 넘는다. 둥지는 여러 층에 걸쳐 최적화된 통로망과 온도 조절 시스템까지 갖추고 있다! 벌집의 완벽한 육각형 모양도 오랫동안 자연주의자들과 철학자들을 매료시켰다. 1세제곱밀리미터 정도의 작은 뇌를 가진 동물들이 어떻게 이와 같은 집단적 위업을 달성할 수 있을까? 이 미스터리는 동물행동학자들이 자기 조직화self-organization(*어떤 시스템이 그 구성 요소들 사이의 상호 작용을 통해 외부 조정 없이도 자체적으로 질서를 만들고 조직화하는 현상) 이론을 활용하면서 비로소 풀렸다.

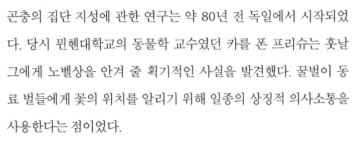

꿀벌의 춤

곤충의 집단 지성에 관한 연구는 약 80년 전 독일에서 시작되었다. 당시 뮌헨대학교의 동물학 교수였던 카를 폰 프리슈는 훗날 그에게 노벨상을 안겨 줄 획기적인 사실을 발견했다. 꿀벌이 동료 벌들에게 꽃의 위치를 알리기 위해 일종의 상징적 의사소통을 사용한다는 점이었다.

꿀벌 군락은 완벽하게 조직화된 공동체다. 생식 능력이 없는 수천 마리의 암컷 꿀벌, 즉 일벌이 공동의 목표를 위해 일한다. 공동의 목표란 생식 능력을 가진 여왕벌의 생존과 번식을 보살피는 것이다. 꿀벌 집단이라는 '초유기체superorganism'(*여러 개체가 협력하여 하나의 단위처럼 행동하는 조직체나 집단) 안에서 일꾼들 간의 분업은 나이에 따라 이루어진다. 가장 나이 많은 일벌이 벌집 밖의 꽃에서 꿀과 꽃가루를 모아 군집에 먹이를 공급하는 어려운 일을 맡는다. 양봉꿀벌Apis mellifera의 경우 예로부터 채집을 맡은 벌이 꽃나무와 같은 좋은 장소를 발견하면 집으로 돌아와 '흔들기 춤'(*왜글 댄스waggle dance 또는 8자 춤이라고도 함)을 추는 것으로 알려져 있다. 벌집의 수직 벽 위에서 엉덩이를 흔들면서 직선으로 나가다가 왼쪽 또는 오른쪽으로 방향을 돌려 반원을 그리며 출발점으로 돌아간 다음, 같은 동작을 반복하는 춤이다. 1945년 여름, 폰 프리슈는 이 행동을 세심히 연구한 결과 벌이 몸을 흔드는 동작의 지속 시간은 먹이터까지의 이동 시간에 비례하며, 벌이 직선으로 나가는 방향과 수직이 이루는 각도는 먹이터와 태양이 이루는 각도를 나타낸다는 사실을 발견했다 . 더 놀라운 것은 춤을 추는 '무용수' 벌과 접촉한 '추종자' 벌이 춤의 신호를 해독한 후 스스로 먹이터를 찾아간다는 사실이다. 어두컴컴한 벌집 안에서 이루어지는 이 춤을 통해 일벌은 주변에서 가장 좋은 먹이가 있는 위치를 다른 구성원들에게 알려 준다.

덕분에 우리는 이제 모든 꿀벌*Apis* 속이 흔들기 춤으로 동종 친구들을 모집하는 사실을 잘 알고 있다. 그러나 종에 따라 다양한 형태의 '방언' 이 있다. 어두운 곳에서 춤을 추는 종도 있고 밝은 곳에서 추는 종도 있다. 수직면을 따라 춤을 추는 종도 있고 수평면을 따라 추는 종도 있다. 또 중력이나 태양을 기준점으로 삼아 춤을 추는 종도 있고 먹이터를 직접 기준점으로 삼는 종도 있

다. 뒤영벌*Bombus*이나 안쏘는벌*Meliponini*과 같은 다른 사회적 꿀벌 그룹도 정교한 형태의 의사소통 방식을 가지고 있어 채집 일벌이 다른 일꾼을 모집할 수 있다. 꿀벌 춤의 형태는 식량 자원의 공간적 분포 등과 같은 꿀벌이 사는 환경의 생태적 매개변수에 따라 달라진다.

새로운 보금자리 선택하기

폰 프리슈가 꿀벌의 흔들기 춤을 발견하고 나서 10여 년이 지났을 때 그의 제자인 마르틴 린다우어Martin Lindauer는 꿀벌이 꿀 채집이 아닌 다른 맥락에서도 흔들기 춤을 춘다는 사실, 그리고 꿀벌 무리가 나뉘는 분봉기가 되면 춤을 통해 집단 결정을 도출해낸다는 사실을 발견했다. 지금은 이 현상을 더 잘 이해할 수 있게 되었다[*].

봄이 끝날 무렵에 벌집이 과밀해지면 꿀벌들은 분봉을 한다. 일벌의 약 3분의 1은 원래의 벌집에 남아 새로운 여왕벌을 키운다. 나머지 3분의 2는 기존 여왕벌과 함께 집을 떠나 새로운 터전을 만든다. 보금자리를 만들 장소를 선택하는 일은 이주 집단의 생사가 걸린 중대한 문제이기 때문에 꿀벌들은 두 단계의 민주적 토론을 거쳐 새 보금자리를 결정한다.

먼저, 이주하는 꿀벌들이 원래의 벌집에서 약 30미터 떨어진 곳에서 무리를 형성하는 탐색 단계가 있다(이미지 A). 린다우어는

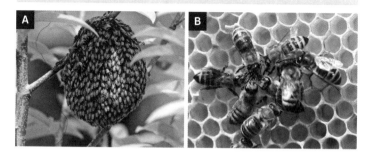

이미지 A. 새로운 보금자리를 찾는 탐험 떼

이 꿀벌 무리를 관찰하던 중 먹이를 찾지 못한 채로 먼지를 뒤집
어쓰고 돌아오는 무용수 벌들을 발견했다. 이들은 꿀을 찾는 채
집가가 아니라 잠재적 보금자리 장소를 찾는 '탐험가'였다. 그렇
게 수백 마리의 일벌이 나무줄기, 구멍, 빈 벌집 등 여러 장소를
탐색해 후보지를 찾아낸다. 또 크기, 어둡기, 바람을 막을 수 있는
지, 포식자를 피할 수 있는지의 여부 등을 기준으로 각 후보지를
평가한다.

　그다음 투표가 이루어지는데, 각 탐험가가 춤을 추며 후보지
의 위치를 알려 준다(이미지 B). 무용수 벌들은 꿀벌 떼 위에서 태

양의 위치를 기준으로 삼아 흔들기 춤을 춘다.

춤을 더 많이 반복할수록 해당 후보지의 질이 높다고 무용수 벌이 평가한다는 의미다. 이 춤은 추종자 벌들이 해당 후보지로 직접 날아가 후보지를 평가하도록 자극하는 증폭 효과(긍정적 피드백)를 일으킨다. 한 후보지에 대해 춤을 추는 벌이 많을수록 해당 후보지의 매력도가 높아진다. 그러나 일부 탐험가 벌은 춤을

꿀벌 떼가 보금자리를 선택하는 메커니즘. 집단 의사 결정은 긍정적 피드백(흔들기 춤)과 부정적 피드백(중지 신호)이 경쟁하면서 이루어진다. 충분한 수의 꿀벌이 같은 장소에 대해 춤을 추면 정족수에 도달하고 꿀벌 떼는 해당 장소로 날아가 보금자리를 트는데, 일반적으로 가장 적합한 장소다.

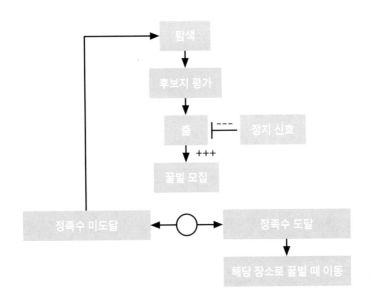

억제하는 효과(부정적 피드백)를 낼 수도 있다. 이미 제보된 후보지가 아닌 다른 장소를 살피고 온 탐험가 벌들이 춤을 추던 벌에게 '중지 신호stop signal'를 보낼 수도 있는데, 날개를 진동시켜 소리를 내면서 그 벌과 머리를 부딪친다. 일정 수 이상(정족수)의 탐험가 벌들이 같은 장소에 대해 춤추면 '합의'에 이르고 투표가 중단된다. 이런 과정을 거쳐 마침내 하나의 장소를 선택하면 꿀벌떼가 해당 장소로 날아가는데, 대개는 가장 좋은 장소로 판명된다. 합의는 모든 탐험가 벌의 상호 작용을 통해 이루어지며, 리더가 개입하거나 투표 계획을 세우는 일도 없다. 춤이라는 긍정적 피드백과 정지 신호라는 부정적 피드백이 균형을 이루면서 탐험가 벌들의 집단 반응을 신속하게 조정한다. 가장 나은 선택을 위한 간단하지만 매우 효과적인 메커니즘이다!

꿀벌에게서 무엇을 배울 수 있을까?

곤충의 집단 지성에 관한 연구는 여러 과학 분야에 큰 영향을 미쳤다. 동물행동학과 생태학 분야에서는 동물계 전체의 집단행동을 이해하는 데 선구자 역할을 했다. 신경과학 분야에서는 동물 집단의 기능과 신경계의 기능 사이의 유사성을 통해 의사결정 메커니즘을 밝히는 데 도움을 주었다. 실제로 1.5킬로그램의 인간의 뇌를 구성하는 뉴런과 1.5킬로그램의 벌떼가 정보를 처리하고 합의를 도출하는 방식에는 유사점이 많다. 컴퓨터 과학과 로

집단적 의사 결정이 집단의 이익과 어긋나는 경우도 많다.

봇 공학에서는 통신 네트워크나 도로 교통 네트워크를 최적화하는 인공지능 시스템 개발에 영감을 주었다. 코넬대학교 생물학 교수인 톰 실리는 꿀벌 연구에서 얻은 영감을 심리학, 경제학, 정치학 분야에 적용해 인간의 집단 의사 결정을 개선하자고 제안했다. 우리 사회에서는 작은 규모(친구나 동료들 간의 합의)부터 큰 규모(국가 선거나 국제 협정)에 이르기까지 집단적 의사 결정이 끊임없이 이루어진다. 하지만 정치 선거나 금융 투기에서 볼 수 있듯 집단적 의사 결정이 집단의 이익과 어긋나는 경우도 많다. 꿀벌은 간단하고 효과적인 결정을 내리려면 다음의 세 가지 요소가 필요함을 전해 준다.

1. 먼저 가능한 후보지를 파악해야 한다.

꿀벌은 수백 마리의 개체로 구성된 상당한 인력을 동원해 이 작업을 수행한다. 이때 각각의 '개성'이 다르기 때문에 모두가 정확히 똑같은 장소를 방문하지는 않는다. 덕분에 벌들이 발견한 후보지 가운데 우수한 장소가 있을 확률이 높아진다.

2. 다음으로, 정보를 공유해야 한다.

만약 어떤 개체가 자신이 발견한 후보지의 정보를 공개하지 않는다면 그 정보가 활용되지 않으므로 집단의 의사 결정이 제대로 이루어지지 않을 수 있다. 꿀벌은 몸을 흔들며 춤을 춰서 자기가 발견한 장소의 정보를 알린다. 좋은 장소로 여겨질수록 탐험가 벌이 많이 모인다. 각 개체는 장소의 질을 독자적으로 판단할 자유를 누린다.

3. 마지막으로, 정보를 종합해 최선의 해결책을 선택해야 한다.

꿀벌들은 서로 다른 후보지를 지지하는 탐험가 벌들 사이에서 솔직하게 토론을 벌인다. 이 토론은 정치 선거와 비슷한 면이 있다. 여러 후보(위치), 반대 의견(춤), 특정 후보 지지자(특정 위치를 지지하는 탐험가 벌들), 아직 결정을 내리지 않은 유권자(아직 특정 위치를 지지하지 않은 탐험가 벌들)가 있다는 점이 그렇다. 선거 결과는 가장 나은 후보지로 크게 편중된다. 해당 후보지를 지지하는 벌들이 가장 적극적으로 홍보에 나서 다른 벌들을 재빨리 유도하기 때문이다. 결국에는 모든 탐험가 벌들이 하나의 장소를 지지하게 된다. 만장일치로 합의에 이르는 것이다. 이 과정에서 각 개체는 독자적으로 새 보금자리의 위치를 평가해 자기 의견을 낸다. 반대 의견을 낸다고 해서 배제되는 일은 없다. 토론은 공개적으로 이루어지고, 최종 결정은 후보지가 가진 본질적 우위를 바탕으로 이루어진다. 이는 수백 마리의 개체가 여러 차례에 걸쳐 판단한 결과다.

꿀벌은 꽃가루 매개체로서 생물 다양성과 식량 생산 유지에 중요한 역할을 한다. 그뿐만 아니라 개체 및 집단 수준에서 인지 과정을 연구하는 데 영감을 주는 원천이 된다. 수천 년 동안 꿀벌은 꿀을 모으고 좋은 서식지를 선택해 군집을 보호하는 복잡한 과제를 수행해야 했다. 자연 선택은 꿀벌 공동체와 꿀벌의 행동을 형성해 꿀벌이 집단적으로 최선의 결정을 내릴 수 있도록 해 주었다. 이제 이 기발한 메커니즘이 어떻게 작동하는지 이해하게 되었으니 우리도 꿀벌에게서 영감을 얻어 우리 자신의 삶을 개선할 수 있지 않을까….

집단 지성과 개인 지성

곤충의 집단 지성에 관한 연구는 인간에게 오랫동안 잘못된 이미지를 심어 주었다. 이 복잡한 집단 현상은 인지 능력이 제한적인 개체들 간의 단순한 상호 작용에서 나온다고 말이다. 그러나 일반적으로 동물의 인지 능력 수준과 사회적 상호 작용의 복잡성 사이에는 아무런 상관관계가 없다 .

꿀벌이 좋은 예다. 100년 넘게 쌓인 연구 결과로 입증된 바에 따르면 꿀벌의 뇌는 매우 작지만(인간의 뉴런이 약 1천 억 개인데 비해 꿀벌의 뉴런은 100만 개), 꿀벌 각 개체의 인지 능력은 놀랍도록 정교하다. 그 능력에는 경로 최적화, 개념 학습, 관찰을 통한 물체 조작, 혁신 등이 포함된다 . 최근에 수행된 연구들은 꿀벌에게 인간의 감정에 필적할 만한 생리적 상태가 존재한다는 사실도 시사한다.

집단 측면에서 보면 꿀벌이 추는 흔들기 춤은 집단적 인지에 관여하는 개체의 인지 과정이 얼마나 복잡한지를 잘 보여 준다. 꿀벌은 춤을 추기 위해 자기가 제보할 장소의 위치와 그 장소의 질을 기억하고 있어야 한다. 거리를 추정하고(망막에 인식되는 이미지의 흐름), 시각적 장면을 학습하고(파노라마), 시간에 따른 태양 위치의 변화를 고려하고(내부 시계), 하늘에 태양이 보이지 않을 때는 편광을 이용할 수 있어야 한다. 그다음 해당 장소까지의 거리를 엉덩이를 흔드는 시간으로 변환해야 한다. 이 변환 과정은 아직 자세히 밝혀지지는 않았지만 평균적으로 엉덩이를 1초 동안 흔들면 1천 미터를 날아가야 함을 나타낸다.

추종자 벌이 무용수 벌의 춤을 읽고 해당 장소로 이동하려면 거리와 방향에 대한 정보를 해독하고 이를 공간 기억으로 통합할 수 있어야 한다. 이런 행동에 관여하는 메커니즘은 아직 거의 알려지지 않았다. 하지만 무용수 벌이 엉덩이를 흔들며 앞으로 나가는 방향과 같은 방향을 향하고 있는 추종자 벌은 다른 각도에서 무용수 벌을 보는 추종자 벌보다 먹이터에 도달할 확률이 더 높다. 추종자 벌이 무용수 벌의 뒤쪽이 어느 방향인지를 안다면, 중력과의 상대적 각도를 파악해 먹이터가 있는 방향을 결정하기가 훨씬 수월해서다.

AIMEZ-VOUS LES INSECTES?

곤충을 좋아하세요?

장 마르크 드루앙Jean-Marc Drouin과의 대담

역사학자이자 과학 철학자

철학자이자 역사가인 장 마르크 드루앵은 여러 철학자, 동물행동학자, 역사가, 과학자 등의 글을 바탕으로 한 탄탄한(참고문헌만 30페이지!) 에세이에서 작은 동물들이 살아가는 이야기를 들려주었다. 무한히 작은 존재들과의 만남은 우리에게 형이상학적, 과학적, 정치적, 심지어 신학적 성찰을 불러일으켰다. 곤충의 고도로 발달된 방향 감각, 놀라울 정도로 정교한 구조물, 인간과 매우 유사한 사회 조직 체계는 많은 사람을 놀라게 했다. 곤충은 종종 허구의 소재가 되며(베르나르 베르베르의 소설 『개미』, 《마야 붕붕》(*꿀벌이 주인공인 일본 애니메이션), 지미니 크리켓(*디즈니의 만화 《피노키오》에 등장하는 귀뚜라미 캐릭터) 등) 작가, 각본가, 시인에게 영감을 주었다. 공포와 매혹, 매력과 혐오 사이에서 곤충과 인간의 관계는 때로 엇갈린다. 하지만 오늘날 우리는 전환점에 서 있는지도 모른다. 그들의 낯섦에 대하여 우리가 가진 두려움은 이제 완전히 다른 종류의 두려움, 즉 멸종에 대한 두려움으로 바뀌고 있으니 말이다!

선생님은 어떻게 곤충에 관심을 갖게 되었나요?

제가 처음 곤충에 흥미를 느꼈던 때는 프랑스 혁명 200주년인 1989년이었습니다. 그때 저는 프랑스 혁명기 교사 양성 학교의 교육 과정을 연구하던 중이었습니다. 정치적으로 또 사회적으로 큰 격변이 일어나던 시기에도 공부에 열정을 쏟는 사람들이 있었다는 점이 흥미로웠죠. 그런데 혁명 당시 진행된 수업에서 한 학생이 했다는 발언을 보고 깊은 인상을 받았습니다. '자연에 왕이 있는가?'라는 주제를 다루는 수업이었는데요. 그 학생이 교수에게 "왕보다 더 나쁜 게 있습니다. 여왕이요!"라고 말했답니다. 꿀벌을 말하는 거였어요. 양성평등의 문제를 떠올리게 하는 발언이었죠. 또한 인간 세계를 움직이는 질문이 곤충 세계에도 존재한다는 사실을 보여 줍니다.

곤충은 여러 소설에서 영감의 원천이기도 합니다. 왜일까요?

아마도 특정 곤충들이 지닌 강렬한 특징 때문일 겁니다. 가령 총 1만 2천 종 이상이 존재하는 개미는 바이오매스biomass(*일정 지역 내 생물체의 총 중량)로 따지면 인간과 같은 무게를 차지합니다. 극히 작은 생물과 거대한 생물이 동시에 존재하면서 놀라운 대조를 이루죠. 물론 무의식적인 차원도 있을 겁니다. 사마귀 같은 곤충은 예로부터 공포를 불러일으키거나 숨기고 싶은 쾌락의 감정을 연상시키는 이미지였으니까요. 곤충이 가진 특성은 특히 소설에 잘 어울립니다. 예를 들어 꿀벌처럼 수컷과의 수정 없이 암컷이 개체를 만드는 단성생식의 사례가 그렇죠. 단성생식을 하면 수컷 벌이 태어나고, 여왕벌이 교미비행 중에 수컷 벌과 교미하면 암컷 벌이 태어납니다.

개미와 꿀벌의 사회 조직에서 우리가 무엇을 배울 수 있을까요? 어떤 이는 군주제를 이야기하고, 다른 이는 공화제를 언급하고, 또 다른 이는 공산주의와 유사하다고 보는데요….

우리는 곤충의 사회 조직 형태에 우리 자신의 정치적 표상을 투영하는 경향이 있습니다. 이를 '의인화'라고 합니다. 곤충학자 장앙리 파브르는 소나무행렬모충나방의 애벌레를 연구했습니다. 소나무 위에 고치를 짓는 이 애벌레들은 집을 크게 짓고 그 안에서 집단으로 성장합니다. 파브르는 이를 공산주의의 한 예로 봤어요. 파브르에 따르면 이 애벌레들은 공산주의 원칙에 따라 살아가는 유일한 생물이죠. 그건 이들에게 재산이 없고, 또 자원을 공유하는 데 아무런 문제가 없기 때문입니다. 파브르에 따르면 공산주의는 이 애벌레 사회처럼 경쟁과 투쟁이 없는 상황에서만 작동이 가능합니다. 그래서 인간 사회에서는 불가능하죠! 개미도 산란하는 여왕을 필두로 처녀 여왕, 수컷, 일벌까지 사회 조직이 잘 확립되어 있습니다. 곤충의 사회 조직은 다양한 해석을 낳습니다. 19세기 역사가 쥘 미슐레Jules Michelet에 따르면 개미는 '완강한 공화주의 지지자'인 반면에 꿀벌은 군주제에 가까운 체제를 유지합니다. 그러나 미슐레는 곤충의 노예제도에 분개했습니다. 특정 개미에게서 인간 모델과 유사한 노예제 형태를 발견하고 큰 충격을 받았죠. 하지만 근본적인 차이점이 하나 있습니다. 개미는 자기 후손이 아닌 다른 종의 애벌레를 착취한다는 점입니다. 따라서 이는 일종의 '사육'에 가깝고, 일부 개미 종이 진딧물을 사육하는 것과 크게 다르지 않습니다.

선생님은 저술에서 특정 종의 비범한 인지 능력을 언급하셨습니다. 개미의 방향 감각이나 특정 꿀벌의 완벽하게 기하학적인 건축물 같은 거요. 이를 어떻게 설명할 수 있을까요?

개미나 꿀벌 같은 곤충들의 세계에서는 각 개체의 본능이 합쳐져 일종의 집단 지성이 확립됩니다. 운 좋게도 인도에서 야생 꿀벌 떼를 관찰할 기회가 있었는데요. 그들이 완벽하고 정밀한 육각형을 만드는 모습에 감명을 받았습니다. 프랑스의 양봉을 보면, 미리 만들어 둔 틀을 이용해 벌들이 벌집을 지을 수 있도록 안내하거든요. 하지만 자연에 맡기면 꿀벌들은 본능에 따라 아주 정밀하고 인상적인 작품을 만들어 냅니다. 이와 같은 발견은 17세기 이후 자연 신학의 논거가 되기도 했습니다. 자연 신학을 옹호하는 이들은 자연이 주는 경이로움의 근원에 창조적 지성이 있다고 전제했어요. 오늘날 이러한 경향은 '지적 설계intelligent design'로 알려져 있습니다.

인간은 유독 곤충에게 잔인하게 구는 경향이 있습니다. 덩치가 큰

동물보다 모기를 죽이는 것을 더 쉽게 여기기도 하고요.

곤충은 자기가 고통스럽다는 것을 인간에게 알릴 방법이 없습니다. 반면에 개는 자신의 감정을 전달할 수 있습니다. 짖는 소리를 통해 기쁘다거나 화난다거나 초조하다고 우리에게 알려 주죠. 곤충은 그렇지 않습니다! 제가 쓴 책에서는 철학자 자크 데리다의 사례를 소개했는데요. 데리다는 고양이 앞에서 벌거벗고 있을 때 마음이 불편했다고 얘기했습니다. 반면에 개미는 그를 신경 쓰게 만들지 않아요. 인간은 동물들 간에 위계를 설정합니다. 진드기가 개를 공격한다면 우리는 개를 구하겠다고 주저 없이 진드기를 죽일 겁니다. 하지만 반대의 상황은 거의 일어나지 않겠죠.

곤충이라는 작은 존재가 우리로 하여금 세상을 보는 시각을 다시 생각하게 만든다고도 쓰셨습니다. 어떤 점에서 그런가요?

곤충은 제한된 세상에 삽니다. 인간은 훨씬 더 많은 환경적 요소를 고려하고요. 곤충 세계에서도 우리와 동일한 법칙이 작용하나 그 규모는 무한히 작고 효과도 다릅니다. 우리가 전혀 알지 못하는 현상, 이를테면 천장에 거꾸로 매달린 파리를 관찰하다 보면 그동안에는 생각하지 못했던 다른 가능성을 발견할 수 있습니다. 진드기는 앞이 보이지 않고 소리도 듣지 못하고, 열이나 피 냄새만 감지할 수 있습니다. 그래서 우리는 진드기가 '열악한' 환경에서 산다고 말하죠. 하지만 진드기는 후각만으로도 생육 환경을 충분히 조성할 수 있습니다. 철학자 조르주 캉길렘은 이것을 예로 들어 생명 유지에 필요한 환경이라는 맥락에서 환경의 개념을 설명합니다. 환경에 대한 오랜 개념은 소위 '기계적' 개념이었습니다. 물리적·공간적 요소만을 고려했죠. 하지만 우리가 사는 환경은 다양한 생물학적 요소, 그리고 그 요소와 우리의 상호 작용으로 이루어집니다. 진드기는 '기계적' 환경이 아닌 '생물학적' 환경의 개념을 잘 보여 줍니다.

어떤 작가들은 꿀벌과 인간의 생활방식이 비슷한 변화를 거쳐 왔다고 말합니다. 진화를 통해 혼자이던 삶에서 사회적 삶으로 바뀌었다고요. 이에 대해 어떻게 생각하시나요?

곤충의 역사에서 인간의 역사와 비슷한 단계를 찾으려고 노력한 사람으로는 특히 벨기에 작가 모리스 마테를링크Maurice Maeterlinck(*소설 『파랑새』의 작가. 1911년에 노벨문학상을 수상했다.)를 들 수 있습니다. 실제로 많은 사람이 곤충과 인간의 역사에서 유사점을 찾을 수 있다고 생각하지만, 두 여정을 혼동해서는 안 된다고 봅니다. 또 진화를 단순한 직선상의 일로 보지 않는 것도 중요합니다. 진화는 오히려 여러 사정이 얽혀 구불구불한 곡선으로 이루어진 과정입니다.

곤충 연구는 진화생물학에 관해 무엇을 알려 주나요?

곤충 연구는 대부분 다른 종에 적용할 수 있는 교훈을 찾으려는 목적으로 이루어집니다. 대표적으로 초파리 연구를 들 수 있죠. 초파리는 염색체 수가 아주 적고 수명도 매우 짧기에 여러 세대에 걸친 교배의 영향을 잘 관찰할 수 있습니다. 곤충이 환경에 적응하는 방법 가운데 하나가 모방입니다. 어떤 파리는 진화 과정에서 말벌의 모양과 색깔을 모방했습니다. 그래야 포식자가 파리를 말벌로 착각해 접근하지 않으니까요. 회색가지나방도 예로 들 수 있습니다. 이 나방은 원래 옅은 색 바탕에 후추 같은 검은 얼룩이 있는 날개를 갖고 있었는데, 자작나무 줄기에 앉아 있으면 새들이 이 나방을 나무로 착각하곤 했습니다. 덕분에 포식자를 피

할 수 있었죠. 하지만 산업화가 진행되면서 자작나무 줄기가 그을음 때문에 검게 변했습니다. 그 결과 날개 색이 더 어두운 나방들이 번성하게 된 겁니다. 오늘날에는 탈산업화가 진행되고 있으니 상황이 또 바뀔 수 있겠네요.

꿀벌처럼 멸종 위기에 처한 종이 실제로 멸종한다면 인간 사회에 어떤 위험을 미칠까요?

우리는 곤충에 대한 환상이 주는 두려움을 넘어, 이제는 곤충이 멸종할지 모른다는 두려움을 갖게 되었습니다. 곤충이 멸종하면 생태계에 매우 심각한 문제가 발생한다는 건 모두가 잘 알고 있습니다. 일례로 꿀벌이 사라지면 특정 과일이 사라질 수도 있습니다. 생태계에 미치는 영향만이 아니라 문화적 영향도 있을 겁니다. 철학자들과 시인들은 그동안 곤충에서 많은 영감을 얻었습니다. 파스칼은 치즈진드기를 떠올리며 무한히 작은 것에 대해 이야기했고, 프루스트는 난초 곁으로 날아가는 뒤영벌을 보며 그 아름다움에 감탄했습니다. 이처럼 곤충은 우리 일상 풍경의 일부입니다. 곤충이 없다면 삶이 암울하지 않을까요.

LA COMMUNICATION DE NOS COUSINS LES PRIMATES, QUELLES SIMILITUDES AVEC LE LANGAGE?

'인류의 사촌' 영장류의 의사소통이 언어와 비슷한 점은?

아드리엥 메게르디치앙
Adrien Meguerditchian

엑스마르세유대학교 인지심리학 연구소 소속 CNRS 연구원

2007년 3월, 시카고. 세계 유수의 침팬지 전문가들이 모인 국제 회의장이었다. 갑자기 단상에서 침팬지의 울음소리가 들려왔다. 백발의 한 여성이 자신만의 방식으로 청중에게 인사를 건넨 것이다. 이에 화답하여 비슷한 울음소리들이 회의장 전체로 번져 나갔다. 47년 전 영장류에 관한 우리의 지식에 혁명을 일으킨 제인 구달이 감동에 겨운 표정으로 회의장을 둘러보았다.

구달은 침팬지가 도구를 사용한다는 사실을 발견한 것으로 유명하지만 침팬지가 야생에서 소리와 제스처를 이용해 다양한 의사를 전달한다는 사실도 처음 밝혀냈다. 이후 우리의 사촌인 비인간 영장류의 의사소통 체계 연구에 대한 관심이 그 어느 때보다 높아졌다. 특히 언어의 기원에 관한 연구가 붐을 이루었다.

영장류, 언어 기원 연구의 중심에 서다

언어의 기원을 탐구하는 위대한 여정이 시작되었을 때, 과학계의 논의는 음성적 특징의 기원에만 집중되어 있었다. 주로 발성 기관의 해부학적 변형, 발성 능력, 혀의 신경 분포, 대뇌의 음성 생성 제어에 관해서였다. 그러나 이러한 특징은 대부분 약 30만 년 전 지구에 호모 사피엔스가 출현했을 때 나타난 것이라 언어의 기원은 결론이 불분명했다. 언어를 말하는 능력으로 한정한다면 인간 종이 출현할 때 언어가 이미 나타났기 때문이다. 논의 방향이 바뀌면서 영장류학자들의 견해는 언어 기원 연구에서 오랫동안 배제되었다. 영장류학자들은 비인간 영장류가 실제로 말을 하지 않는다는 사실만 확인해 주었을 뿐이었다…. 이후 그르노블대학교의 루이 장 보에Louis-Jean Boë 연구팀과 엑스마르세유대학교 CNRS 연구소의 조엘 파고 연구팀이 개코원숭이의 발성을 연구했다. 이들의 연구는 원숭이가 발성 기관의 해부학적 제약 때문에 말을 할 수 없다는 기존의 생각을 뒤집었다. 인간의 모음과 비슷한 발음을 내는 데 방해될 정도의 제약은 아님이 밝혀진 것이다…. 그러니 원숭이가 말을 할 수 없는 이유는 원숭이의 인지 및 대뇌 시스템의 조직과 관련된 문제였다.

언어를 단순히 말의 표현으로만 보지 말고 다른 시각으로 바라보면 어떨까? 언어를 분할할 수 없는 덩어리가 아니라 언어 기능에 필요한 인지 속성이 모여 있는 집합체라고 해 보자. 여기서 인지 속성이란 의도성, 주의력 공유, 학습 유연성, 모방, 문법적 속성, 범주화, 공유되는 상징 규칙 다루기, 사물이나 대상을 지시하는 속성, 좌뇌 반구에서의 제어와 처리 등이다. 물론 그 외에도 더 있다. 어떻든 '덩어리로 된 언어'를 분해해 보면 그 각각의 구성 요소가 독립적으로 하나씩은 특정 동물의 인식에 잠재적으로 존재한다는 사실을 깨달을 수 있다. 또 그 기원이 호모 사피엔스보다 훨씬 오래되었음을 알 수 있다…. 따라서 우리는 '언어 덩어리'의 기원이 아니라 각 속성의 기원을 찾아야 한다. 각각의 속성은 진화 역사의 매우 다양한 뿌리에서 유래한다. 언어의 기본 속성 중 하나인 의도성을 예로 들어 보자. 의사소통을 하는 의도는 자발적으로 상대방에게 메시지를 전달하는 것, 그리고 필요에 따라 반복하거나 재구성해서라도 그 메시지가 상대방에게 제대로 받아들여지도록 하는 데 있다. 이러한 의도성은 행동에서도 나타난다. 이를테면 의도적으로 어떤 물체를 잡는 행동은 고양이가 스스로 먹이를 잡기 위해 자기 움직임을 만들고 조정할 때 발견되는 속성이다.

따라서 언어의 기원에 대한 질문을 다음과 같이 정리할 수 있다. 특정 동물들 사이에 분리되어 존재하는 위와 같은 속성들이 진화 과정에서 어떻게 서로 협력하기 시작했을까? 인간 종에서는 이것들이 어떻게 하나로 수렴되어 인간 언어에만 존재하는 상호 연결된 속성 집합체가 되었을까? 언어의 기원을 연구하는 과정에서 동물, 특히 영장류의 언어 능력에 대한 연구가 전면에 등장하게 된 것도 이 때문이다. 가령 가까운 관계인 두 종, 즉 침팬지와 인간에게서 비슷한 능력을 발견했다고 상상해 보자. 그 속성은 아마도 약 500-700만 년 전의 공통 조상에게서 유래되었으리라 추론할 수 있다. 이런 상동 관계가 개코원숭이처럼 좀 더 먼 관계에 있는 종으로까지 확장된다면, 그 속성은 분명 3천만 년 또는 4천만 년 전의 공통 조상으로부터 물려받았을 것이다.

음성 의사소통: 의도의 문제

초기의 언어 기원 연구는 대부분 비인간 영장류의 발성에 초점을 맞추었다. 비인간 영장류는 발성 레퍼토리가 풍부하고, 이 의사소통 시스템은 그들의 사회생활과 생존에 중요한 역할을 한다. 하지만 비인간 영장류의 발성에서 언어와 관련된 직접적인 인지적 선행자를 확인할 수 있는가와 관련해서는 여전히 논란이 있다. 이에 비해 인간의 언어에는 특히 의도적으로 사용되는 관습이 있으며, 인간은 이를 매우 유연하게 습득하고 공유할 수 있다. 프랑스 렌대학교의 알방 르마송과 영국 요크대학교의 케이티 슬로콤브 같은 영장류학자들은 영장류의 발성이 우리가 생각했던 것보다 훨씬 더 유연하며, 영장류가 발성 생성을 어느 정도 제어할 수 있음을 보여 주었다. 오늘날에는 영장류가 동종의 존재 여부에 따라 발성을 조절하거나 억제할 수 있다고 본다. 예를 들어 침팬지는 뱀을 발견했을 때 침묵을 지키기도 하고, 주위에 동종이 있으면 경고음을 내기도 한다. 하지만 동종에게 위험을 알리려고 의도적으로 발성을 한다는 추론은 그리 확실하지 않다. 다른 가설들도 여전히 설득력을 지니기 때문이다. 특정한 발성 유형은 사회 집단이나 주위 환경에서 일어나는 사건에 반응하여 항상 똑같은 맥락에서만 일어나므로, 반드시 발화자가 주도해야 발성이 일어나는 건 아니다. 이런 한계점은 비인간 영장류가 가진 의사소통 체계의 결정론적 특성을 강조하는 면이 있다. 제인 구달도 이를 인식하고 있었다. 1986년에 쓴 『곰베의 침팬지』에서 침팬지 연구를 마무리하며 다음과 같이 결론지었다. '발성은 감정과 밀접한 관련이 있다. 침팬지에게 있어 적절한 감정 상태가 없는 상황에서 소리를 내는 일은 거의 불가능해 보인다.'

비인간 영장류의 의사소통은 우리의 웃음이나 울음 같은 비언어적 발성과 비교할 수 있다. 이런 발성은 선천적인 데다 적절한 맥락 없이 명령만으로 내기 어렵다. 하지만 청중에 따라 다양하게 변할 수는 있다. 우리는 혼자 있을 때, 상사 앞에서, 가장 친한 친구 앞에서 결코 똑같은 방식으로 웃지 않는다!

몸짓으로 말하기

만약 몸짓으로 하는 의사소통이 언어의 핵심 속성의 선행자를 밝히는 유망한 방법이라면? 연구를 통해 영장류의 제스처 속성과 언어 사이에 주목할 만한 연속성이 있음이 발견되었다. 단어나 제스처를 이용해 주변 사물을 가리킴으로써 상대방의 주의를 유도하는 '지시 속성'을 예로 들 수 있다. 툴루즈장조레스대학교의 영장류학자 마리 부르자드가 우리 팀과 공동으로 수행한 연구에서 개코원숭이는 원하는 대상(손이 닿지 않는 곳에 있는 먹이)을 가리킬 수 있는 능력을 보여 주었다. 더 놀라운 점은 상대방이 무관심하거나 등을 돌렸을 때면 주의를 끌기 위해 울타리를 두드리는 등 시끄러운 제스처를 취함으로써 의도적으로 신호를 조절한다는 점이었다. 이처럼 신호를 받는 상대방이 자신에게 주의를 기울이고 있는지를 고려하는 것은 '의도적' 커뮤니케이션의 특징이다. 지시와 의도라는 언어의 두 가지 핵심 속성을 보유한다는 사실 외에도 개코원숭이의 제스처 커뮤니케이션 시스템은 놀라운 유연성을 보여 주었다. 툴루즈장조레스대학교의 영장류학자 상드라 몰레스티는 개코원숭이 그룹이 사용하는 60여 가지 제스처 가운데 각 개체가 사용하는 손짓과 몸짓 레퍼토리가 저마다 다르다는 사실을 밝혀냈다. 그리고 영장류는 평생에 걸쳐 새로운 제스처를 배울 수 있다. 연구 과정에서 우리는 암컷 개코원숭이 하나가 새끼의 주의를 끌기 위해 먹이를 손가락 사이로 굴리고 새끼의 코앞에서 흔드는 모습을 볼 수 있었다. 의도적이고 지시적인 제스처를 새로 만들어 습관화한 것이었다.

이런 결과를 종합하면 언어의 기원이 제스처라고 주장하는 사람들은 다음과 같은 생각을 갖게 된다. 인간의 언어가 공통 조상으로부터 이와 같은 제스처 특성을 물려받은 게 아닐까? 이 가설을 검증하려면 두 가지, 즉 언어 커뮤니케이션과 제스처 커뮤니케이션 시스템의 기저에 있는 신경 구조가 실제로 상동相同 관계에 있는지를 확인해야 한다.

몸짓, 언어, 그리고 좌뇌

인간의 언어 기능은 대부분 좌뇌, 특히 브로카Broca 영역 및 측두평면과 관련된다는 말은 시대에 뒤떨어져 보일 수도 있다. 언어와 관련된 신경회로망이 우반구를 포함하는 범위까지 복잡하게 걸쳐 있다는 사실이 이미 입증되었기 때문이다. 하지만 여전히 좌뇌가 언어 기능에 주된 역할을 하고 있음은 부정할 수 없다. 대뇌 비대칭성은 해부학적으로도 일부 관찰할 수 있다. 가령 언어를 담당하는 중요 영역인 베르니케 영역이 자리한 측두평면은 우뇌보다 좌뇌에서 더 넓은 표면적을 차지한다. 아기 때에도 마찬가지다. 이와 같은 비대칭성은 인간 종에서 언어의 출현을 나타내는 대뇌의 해부학적 특징으로 여겨져 왔고, 발달 과정에서 언어를 습득하게 만드는 선천적 요인으로 간주되어 왔다. 그러나 사실이 아니다. 우리는 아기 개코원숭이들과 성체 개코원숭이들이 잠든 틈을 타 자기공명영상MRI으로 이들의 뇌를 촬영해 분석했다. 그 결과 개코원숭이 대다수의 측두평면 역시 태어날 때부터 좌반구가 우세한 비대칭성을 보인다는 사실을 발견했다!

　더 놀라운 사실도 있다. 우리 엑스마르세유대학교의 CNRS 연구소가 개코원숭이를 대상으로 진행한 연구, 그리고 우리가 애틀랜타 조지아대학교의 영장류학자 윌리엄 홉킨스와 함께 침팬지를 대상으로 진행한 연구에서 측두전두엽과 하전두회Inferior Frontal Gyrus(브로카의 상동 영역)의 해부학적 비대칭은 개코원숭이와 침팬지가 제스처 커뮤니케이션에서 선호하는 손과 상관관계가 있는 것으로 나타났다. 즉, 몸짓으로 의사소통할 때 오른손을 선호하는 개체는 왼손을 선호하는 개체보다 좌뇌의 언어 상동 영역이 더 넓다. 그리고 이는 물건을 다룰 때 오른손잡이인지에 왼손잡인지와는 관계없다! 개코원숭이와 침팬지의 제스처 커뮤니케이션은 반구 조직의 언어 상동 영역과 밀접하고도 독자적인 방식으로 연관된 듯하다.

결론적으로 언어를 처리하는 뇌 영역이 비대칭적으로 조직되어 있는 특성은 인간 종에 국한되지 않는다. 개코원숭이와 같은 구세계원숭이 종들에서도 볼 수 있다. 무엇보다도 이런 비대칭적 구조는 우리의 영장류 사촌이 의사소통에 사용하는 제스처와 관련 있어 보인다. 따라서 언어 속성의 선행자를 밝히려면 호모 사피엔스가 출현한 35만 년 전이 아니라 개코원숭이·침팬지·인간의 공통 조상이 있는 2천500만 년 전부터 4천만 년 전으로 거슬러 올라가 제스처 커뮤니케이션에서 그 뿌리를 찾을 수도 있다.

Séduire...
à en mourir

유혹하기… 목숨을 내놓는 일

장 바티스트 드 파나피외
Jean-Baptiste de Panafieu

과학 저술가

동물은 왜 유혹을 할까? 사자, 영양 또는 나비의 관점에서 보면 이 질문은 모호한 면이 있다. 일반적으로 동물은 짝짓기를 위해 이성을 유혹한다. 그렇다면 동물은 왜 짝짓기를 하고 싶어 할까? 쾌락을 얻으려는 걸까? 그러나 대부분의 동물 종에서 짝짓기 행위가 어떻게 이루어지는지를 살펴보면 쾌락과는 거리가 먼 듯하다. 그리고 보노보처럼 쾌락을 얻으려는 의도가 분명한 경우 성행위는 번식 기능과 분리되며 유혹과도 관련이 없다!

물론 수컷과 암컷이 번식하지 않으면 그 종은 빠르게 멸종한다. 동물의 진화 과정을 보면 번식욕을 가진 계통만이 살아남았다. 그러나 번식은 매우 복잡한 현상이다. 특히 체내 수정을 하는 종은 짝짓기를 위해 자기 행동을 바꿔야 한다. 혼자 있기를 즐기는 종인 경우에 대부분의 시간 동안 서로를 피하며 지내다가 짝짓기가 필요하면 갑자기 반대되는 태도를 취해야만 한다. 두 파트너는 서로를 유인하고, 서로를 좋아하고, 마지막으로 다소 긴 시간 동안 서로 친밀하게 접촉하는 데 동의해야만 한다.

신호에 담긴 정보들

유혹은 일반적으로 자기 존재를 알리는 '호출 신호'로 시작하지만 자신의 존재감을 드러내는 것만으로는 상대에게 성적 매력을 보여 줄 수 없다. 짝을 찾는 동물은 매력적인 신호를 발산해야 한다. 신호는 종에 따라 청각, 후각, 시각으로 전달할 수도 있고, 전기와 같이 인간에게 알려지지 않은 감각을 사용할 수도 있다. 호출 신호는 다른 종과의 짝짓기를 방지하는 첫 번째 필터 역할을 수행한다. 생존 가능한 후손 또는 생식력 있는 후손을 낳을 수 없는 교미를 피하게 해 주기 때문이다.

유혹에는 시간과 에너지가 필요하며, 동물에게 이는 낭비해서는 안 되는 자원이다. 짝짓기 시즌은 동물에게 위험한 시기이기도 하다. 자신의 포식자를 비롯해 적절한 수용 기관을 가진 모든 동물이 호출 신호를 인식할 수 있어서다. 그래서 짝을 찾는 행동은 자신을 위험에 빠뜨리는 일이기도 하다!

동물이 유혹할 때 내보내는 구애 신호를 보면 (동물학적으로 인간과 매우 먼 종인데도) 인간과 놀랍도록 비슷한 행동을 하는 경우가 있다. 아마존에 서식하는 난초벌이 그렇다. 난초벌은 혼자 지내기를 좋아해 군집 생활을 하지 않으며, 번식기가 되어야 수컷이 암컷을 유인하려고 애쓴다. 이때 수컷 난초벌은 단순히 매력적인 향기를 발산하는 데서 그치지 않고 스스로 향수를 뿌린다! 특정 난초에서 향긋한 꿀을 채취해 자신의 다리에 있는 주머니에 채운 다음 날개의 진동을 선풍기처럼 이용해 주변으로 향기를 퍼뜨리는 것이다.

　새의 지저귐도 유혹의 상징이다. 새가 부르는 노래는 종종 번식을 유도하는 소리다. 유럽에 서식하는 작은 참새목 새인 개개비는 암컷이 여러 수컷의 노래를 듣고 나서 가장 길고 정교하게 노래한 수컷에게 매혹된다. 수컷이 부르는 노래의 질은 그가 지배하는 영역의 크기에 따라 달라진다. 수컷의 노래 실력이 좋을수록 미래의 새끼들을 먹여 살릴 능력이 많다는 의미다. 실제로 노래가 복잡하고 정교할수록 새끼의 생존율이 높음을 확인할 수 있었다. 따라서 노랫소리로 파트너를 선택하면 실리와 쾌락을 모두 잡을 수 있다! 기생충이나 굶주림으로 쇠약해진 새가 부르는 노래는 건강한 새가 부르는 노래보다 빈약하고 초라하다. 새의 노래 공연에는 새가 노래를 배운 시기인 생후 첫 몇 주 동안의 모습이 담겨 있다. 만약 새가 노래 부르는 법에 관해 아무것도 기억하지 못한다면 어린 시절을 편안하고 안정적으로 보내지 못한 것이다. 암컷에게는 중요한 정보다. 노래도 못하는 가련한 가수에겐 분명 아버지로서의 자질도 없을 테니, 그런 수컷은 거절하는 게 현명한 선택이다.

　늑대거미에게서도 같은 유형의 신호를 찾아볼 수 있다. 수컷 늑대거미는 자기 복부를 낙엽에 부딪쳐 북 치기 같은 소리를 낸다. 이때 수컷은 암컷에게 자기 능력을 증명하려고 엄청난 에너지를 소비한다. 생물학자들은 수컷 늑대거미가 내는 북소리가 기운찰수록 포식자로부터 살아남는 생존율도 높다는 사실을 발견했다. 수컷 늑대거미는 직접 새끼를 돌보진 않지만 대신 새끼에게 자신의 신체적 자질을 물려줄 것이다.

춤도 고전적인 유혹 기술이다. 특히 조류는 구애의 춤을 출 때 평소에 사용하는 전형적인 신호와 다르게 다양한 동작을 구사한다. 빨간모자무희새의 수컷은 춤을 너무 빠르게 추기 때문에 고속 카메라로 관찰해야 할 정도다. 이 수컷은 먼저 날개를 진동시킨 다음 공중 곡예를 선보이다가 나뭇가지에 앉아 마이클 잭슨이 문워크를 추듯 뒷걸음질을 친다.

때로는 암컷과 수컷이 듀엣으로 노래하거나 춤을 추는 경우도 있다. 습득하기까지 몇 년이 걸리기도 하지만 커플에게 필요한 유대감을 형성할 수 있다. 알바트로스의 경우 노래와 동작 레퍼토리가 아주 방대하다. 번식기 동안 두 파트너가 여러 요소를 조합해 커플만의 공연 작품을 만든다. 아시아에 서식하는 긴팔원숭이의 경우에는 수컷과 암컷이 매일 울음소리를 완벽하게 조율해 이중창을 부른다.

인간에게 비범한 신체 능력이 매력적으로 보일 수 있는 것처럼 일부 동물은 겉보기에 화려한 활약을 펼쳐 이성을 유혹하려 한다. 검은등할미새 수컷은 작은 조약돌 수백 개를 운반해 커다란 더미로 쌓아 올린다. 이 조약돌들을 쓸 데는 없지만 수컷이 돌을 열심히 쌓아 올릴수록 암컷은 알을 더 많이 낳는다. 수컷은 힘든 노동을 통해 자기가 번식을 위해 열심히 노력할 수 있음을 보여 주는 것이다. 그리고 새끼를 먹여 살릴 때도 똑같이 행동할 것임을….

선택의 자유

파트너를 유인하는 능력이 실제로 파트너를 유혹했다는 증거가 될 수는 없다. 단순히 자동적인 끌림, 또는 짝짓기로 이어지는 불가피한 메커니즘일 수도 있기 때문이다. 하지만 관찰을 통해 얻은 현실은 다르다. 야생에서 동물은 주변에 있는 여러 마리의 이성 개체와 마주칠 가능성이 높다. 그런데 처음 만나는 상대와 무턱대고 짝짓기하는 게 아니라 파트너를 선택해 짝짓기하는 모습을 볼 수 있다. 개체마다 이성을 보는 취향이 다르기 때문이다. 그러므로 동물을 군이 의인화하지 않더라도 동물에게 '유혹한다'는 표현을 사용할 수 있다.

일반적으로 수컷이 자신의 매력을 뽐내면 암컷이 선택한다. 일부 종에서는 수컷을 위한 '쇼룸'도 존재하는데, 이 공간을 렉lek 또는 퍼레이드 구역이라고 부른다. 수컷들이 모여 암컷들에게 깃털과 무늬를 뽐내는 장소다. 웨스턴캐퍼케일리(큰뇌조)의 경우 수컷이 꼬리를 반원 형태로 펼치고 이리저리 걸으면서 머리를 하늘로 치켜들고 기이한 금속성 소리를 낸다. 암컷들은 모두 같은 수컷을 선택하는 경향이 있는데, 이는 그 수컷이 특히 매혹적인 신호를 보낸다는 가설을 뒷받침한다.

호주에 사는 바우어새는 건축가이자 예술가다. 수컷 바우어새는 나뭇가지로 일종의 '요람'을 짓고 꽃, 조약돌, 조개껍데기 등으로 장식한다. 요람은 오로지 암컷을 유인하려고 만드는 것이고 나중에 알을 낳거나 새끼를 기를 때는 아무 쓸모가 없다. 암컷들은 수컷들이 짓는 요람과 수컷들이 추는 구애의 춤을 구경하며 시간을 보낸다. 그다음 마음에 드는 수컷을 선택한다. 어떤 수컷은 주변 암컷 대다수의 선택을 받는데, 그가 다른 수컷들보다 훨씬 더 매력적인 모습을 보여 준다는 증거다.

동물의 세계에서 선택이 왜 그렇게 중요할까? 동물은 대부분 짝짓기 후 영원히 헤어지기 때문에 진정한 커플이 될 일은 없는데도 말이다. 이를 이해하기 위해서는 먼저 인간 중심적 시각에서 벗어나야 한다(우리도 동물의 세계와 같은 원리에 따라 행동하긴 하지만). 번식은 자기 종의 미래를 보장하고 싶은 두 개체가 만나 조

화롭게 결합하는 행위가 아니다. 각 개체는 자기를 번식시키려고 하며, 정확히 말하면 자기 유전자가 증식하기를 바란다. 각 개체는 가능한 한 많은 자손을 낳는 것을 목표로 삼는다.

하지만 두 성별이 동등한 지위를 누리지는 않는다. 알을 낳는 조류이든 새끼를 키우는 포유류이든 한쪽(대부분 암컷)이 더 많은 에너지를 쏟는다. 그래서 암컷은 자손을 많이 낳지 못하지만 이미 낳은 새끼는 살아남을 가능성이 높다. 다른 쪽(일반적으로 수컷)은 새끼에게 별로 관심을 쏟지 않는다. 이론적으로 수컷의 자손 수에 제한을 주는 요소는 수컷이 생산하는 정자의 수와 수컷이 유혹하는 파트너의 수가 전부다.

이것이 서로 다른 이해관계와 불평등한 에너지 투자의 문제라면 수컷이 번식에 더 많은 에너지를 소비하는 종에서는 암컷과 수컷의 역할이 바뀌어야 한다. 암컷이 수컷 앞에서 퍼레이드를 하고 수컷이 선택을 하는 것이다. 이런 경우는 그리 흔하지 않으나 물고기와 새에게서 관찰할 수 있다.

사이포노스톰은 해마와 같은 과에 속하는 물고기다. 이 종에서는 암컷이 강렬한 색상을 뽐내며 수컷을 유인한다. 암컷은 수컷의 배에 있는 주머니에 알을 낳아 알이 안전한 곳에서 자랄 수 있게 한다. 알이 부화하면 수컷은 새끼를 주머니 밖으로 내보내 며칠 동안 돌본다.

그러나 동물의 삶은 저마다 복잡하며, 가장 지지받는 가설조차 예외에 직면하기 마련이다.

사기꾼 수법

자연에서 관찰되는 유혹의 기술 중 한 가지는 우리 인간에게도 익숙하다. 수컷이 암컷의 호감을 얻기 위해 암컷에게 선물을 주는 것이다. 바닷새인 제비갈매기는 암컷의 발 앞에 물고기를 던져 주면서 자신이 새끼를 먹여 살릴 능력을 갖추었음을 보여 준다. 너무 작은 선물을 주는 구혼자는 암컷이 거부한다. 노래, 춤, 향기와 마찬가지로 선물 또한 수컷이 아버지로서 자질이 있는지에 관한 정보를 제공한다.

동물의 구애 신호는 대부분 정직하지만 적어도 우리 인간이 보기에는 부정직한 신호도 있다. 유럽에서 흔한 곤충인 춤파리는 수컷이 직접 만든 비단 고치로 먹이를 포장해 암컷에게 선물한다. 암컷이 선물을 푸는 동안 수컷은 암컷과 짝짓기를 한다. 자손의 수는 수컷이 암컷에게 얼마나 많은 정자를 전달하느냐에 달려 있기 때문에 수컷은 짝짓기를 길게 하는 데 모든 관심을 쏟는다. 그런데 암컷에게 줄 선물을 준비하려면 먹이를 사냥하는 수고를 마다하지 않아야 한다. 그래서 춤파리의 일부 종에서는 수컷이 먹이를 사냥하는 대신 자기가 먹다 남은 찌꺼기를 포장하기도 한다. 또 다른 종에서는 수컷이 포장한 선물을 암컷이 열었는데 아무것도 없는 경우도 있다! 다만 이것이 정말 눈속임인지는 확실하지 않다. 비단 고치 포장이 이미 수컷의 능력을 증명했다는 점에서다.

선물할 거라곤 자기 몸뿐인 수컷도 있다. 많은 암컷 거미가 짝짓기 전, 짝짓기 중 또는 짝짓기 후에 수컷 거미를 먹어 치운다. 사마귀와 전갈도 마찬가지다. 이 '성적 동종 포식'에 대한 설명은 여러 가지다. 어떤 경우에는 수컷이 암컷에게 식사를 제공함으로써 암컷이 알을 낳는 데 기여한다. 교미 중에 잡아먹히는 경우 수컷은 암컷의 생식기에 자신의 생식기를 남겨 둠으로써 암컷이 더 이상 짝짓기를 하지 못하고 자신의 자손을 낳을 수 있도록 보장한다. 교미를 시작하기도 전에 먹히는 수컷은 암컷에게 수컷으로서의 본성을 제대로 납득시키지 못한 것이다. 수컷이 보낸 신호가 충분히 매력적이지 않았기 때문에 암컷은 그를 단순한 먹이로 여긴 것이다. 이처럼 암컷의 선택은 수컷의 번식뿐만 아니라 수컷 자신의 생존에도 영향을 미칠 수 있다!

아빠 하나, 엄마 하나…? 항상 그렇지는 않다!

동물의 세계에서도 동성 커플이 친자식이 아닌 새끼를 양육하는 경우가 있을까? 호주에 서식하는 흑고니에게서 볼 수 있다. 흑고니 커플의 25%가 수컷 두 마리로 구성된다. 암수 커플과 마찬가지로 수컷 커플도 일련의 의식화된 동작인 구애 퍼레이드를 통해 서로를 선택한다. 그런 다음 둥지를 짓고 수컷 중 한 마리가 암컷을 유혹해 짝짓기한다. 그 암컷이 알을 낳으면 두 수컷이 암컷을 밀어내고 함께 새끼를 키운다. 아니면 자신들과 전혀 관련 없는 암수 커플의 알을 훔치기도 한다. 이 경우 새끼는 수컷 커플과 어떠한 혈연관계도 없기에 번식이 자신의 유전자를 퍼뜨린다는 개념과 모순되는 것처럼 보인다. 그러나 수컷은 보통 암컷보다 덩치가 커서 포식자로부터 새끼를 더 잘 보호할 수 있다. 이 때문에 수컷 커플의 새끼는 암수 커플의 새끼보다 생존할 가능성이 높다. 따라서 일정 비율을 넘지 않는 한 이러한 행동은 일반적으로 해당 종에 유리하다.

L'ATTACHEMENT:
UN PONT ENTRE LA PEUR ET LE PLAISIR

애착: 두려움과 즐거움 사이에 놓인 다리

클로드 비타
Claude Beata

행동의학 전문 수의사

'애착'은 일상생활에서 워낙 많이 사용되는 단어다. 그래서 이 단어가 지닌 동물학적·심리학적·기본적 의미가 희석되고 혼동될 위험이 있다. 애착 이론의 창시자인 존 볼비가 정의한 애착의 특성을 고려하지 않은 채 자신이 자동차나 가구 또는 휴대전화에 애착을 갖는다고 말하는 사람들을 심심찮게 볼 수 있다.

이 글에서는 많은 종의 삶에서 근본적인 역할을 하는 생물학적 메커니즘으로서의 애착에 초점을 맞추려고 한다.

'진화'에 성공하는 방법

진화의 과정에서 동물은 생존과 번식을 위해 두 가지 전략 중 하나를 택해 왔다.

집단보다 개체 중심: 이것이 가장 크게 발달하고 확장한 종은 곤충이다. 곤충은 지구 표면 전체를 덮고 있다. 이 경우 개체

는 중요하지 않으며 집단이나 군집의 일부일 뿐이다. 곤충은 가장 사회적인 동물로, 각자의 역할이 명확히 구분되어 있고 서로 대체될 수 없다. 꿀벌 사회에서 여왕벌을 제외한 암컷 벌은 생식 기능이 없으며, 수컷 벌은 여왕벌과 교미한 후 죽는다.

- **개체 중심 애착 형성**: 인간을 비롯한 몇몇 종에서 애착 메커니즘을 볼 수 있다. 여기에는 일반적으로 어미와 새끼의 유대감 형성이 포함된다. 유대감을 통해 새끼는 자신의 주의와 감각을 중요한 대상에 집중하게 되고, 덕분에 보호받고 성장할 수 있다. 이런 종들에서 개체는 중요한 가치를 지닌다. 적어도 같은 종의 다른 개체에게 말이다. 이 종들은 개체 수가 적거나 지구상에 널리 분포되어 있지 않더라도 종의 번성과 각 구성원의 중요성을 함께 고려하며 살아남았다. 성공 비결 중 하나가 애착이다.

많은 동물 종이 애착의 길을 택했고 그 종류도 셀 수 없이 다양하다. 대부분의 포유류와 조류는 어떤 방식이든 애착을 통해 성장한다. 인간, 침팬지, 돌고래, 개는 새끼와 대부분의 시간을 함께 보내고, 토끼는 하루에 단 몇 분 동안만 새끼 곁에 머문다.

볼비가 정의한 애착에 따르면 모든 애착 유형에서 나타나는 공통적인 특징은 포식자로부터의 보호다. 본질적으로 포식자 성향을 가진 동물 종은 일반적으로 만성성晩成性(*포유류나 조류의 새끼가 비교적 늦게 성장하는 성질. 태어난 후 오랫동안 보호받아야 한다.)

이다. 새끼는 생후 첫 몇 주 동안 취약한 상태이기 때문에 둥지에 머물면서 어미는 물론 형제자매와도 애착을 형성한다. 주로 먹잇 감이 되는 동물 종은 대부분 이소성離巢性이거나 조성성早成性(*조류 등이 부화 후 빨리 발육해 금세 고도의 활동을 할 수 있는 성질)이다. 새끼는 어떤 상황에서든, 특히 위험에 직면했을 때 어미를 따라 재빨리 도망치는 법을 배워야 살아남을 수 있다. 한편 토끼는 또 다른 적응 방식을 택했다. 어미는 새끼에게 젖을 먹이는 몇 분 동안만 둥지에 머물며 평소에는 새끼가 포식자의 눈에 띌 위험을 줄이기 위해 둥지에서 멀리 떨어져 지낸다.

이처럼 애착이라는 독특한 메커니즘은 각 종에 맞는 다양한 형태로 발전해 왔다.

두려움과 즐거움 사이에 놓인 다리

볼비에 따르면 애착은 생리적이고 중요한 과정이다. 그는 애착이 일차적 욕구 충족에 의존하지 않는 자율적인 것임을 보여 주었다. 애착을 생명 유지의 필수 기능으로 본 볼비의 이론에서 애착은 새끼가 어미에게 갖는 유대감에만 적용된다. 사실 어미에게 새끼가 아무리 중요한 존재여도 새끼가 사라진다고 해서 어미의 생명이 직접적으로 위험해지지는 않는다. 하지만 새끼는 어미가 사라지면 생명에 위협을 받는다. 오늘날 애착 관련 호르몬(옥시토신, 프로락틴(*젖 분비를 자극하는 호르몬) 등)과 뇌 회로(보상 회로의 관여, 옥시토신 수용체에 의한 편도체 제어)에 대한 연구에서는 애착의 두 주체가 유사한 메커니즘을 사용함을 보여 주지만 애착 관계는 본질적으로 비대칭적이다. 애착이라는 선천적 과정은 삶의 근원적 감정인 공포를 억제하고 방어기제를 잠시 보류하여 상대방의 존재에 몰입할 수 있게 해 준다.

애착 대상을 알아보는 일은 어린 동물에게 매우 중요한 과제이므로 이를 위해 모든 감각이 총동원된다. 각 동물 종의 새끼는 저마다의 능력에 따라 촉각, 미각, 후각, 청각, 그리고 시각을 동원해 애착 대상을 오류 없이 인식한다. 이 능력은 어미와 새끼 양쪽에 존재한다. 특히 후각이 반려동물보다 떨어지는 인간의 경우에도 엄마가 아기의 냄새를 인식하는 능력만큼은 선천적으로 뛰어나다.

모든 과정은 애착을 형성할 두 주체의 만남이 잘 이루어지도록, 그리고 만남이 절실히 필요한 쪽에게 더 유리하도록 설계되어 있다. 원하는 결과를 얻기 위해 일련의 유전적·신경전달물질적·행동적 메커니즘이 작동하는 것이다. 모든 단계는 메커니즘이 오작동할 기회가 되기도 한다. 가령 쥐가 새끼를 오랫동안 충분히 핥아 주지 않으면 유전자 발현에 필요한 단백질이 생성되지 않는다. 그러면 새끼에게는 두려움을 가라앉히고 세상을 발견할 수 있는 시기가 오지 않거나 그 기간이 크게 준다. 인간의 경우에도 부모가 자신의 상황이나 생각에만 몰두하면 아기와의 애착이 조화롭게 형성되지 못하고, 아기가 오랫동안 불안 상태에 놓이게 된다. 모든 동물 종에서 출산 과정에 어떤 문제가 발생하면 미생물의 균형이 깨져 애착 발달에 영향을 줄 수 있다. 이처럼 상황이 잘못될 경우의 수가 많은데도 애착 형성을 위한 전과정이 대부분 놀랍도록 순조롭게 진행되고 보호를 비롯한 모든 기능을 수행한다는 사실에 감탄하지 않을 수 없다.

보호, 자립, 즐거움

애착의 첫 번째 기능은 새끼를 보호하는 일이지만 보호만이 애착의 유일한 목적은 아니다. 생후 초기에는 새끼의 자립이 그리 중요한 문제처럼 보이지 않으나 새끼가 자립하도록 돕는 일은 조화로운 삶을 위한 필수 조건이다. 여기서 우리는 애착 메커니즘의 정교함에 더욱 놀라게 된다. 애착 메커니즘의 최종 목적이 자기 소멸, 즉 애착의 소멸이라는 점에서다. 애착이 필연적으로 이르게 되는 결과는 결국 어미와 새끼가 분리되는 것이며, 일반적으로 어미 쪽에서 적극적으로 분리를 유도한다. 애착이 안정적으로 형성될수록 새끼는 세상을 더 많이 탐색할 수 있고, 먼 곳으로 이동했다가도 위험이 닥쳤을 때 피난처로 돌아올 수도 있다. 애착은 피난처로의 기능과 탐색의 거점으로의 기능을 모두 담당한다.

그래서 애착은 동물 개체가 사회적 행동이든 사냥에 필요한 행동이든 성체로 살아가는 데 필요한 모든 행동을 학습할 수 있도록 돕는다. 애착이 성공적으로 이루어질수록 새끼는 언제든 자기를 맞아 주고 목숨 걸어 보호해 줄 안전한 피난처가 있다는 절대적인 확신을 품고 더 멀리 이동할 수 있게 된다.

그러나 이렇게 서정적인 관계는 결국 끝날 수밖에 없다. 애착이 잘 작동할수록 그렇다. 성체가 된 새끼가 독립하면, 때로는 애착 대상과 멀리 떨어진 곳에서 자신의 삶을 꾸리게 된다. 그리고 새끼의 애착 대상이었던 보호자는 그 무엇보다 중요한 존재가 떠나는 모습을 지켜보는 고통을 경험하게 된다. 어미가 유일한 애착 대상이 되는 경우에 어미는 새끼에게 필요한 게 무엇인지 파악하는 과정에서 인지 능력이 향상되고 기대 수명도 늘어난다. 항상 슬픈 결말로 끝나는 애착 관계를 동물은 왜 형성하는 것일까?

신경생리학적 메커니즘에 따르면 애착 기능은 보상 회로와 관련이 있다. 애착은 두려움을 억제할 뿐만이 아니라 즐거움을 준다. 인간의 정교한 감정까지 굳이 언급할 필요 없이 새끼와 함께 있는 어미 개나 고양이만 보더라도 새끼와의 접촉이 어미에게 주는 즐거움을 관찰할 수 있다. 새끼가 늘어날수록 즐거움도 커진다. 처음 새끼를 낳은 암양에게는 자기 새끼가 아닌 어린 양을 돌보는 일이 매우 어려우나 새끼를 더 낳을수록 다른 양을 입양해 키우는 일도 점점 더 쉬워질 것이다.

네오테니neoteny(*유형성숙. 동물이 일정 단계까지만 생장하고 이후로는 생식소만 성숙하여 어렸을 때의 모습으로 성체가 되는 것. 성적으로는 성숙한 데 비해 나머지 기관은 미성숙함)와 인지 발달이 결합된 동물 종일수록 애착 과정이 더 복잡해질 수 있다. 엄마를 중심으로 애착 관계가 형성되긴 하지만 다른 애착 대상이 추가될 수 있어서다. 인간과 개를 비롯한 포유류에서 아빠가 중요한 역할을 하는 건 일부 종에만 해당한다. 반면에 대부분의 조류에서 아빠는 엄마만큼이나 중요하고 곁에 있는 존재다. 개는 고양이와 마찬가지로 엄마 외에 형제자매에게도 애착을 가질 수 있다.

존 볼비의 뒤를 이어 메리 에인스워스와 메리 메인이 지구상의 여러 인구 집단에서 볼 수 있는 다양한 애착 유형을 설명했다. 이 연구를 개를 대상으로 재현해 보았더니 개에게도 다양한 애착 유형이 있으며 또 각 애착 유형이 서로 다른 상황으로 이어짐을 알 수 있었다. 인간의 애착 유형과 엄격히 일치하지는 않지만 개의 애착 유형도 대부분 상대에게 안정감을 주는 점이 특징이었다. 물론 불안하거나 조직화되지 않은 상태의 애착 유형도 있었다.

사랑의 위험

애착은 아름답고 정교한 메커니즘이며 종과 종 사이의 관계로 확장될 가능성도 있다. 그렇다고 해서 애착 메커니즘의 위험성을 간과해서는 안 된다. 다시 말해 애착의 서정적 측면만 봐서는 안 된다는 의미다. 앞에서도 애착에 문제가 생길 수 있는 취약한 시기가 있음을 지적했다. 애착 대상이 바뀌면 문제가 더 복잡해지며, 애착 관계를 끊고 자율성을 추구할 수 있는 분리 능력이 부족해도 문제가 생긴다. 애착에 중심을 두는 증상을 동물정신학에서는 '자율성 장애'라고 부른다. 동물에게 자립은 고통스러운 일이며 따라서 동물이 자율성을 이루기가 얼마나 어려운지를 강조하는 표현이다. 이런 표현을 두고 웃을 수도 있으나 자율성 장애를 이유로 신체적으로 건강하고 어린 동물을 안락사시키거나 유기하는 일이 여전히 흔하다.

애착과 관련된 병리 현상은 다양하다. 사별 우울증도 있고 본질적인 자율성 장애(분리 불안을 겪는 개의 증상)도 있으며, 불안 상태에서 겪는 전형적인 이차적 과잉 애착도 있다. 애착 병리학의 다양한 사례는 종과 종 사이, 인간과 동물 사이에 유대 관계가 존재함을 증명해 준다.

'인생의 초기에, 어머니의 사랑과 함께, 인생은 결코 지키지 않을 약속을 당신에게 건넨다.' 작가 로맹 가리의 이 문장은 인간에 관해 말하지만(*로맹 가리의 소설 『새벽의 약속』에 나오는 문장이다. 작가는 인간은 인생의 초기에 어머니의 사랑을 받으며 그것을 당연시하나 이후에는 어느 누구에게서도 어머니의 사랑 같은 것을 받을 수 없다고 말한다.) 수의학을 다루다 보면 반려동물도 애착이 주는 행복과 고통을 알고 있음을 확인할 수 있다.

종과 종 사이의 애착

애착 관계를 형성하는 모든 동물 종에서 애착 발달에 기여하는 신경망, 호르몬, 행동 능력은 동물의 초기 발달기 이후에도 사용되는 것으로 보인다. 종의 행동 패턴에 따라 이런 요소들은 아주 정교한 우정 관계, 일부일처제, 심지어 다른 종에 애착을 갖는 개체를 형성할 수도 있다. 애착이 종의 장벽을 넘을 수 있다는 것은 일반적 사실이지만 공식 과학은 아직도 이를 인정하기 어려워한다. 애착 관계는 서로 전혀 닮지 않은 두 개체 사이에 형성되기도 한다. 개와 고양이, 고양이와 새, 암사슴과 멧돼지 사이의 기묘한 사랑 이야기도 많다. 그러나 우리는 수의과 실무에서 만나게 되는 아름다운 모습을 더 좋아한다. 매일 우리는 동물들 사이의 긍정적인 유대감을 뚜렷하게 목격한다. 일부 동물행동학자들은 이것을 애착이라고 부르지만 우리는 '사랑'과 '우정'이라는 표현도 거리낌 없이 사용한다.

개와 인간, 고양이와 인간, 그리고 때로는 더 의외의 동물들이 안정과 기쁨을 동반하는 강력한 유대 관계를 보여 준다. 인간과 개의 신경 감각은 서로 크게 다르지만 분명 교차하는 부분이 있다. 그리고 감각마다 다른 정보를 제공하더라도 모든 감각이 유대감을 형성하는 데 중요한 역할을 한다. 개와 고양이는 우리가 가진 어떤 특성으로 우리를 인식할까? 인간의 냄새 아니면 소리? 인간은 주로 시각을 이용해 상대를 식별하지만 그렇지 않더라도 어떻게든 애착 대상을 분간해 그 대상을 유일무이한 존재로 만든다. 개의 경우도 마찬가지다. 우리가 애착이 아직 완전히 발달하지 않은 강아지를 입양하는 경우에 정상적인 회복력을 지닌 강아지라면 원래의 애착 대상이 사라진 자리에 다른 동물 종인 인간을 끼워 넣는다. 그러면 강아지에게 있어 우리 인간은 원래의 애착 대상과 똑같은 지위를 차지하게 된다. 오늘날 수많은 과학적 증거를 통해 개와 인간 또는 고양이와 인간 사이의 애착이 주는 유익한 효과를 알 수 있다. 심장병이나 우울증을 예방한다는 과학적 사실만으로 반려동물과의 일상이 주는 즐거움을 전부 설명할 수는 없다. 최근 연구에 따르면 반려동물과 인간이 서로를 바라볼 때 양쪽의 옥시토신 수치가 함께 상승하는 것으로 나타났다. 서로 다른 동물 종인 두 개체 사이에서 일어나는 행복의 생물학, 그 비밀이 부분적으로나마 밝혀진 것이다.

개가 더는 사람에게 유용한 역할을 하지 않는다고 우려하는 이들도 있다. 하지만 선사시대부터 이어져 온 인간과 개의 관계를 관찰하면 둘 사이의 주요 관계는 무엇보다 애착임을 알 수 있다. 호모 사피엔스는 약 4만 년 전에 출현했고, 인간 옆에 묻힌 최초의 개 무덤은 3만 3천여 년 전으로 거슬러 올라간다는 사실을 잊지 말자…. 투척 무기가 별로 없던 당시의 수렵·채집인들에게 개의 유일한 역할은 적대적인 세상에서 우호적인 존재가 주는 위안이었을 것이다.

L'ATTACHEMENT CHEZ LES MAMMIFÈRES

포유류의 애착

프레데리크 레비
Frédéric Lévy

프랑스 국립농학연구소INRA 발드루아르센터 연구원

애착이라는 개념은 영국의 정신과 의사이자 심리학자, 그리고 정신분석학자인 존 볼비가 1969년에 엄마와 아이의 관계를 설명하며 공식화했다. 동물행동학자들도 실험으로 측정 가능한 다음 세 가지 기준에 따라 어미와 새끼 사이의 애착을 정의하는 데 도움을 주었다.

① 두 주체가 서로에게 가까이 다가가 상호 작용하길 원한다.
② 각각은 서로의 감각적 특성(본질적으로 후각, 청각, 시각, 촉각)을 바탕으로 상대방을 식별할 수 있어야 하며 이를 통해 사회적 기억을 형성한다.
③ 각각은 상대방과 우선적으로 상호 작용하고, 분리되면 고통 반응을 보이고, 다시 만나면 진정되는 반응을 보여야 한다.

어미와 새끼 사이의 애착 관계 형성이 모든 포유류에서 일반적으로 일어나는 현상은 아니다. 애착은 어린 나이에 이동이 가능하고 대규모 사회 집단에서 생활하는 포유류 종과 관련 있는 경우가 많다. 이런 종에서 출산은 일반적으로 1년 중 짧은 기간 안에 이루어지기 때문에 어미가 자기와 무관한 아기를 돌보게 될 위험이 생긴다. 특히 큰 무리를 지어 살고 새끼가 태어난 지 몇 시간 만에 이동할 수 있는 종이면 더욱 그렇다. 따라서 어미와 새끼 사이의 선호 관계는 일반적으로 영장류, 해양 포유류, 유제류(*포유류 중 발굽이 있는 동물) 등 어미가 친자가 아닌 아기를 돌보게 될 확률이 높은 종에서 관찰된다.

어미 양과 새끼 양의 애착 관계

위에서 설명한 기준에 따른 어미와 새끼 사이의 애착이 가장 정확히 특성화된 동물은 양이다. 생물학적 근거도 일부 밝혀졌다. 어미 양과 갓 태어난 새끼 양을 대상으로 분리 실험을 수행하면 어미 양에게서 새끼가 태어난 첫날부터 함께 있으려는 강한 동기가 발생하는 것을 볼 수 있다. 이는 새끼가 젖을 뗄 때까지 계속된다. 이 '끌림 행동'은 모르는 개체(서로 관계없는 암양과 아기 양)끼리 실험하면 감소한다. 그리고 같은 그룹 내에 사는 익숙한 개체와 자신의 애착 대상(친모 또는 친자) 중 어느 한쪽을 선택하도록 하면 암양이나 아기 양은 애착 대상에게 접근해 접촉을 유지한다(① 충족). 따라서 애착 주체들 사이에는 자신의 애착 대상을 개별적으로 알아보는 인식이 존재함을 알 수 있다. 개별적 인식은 출생 후 첫 24시간 동안 효과적으로 이루어지는데, 이때 새끼 양이 애착 대상의 시각적·청각적·후각적 특성을 지속적으로 학습하기 때문이다(② 충족). 마지막으로 어미 양과 새끼 양은 서로 가까운 곳에서 머물며, 초기 단계에는 어미가 주도적으로 새끼와의 접촉을 유지하다가 새끼가 성장할수록 새끼가 점점 더 지배적인 역할을 한다. 어미와 새끼 간 선호도가 가장 분명한 시기는 당연히 새끼에게 젖을 먹이는 동안이다. 이때는 다른 아기 양이 젖을 물려고 하면 어미가 강력히 거부한다. 또 어미와 새끼가 분리되면 둘은 괴로워하며 고통 반응을 보이는데, 다시 함께 있어야만 진정된다(③ 충족).

　서로를 인식하는 데 꼭 필요한 감각적 특성이 있다면? 어미 양에게 새끼 양의 냄새는 부인할 수 없는 필수 요소다. 갓 난 새끼의 털을 덮고 있는 양수에서 나는 냄새는 출산 후 어미가 새끼에게 접근해 새끼를 보살피도록 유도한다. 실험에서 이 양수를 제거하면 어미의 접근 행동이 크게 감소한다. 양수를 향한 끌림 덕분에 어미 양은 자기 새끼의 후각적 특징을 학습할 수 있다. 새끼와 두 시간에서 네 시간 정도 접촉하고 나면 어미는 이 냄새를 인식하게 되고, 그다음부터는 해당 냄새가 나는 새끼에게만 젖을 먹이려고 한다. 실험에서 어미 양의 후각을 마비시키면 어미 양은 친자 여부와 관계없이 모든 아기 양에게 젖을 물린다.

어미의 새끼 인식은 처음에 새끼의 후각적 특성을 학습함으로써 확립된다. 그리고 어미는 출산 후 첫 이틀 동안 새끼 양에 관한 시각 및 청각 정보를 포함해 복합적인 감각 이미지를 학습한다. 새끼 양도 태어날 때부터 모체에 접근하는 행동을 보인다. 어미가 내는 소리를 통해 자극을 받고, 열, 후각, 촉각 신호를 통해 어미의 젖을 찾아 빤다. 새끼는 젖을 빨면서 어미를 개별적으로 인식하는 데 필요한 감각 정보를 접하게 되며, 이 과정은 생후 이틀 동안 일어난다. 이때는 시각 및 청각 정보가 지배적인 역할을 하고 후각 정보는 그리 중요하지 않다.

어미 양과 새끼 양: 공동의 메커니즘

애착은 특정 호르몬과 자극의 통제 아래 형성된다. 에스트로겐 분비 증가와 자궁 자극이 모성 행동과 새끼 양에 대한 개별적 인식 모두에 영향을 미친다. 자궁이 자극을 받으면 옥시토신이라는 신경 펩티드가 뇌를 활성화하는데, 모체가 애착을 형성하는 데 꼭 필요하다. 만약 출산 전 경막외마취(*마취제를 경막외강에 주사하는 마취. 무통분만에 쓰이는 마취법 중 하나)를 하면 자궁 자극과 중추 신경계의 옥시토신 분비가 방해를 받아 모성 행동이 발현되지 않는다. 이때 옥시토신을 뇌 시상하부의 실방핵室傍核이라는 신경핵에 주사하면 모성 행동이 회복된다. 또 자궁을 자극하면 새끼의 냄새를 매력적으로 여겨 그 냄새를 기억하게 만드는 일련의 뇌 과정이 작동한다. 특히 출산 후에는 냄새를 처리하는 첫 번째 뇌 영역인 후각망울의 뉴런들이 양수 냄새에 우선적으로 반응하는데, 이 중 일부가 새끼의 냄새에 특별히 활성화된다. 편도체라는 또 다른 뇌 구조도 새끼 냄새를 기억하는 데 관여한다. 분만 중에 편도체가 비활성화되면 어미 양이 새끼 양의 냄새를 인식할 수 없다.

새끼 양의 입장에서는 젖을 먹어야 어미에 대한 선호도를 형성할 수 있다. 만약 새끼가 태어난 후 처음 몇 시간 동안 어미의 젖을 빨지 못하면 새끼의 선호도 형성이 지연된다. 젖을 빠는 자극과 위가 팽창하는 자극은 위장 호르몬 중 하나인 콜레시스토키닌의 분비를 유발한다. 콜레시스토키닌은 어미 양의 모습을 기억하도록 새끼 양의 뇌 메커니즘을 작동한다. 또 젖을 빨면 새끼 양의 옥시토신 수치가 증가한다. 만약 갓 태어난 새끼 양에게 옥시토신을 억제하는 약물을 먹이면 어미 양에 대한 선호도 발달이 지연된다. 신경생물학 연구에 따르면 애착의 초기 단계를 담당하는 뇌 메커니즘(시상하부의 실방핵)은 어미와 새끼에게서 공통적으로 발견된다.

쥐: 어미는 사회적 지지자

애착의 개념을 엄격하게 정의한다면 설치류가 애착의 모든 기준을 충족하지 못함은 분명하다. 설치류에서는 특정 개체를 인식하는 능력을 관찰할 수 없으며, 어미 쥐는 모든 생쥐를 살뜰히 보살피기 때문이다. 그러나 상대에게 접근하고 상호 작용하려는 동기를 지니며 상대와 분리되면 고통을 느낀다. 따라서 설치류의 어미-새끼 관계는 일반적인 애착으로 규정할 수 있다. 어미 쥐의 존재만으로 새끼 쥐가 느끼는 두려움, 그리고 두려움과 관련된 생리적 메커니즘이 완화된다. 예를 들어 새끼 쥐의 꼬리에 적당한 전기 충격을 가하면 스트레스 호르몬인 코티코스테론이 유의미한 반응을 일으킨다. 그런데 어미가 있으면 이 반응이 완전히 억제된다. 어미의 냄새는 스트레스 호르몬의 분비를 억제하고 그 결과 감정에 관여하는 뇌 영역인 편도체의 활동을 감소시킨다. 이렇게 스트레스 호르몬 반응을 억제하는 능력은 새끼 쥐의 행동에 영향을 미친다. 쥐는 일반적으로 낯선 환경에 스트레스를 느끼지만 어미가 있는 새끼 쥐는 새로운 환경을 편안하게 탐색할 수 있다. 인간도 마찬가지다. 어머니가 있으면 편도체 활동이 감소하고 행동 변화 및 생리적 변화가 일어난다.

애착의 질이 미치는 영향

어미와 새끼 간 상호 작용의 질은 새끼의 행동 발달 및 생리적 발달에 영향을 준다. 어미에 대해 불안형 애착이 형성된 새끼는 스트레스가 되는 사건을 겪으면 행동 반응성이 커지고 코티솔 분비가 늘어난다. 일부 영장류의 경우에 어미는 새끼를 적극적으로 보호하는 유형부터 보살핌을 거부하는 유형까지 다양한 모성 유형을 보인다. 어미젖을 먹는 초기 몇 달 동안 어미로부터 자주 거부당한 새끼는 주변 환경을 더 많이 탐색하고 다른 새끼들과 더 많이 노는 반면에 보호 성향이 강한 어미 밑에서 자란 새끼는 독립심을 기르는 시기가 늦어져 새로운 상황에 직면했을 때 상대적으로 겁이 많고 신중한 태도를 보인다. 이런 특징은 청소년기까지 계속될 수 있다.

먹이가 부족하거나 포식자가 나타나는 등 환경 조건이 나빠지면 어미와 새끼가 일찍 헤어질 수도 있다. 이렇게 애착이 갑자기 단절되면 행동 발달과 생리적 발달에 장애가 생긴다. 설치류를 대상으로 한 실험에서 새끼에게 일찍 젖을 떼게 하면 탐색 행동, 놀이 같은 사회적 행동, 두려움 및 불안 행동이 줄어든다. 또

수컷의 침입과 같은 사회적 스트레스 상황에서 낮은 공격성을 보인다. 놀라운 점은 일찍 어미젖을 뗀 이 개체들이 성체가 되었을 때 모성 행동에 결함을 보인다는 것이다. 이들은 집을 짓는 능력이 떨어지고 새끼를 핥는 빈도가 감소하며 젖을 먹이는 자세도 부자연스럽다.

신경생물학 측면에서 볼 때, 어릴 때 어미와 떨어진 동물은 주로 편도체 등 감정을 조절하는 뇌 영역에 변화가 일어난다. 스트레스에 반응하는 시상하부–뇌하수체 축에 조절 장애가 일어나고 미엘린(뉴런을 보호하고 뉴런 간 전기 신호의 전파를 촉진하는 외피) 형성이 저하된다고 보고된 바 있다. 영장류에서도 인지 장애 및 면역 결핍을 비롯해 비슷한 결과가 나타난다.

애착의 다른 유형들

포유류에서 새끼가 처음으로 애착을 형성하는 대상은 어미다. 어미가 없으면 자기를 길러 주는 유모에게 애착을 형성한다. 이 애착 관계는 새끼의 신경 행동이 적절하게 발달하는 데 매우 중요한 역할을 한다. 애착 관계에 장애가 생기면 성체가 될 때까지 오랜 기간 어려움을 겪을 수 있다. 그러나 포유류에서는 다른 형태의 가족 애착도 볼 수 있다. 아비가 새끼를 돌보는 행동은 보기 드물지만(종에 따라 5-10%), 다른 포유류에 비해 영장류에서 흔하다. 마모셋원숭이의 경우 아비가 새끼를 데리고 다니며, 새끼가 고통스러운 울음소리를 내면 함께 있으려는 동기를 강하게 드러낸다. 그러나 부성 행동을 보인다고 해서 애착 관계가 형성된 것은 아니다. 티티원숭이의 경우 아비와 새끼를 분리해도 아비는 고통을 느끼지 않는다. 다만 새끼에게서는 코티솔 분비가 관찰된다. 마지막으로, 애착 관계는 형제자매 사이에서도 발달할 수 있다. 쌍둥이 양은 서로를 인식할 수 있고 둘을 분리하면 고통 반응을 보일 수 있다. 이렇듯 애착은 동물의 행동 발달과 생리적 발달에 큰 영향을 주는 심리적·두뇌적 과정으로 포유류에서 다양한 형태로 나타나고 보존된다.

영장류의 학대

어미의 학대는 영장류에서 관찰되는 모성애의 극단적 형태다. 히말라야원숭이나 그 밖의 긴꼬리원숭이과에서는 아기들의 5-10%가 어미로부터 신체 학대를 당한다. 어미는 새끼의 꼬리나 한쪽 다리를 잡아끌거나 새끼를 공중에 던진다. 폭력은 새끼가 태어난 첫 달에 가장 빈번하게 발생하며 3개월 정도가 지나면 사라진다. 새끼를 학대하는 습성은 어미에서 딸에게로 전해지는 모성 특성으로 보인다. 연구를 통해 유전과 환경의 영향을 살핀 결과, 유전이 아니라 학대하는 어미 밑에서 자란 경험 때문으로 밝혀졌다. 어미의 학대는 신경생물학 측면에서도 영향을 미친다. 예를 들면 스트레스 반응을 조절하는 시상하부-뇌하수체 축의 기능이 평생 스트레스에 민감하게 반응한다. 또 쥐를 대상으로 한 모성 학대 실험에서는 공간 학습 장애와 뇌 손상이 관찰되었다. 특히 기억에 중요한 역할을 하는 해마에서 문제가 발생했다.

FORÊT, HUMAINS, CHIMPANZÉS, UNE RELATION COMPLEXE

숲, 인간, 침팬지의 복잡한 관계

사라 보르톨라미올 & 마리안 코엥 & 사브리나 크리프
Sarah Bortolamiol & Marianne Cohen & Sabrina Krief

CNRS 연구원/소르본대학교 교수/국립자연사박물관 교수

인간과 동물의 관계가 공유가 아닌 갈등으로 그려지는 경우도 많다. 이번에는 지리학적 접근법을 사용해 인간과 동물의 관계를 살펴본다. 인간과 동물 각자가 시공간에서 차지하는 위치와 영역을 연구함으로써 인간을 다른 야생 동·식물보다 높이 두는 위계적 관점을 넘어서고자 한다.

관광객과 비인간 영장류

우간다의 키발레Kibale 국립공원(1993년 조성된 795제곱킬로미터 규모의 습한 상록열대우림 보호 공원)은 세계에서 가장 많은 영장류 바이오매스를 보유한 곳이다. 이전에는 지역 주민들이 이 숲을 거주지로 삼거나 이용했다. 1970년대에는 상업 목적으로 나무들을 베었고, 이디 아민 다다(*군사 쿠데타를 일으켜 1971-1979년에 우간다를 통치한 독재자) 시절에는 숲을 피난처로 사용했다. 무력 분쟁과 주민들의 숲 생활로 일부 동물들은 목숨을 빼앗겼다. 오늘날

키발레 국립공원은 우간다 관광·자연·유물부처의 후원을 받아 국가의 자연 관광 산업을 이끌고 있다. 공원 내 모든 산림 지역이 행정 당국의 관할이며, 우간다 야생동물관리국UWA에서 관리한다. 팬데믹 이전에는 관광업이 우간다에서 두 번째로 큰 수입원이었는데 주로 영장류, 그중에서도 침팬지 사파리가 중심 테마였다(침팬지는 멸종 위기에 처해 국제자연보전연맹IUCN 적색 목록에 등재되어 있다). UWA는 키발레를 자연 관광 산업의 '지역' 중심지, 심지어 '국제' 중심지로 주저 없이 선언했다.

키발레 국립공원 주변으로는 인구가 상당히 밀집되어 있다. 특히 공원 북쪽에 주민들이 많이 모여 산다. 이들은 공원과의 경계 지역에서 플랜틴 바나나, 유칼립투스, 차 등을 재배하며 농업을 비롯한 다양한 활동을 개발한다. 교통량이 많은 포장도로가 이 지역을 동서로 가로지른다. 공원 주변에 사는 주요 부족(바토로Batooro족과 바키가Bakiga족) 집단은 주로 생계형 농사를 짓는다. 예전처럼 숲과 그 자원을 자유롭게 이용할 수는 없지만 이들 지역 사회는 공원이 관광객 입장료로 버는 수입의 20%를 받는다. 지역 사회의 식량 생산지가 공원과 접해 있어 야생동물이 농작물에 자주 피해를 주기 때문에 이에 대한 보상으로 받는 돈이다. 또 공원 관리 계획에서 정하는 일부 경계 지역에서는 주민이 '규제된' 전통 활동을 수행할 수 있다.

우리 연구는 공원의 북쪽 끝에 자리한 세비톨리Sebitoli 구역(25제곱킬로미터)에 초점을 맞추었다. 보호 구역(공원)과 비보호 구역(인간 거주 지역)을 구분하는 농림지 경계를 따라 식물, 인간,

동물의 영역을 분석할 수 있기에 연구 장소로 이상적이다. 이 지역에는 UWA의 에코가드(생태 경비대) 상주 시설이 있다. 2008년부터 시작되어 S. 크리프와 J. M. 크리프가 이끄는 세비톨리 침팬지 프로젝트SCP도 이 지역에 기지를 두고 침팬지 및 침팬지 서식지와 관련된 과학 조사와 보호 활동을 펼친다.

세비톨리에서는 다음 세 종류의 하위 영역 체계가 상호 작용한다. 첫째, 공원 행정 구역. 동·식물의 영역과 인간의 영역을 구분해 야생의 생물 다양성을 보존하기 위한 목적으로 설정한 영역이다. 둘째, 지역 사회. 주민들이 공원 외부에서 펼치는 활동과 주민들이 지켜 온 신앙이 보호 구역 내부와 외부를 연결하는 역할을 한다. 셋째, 야생동물 영역. 침팬지를 비롯한 야생동물들은 주로 공원 내에 서식한다. 하지만 가끔씩 행정 경계를 넘나들기도 한다.

세비톨리 지역의 자연적 요인(서식지, 식생 구성)과 인공적 요인(농업 활동, 공원 이용 규칙 등)이 침팬지의 분포를 분석하는 데 도움을 준다.

행정 영역

세비톨리의 숲에는 과거에 인간이 벌인 활동(숲의 70%가 훼손되어 현재 재생 중)과 현재 인간이 벌이는 활동(지역을 두 부분으로 나누는 포장 도로, UWA 및 SCP의 이동 경로)의 흔적이 남아 있다. 그럼에도 이곳에는 다양한 동물 종(코끼리를 포함한 대형 포유류, 13종의 영장류, 유제류, 소형 포유류, 조류, 파충류, 양서류, 곤충 등)과 식물(연구 기간 동안 15만 제곱미터에 달하는 63개 산림 구획에서 362종 파악)이 서식하고 있다. 연구원, 에코가드, 관광객, 도로 이용자의 활동을 규제하고 있지만 공원 안과 공원 주변에서 자원을 불법으로 채굴하는 활동이 정기적으로 확인된다.

침팬지는 서식지 경계 너머에도 스스럼없이 나타난다. 인구밀도가 높고 인간의 다양한 활동과 접한 지역이더라도 야생식물과 재배식물이 있으면 침팬지들이 찾아온다. 1970년대에 진행된 벌목으로 다른 나무들은 사라지고 침팬지가 좋아하는 무화과나무가 많이 살아남았다. 무화과는 한 나무 안에서 모든 열매가 동시에 열리지 않고, 열매를 맺는 시기도 조금씩 다르다. 그래서 침팬지들은 이 먹이 자원에 지속적으로 접근할 수 있고, 따라서 굶주리는 기간도 줄어든다. 생태나 보존에 관한 일부 이론과 달리 우리 연구는 멸종 위기에 처한 동물 종이 인위적 훼손을 겪은 후 재생 중인 환경에서도 자기에게 유리한 서식지를 찾을 수 있음을 보여 준다(물론 환경이 훼손된 정도에 따라 다를 것이다).

침팬지의 영역

생물 다양성을 관리하는 UWA와 지역 주민들이 공원의 영역 경계를 정해 두었으나 침팬지들에게 이 경계는 아무런 생물학적 의미가 없다. 침팬지들은 자기들 영역을 표시하고 '외부인'의 침입을 피하고자 정기적으로 순찰을 돈다. 도로로 구분된 숲의 북쪽에는 인간 외에 다른 이웃이 없기에 이 지역에서는 침팬지의 영역이 모호하다. 침팬지들은 가끔 숲을 벗어나 농장에서 자라는 바나나나 옥수수를 따 먹는다. 야행성 동물이 아닌데도 농부들과 만날 위험을 피해 야간에 침입할 때도 있다. 언덕이나 커브길 같은 위험한 장소에서 도로를 건널 때도 있지만 건너기 전에 주위를 경계하며 좌우를 살피는 모습도 볼 수 있다. 한편 침팬지 고기를 먹는 일은 대다수 민족에게 금기시되지만 침팬지들이 사냥의 간접적인 희생자가 될 때가 있다. 작은 사냥감을 잡으려고 사람들이 공원 안에 설치해 둔 덫에 침팬지가 걸리는 일이 잦기 때문이다. 세비톨리에 사는 침팬지의 30%가 이 때문에 팔다리를 잃은 상태다. 또 공원 경계 가까이에 있는 농장과 정원에서 사용되는 화학물질이 사용 지역에서

5킬로미터 떨어진 침팬지 서
식 영역에서도 검출되어 침
팬지들은 '내분비 교란 작
용'과 같은 건강상의 위험에
도 노출되어 있다. 침팬지의 영
역은 계속 변화하며, 인간의 여
러 활동에 침입당하고 영향받는
다. 그중에는 침팬지가 미처
인지하지 못하는 활동(덫, 오

염 등)도 있다. 침팬지는 여기에 적응해야만 한다. 침팬지의 서식
밀도는 야생 먹이와 (그리고 아마 인간의 식량 자원과도) 부분적으로
관련이 있다. 단기적으로는 인간 활동의 영향을 받지 않는 것으
로 보인다. 하지만 침팬지의 행동과 건강 상태는 분명히 인간 활
동의 영향을 받는다.

지역 주민들의 영역

야생동물 때문에 농작물에 피해를 입는 지역 주민들은 공원 관리
당국과 일부 동물 종(특히, 침팬지와 달리 농작지를 심각하게 파괴하
는 코끼리)에게 크게 분노한다. 지역 주민들은 숲과 그 자원을 이
용할 권리도 사라진 상황에서 농업 손실에 대한 보상 제도가 동
물들로 인한 피해를 보전하기에 충분치 않다고 여긴다. 침팬지는
코끼리나 개코원숭이에 비하면 농작지에 큰 피해를 주지 않는다.
대신 '교활한 방법으로' 농작지에 접근하기 때문에 농부들은 침
팬지를 예의주시한다. 지역 주민들은 침팬지와 인간이 신체나 행
동 면에서 유사하다는 점에 주목한다. 세금을 내기 싫어 숲으로
떠났던 인간의 후손이 침팬지라고 믿는 주민들도 있다. 숲에서
생활하던 인간이 시간이 흐르면서 침팬지로 변했다는 것이다.

주민들은 숲의 정령들을 통해 숲과의 관계를 유지한다. 정령
들은 숲과의 경계 지역에서 활동하며 숲과 주민들의 연결고리 역
할을 한다. 에비가사이가사Ebigasaigasa 라는 정령은 특히 밤이 되

면 나타나는데, 마을 주민이 숲과의 경계 지역에 있는 특정 장소 (마법의 돌이 있는 곳이나 늪)에 가면 그를 숲으로 데려가 길을 잃게 만든다고 한다. 칼리이사Kaliisa라는 정령은 적절한 제물을 바치면 사냥꾼과 가축을 보호해 준다고 알려져 있다. 숲과 주민의 관계는 마을 사람들이 오랜 전통에 따라 신성시하는 야생 동물 토템을 통해서도 유지된다. 토템은 생물 다양성 보존에 중요한 역할을 할 수 있다.

인간과 야생, 앞으로의 전망

인간은 세계 곳곳에서 야생 포유류에게 영향을 미친다. 야생 포유류는 인간 때문에 활동 영역이 줄어 이동성이 감소하고, 인간 사회가 일으키는 빛 공해 때문에 야행성이 증가한다. 환경이 변화함에 따라 인간과 비인간이 더 가까운 거리에서 자주 접촉하게 되면서 갈등도 커지고 있다. 세비톨리에서는 식물, 인간, 침팬지의 영역이 시공간적으로 중첩되어 있으며, 무형의 영역(신앙, 정령)이 경계를 초월해 존재한다. 인간과 야생의 만남은 때로는 일시적이고 때로는 갈등을 빚는다. 그러나 세비톨리 지역 주민들의 상상 속에서, 그리고 그들의 문화와 일부 관습 안에서는 인간과 자연의 관계가 좀 더 평화롭다.

지역 주민들은 오랫동안 자연에 관해 지식을 쌓아 왔다. 그래서 이들의 지식은 자연에서 인간의 활동을 규제하는 데 도움이 되며, 특정 지역(정령이 자주 찾는 곳)과 야생 종(지역 주민들의 토템)을 보호하는 데에도 기여할 수 있다. 그러나 지금까지 생물 다양성 보존 활동에서 지역 주민들은 소외되어 왔고, 사회가 현대화되면서 주민들이 가진 지식도 점차 쇠퇴하는 중이다. 환경심리학연구에 따르면 자연과 연결되어 있다는 느낌은 개인이나 집단이 자연을 보존하겠다는 결심을 세우는 원동력이 될 수 있다.

이와 같은 지리적 분석을 통해, 생물 다양성 관리의 여러 수준(지역 단위에서 국제 단위까지)에 있어서 동일한 공간에 서식하는 종들의 공존에 영향을 미치는 요인이 무엇인지를 이해할 수 있다. 공간, 생태, 심리의 관점에서 영역을 연구하면 인간과 동물 사이의 복잡한 관계를 잘 이해할 수 있으며, 따라서 생물 다양성 보전을 위한 유익한 교훈을 얻을 수 있다. 이런 성찰은 공원 관리 계획 및 개발 프로젝트의 수립에도 기여함으로써 멸종 위기 종과 그 서식지가 겪는 압력을 줄이고 지역 주민의 소득과 복지를 개선하는 데 도움을 줄 수 있다.

영역이란 무엇인가?

'영역territory'의 의미는 학문 분야에 따라 다양하다. 덕분에 우리는 인간과 동물 간 상호 작용의 다양성과 복잡성을 더 잘 이해할 수 있다. 지리학에서 말하는 영역은 각 개체에게 공간의 일부를 할당해 준다. 심리학에서 말하는 영역은 개체들의 개별적·집단적 또는 공적 영역을 통합하는 데 중점을 둔다. 동물학에서 말하는 영역은 사회 집단이 일상적으로 활동(먹이 섭취, 번식 등)하는 영역인 생존 영역과 관련

된다. 각 학문 분야에서 규정하는 영역의 개념을 종합하여 살펴보자. 우선 우리는 조직, 통제 또는 생존을 위해 물리적·생물학적·사회적·이데올로기적 제한을 두어 영역을 보호할 수 있다. 그리고 어떤 공간이 하나의 영역에만 해당하지는 않는다. 영역은 인간(시민, 관리자, 연구원 등), 동물(가축 및 야생), 식물(재배 식물이든 야생 식물이든)과 같이 영역을 지배하고 점유하고 사용하는 주체만큼이나 다양하다. 또 영역은 서로 겹치거나 얽혀 있다. 생물들의 관계는 복잡하며, 그들의 상호 작용을 이해하려면 여러 영역을 함께 살펴봐야 한다.

PRIMATES ET HUMAINS:

SI LOIN, SI PROCHES

영장류와 인간: 가깝고도 먼 사이

조엘 파고Joël Fagot와의 대담

CNRS 연구 책임자

영장류와 인간은 인지와 행동 면에서 얼마나 비슷한가요?

우선 인간도 영장류에 속한다는 사실을 잊지 말아야 합니다. 영장류에는 250여 종이 있는데, 이들은 해부학적·행동적·인지적 관점에서 크게 다릅니다. 가장 작은 종인 회색쥐여우원숭이는 무게가 고작 수십 그램에 불과하죠. 반면에 고릴라는 성체가 되면 몸무게가 200킬로그램이 넘습니다. 그러니 인지 체계도 영장류마다 다를 수밖에 없습니다. 하지만 인간이 아닌 영장류도 복잡한 추론을 할 수 있습니다. 개코원숭이가 메타인지를 갖고 있다는 주장도 있는데요. 자신의 의식 상태를 인식하고 자신의 '생각에 대해 생각'하는 능력이 있다는 말입니다. 실험을 통해 밝혀졌는데, 개코원숭이는 주어진 문제의 답을 알고 있으면 터치스크린에서 특정 도형을 터치할 수 있습니다. 또 자기가 답을 확실히 모른다고 느낄 때는 다른 도형을 터치할 수 있습니다. 인간만이 메타인지가 가능한 종인가에 관해서는 오래전부터 의문이 제기되어 왔습니다. 개코원숭이는 미래 지향적 사고도 할 수 있습니다. 야생에 사는 개코원숭이는 먹이를 찾기 위해 먼 길을 가야 하는 날이면 평소보다 일찍 일어나는 것으로 밝혀졌습니다. 실험실 연구에서는 개코원숭이에게 유추를 통해 추론하는 능력이 있을 가능성이 드러났습니다. 예를 들어 두 객체가 나타내는 추상적 관계에 따라 객체 쌍을 연관시킬 수 있다는 겁니다. 객체 AA 쌍을 객체 BB 쌍과 연결 지을 수 있는데요. AA 쌍과 BB 쌍은 둘 다 동일한 객체 두 개로 이루어져 있죠.

▍영장류와 인간을 구분하는 능력은 무엇인가요?

영장류와 인간의 능력은 질적으로도 양적으로도 차이가 납니다. 우리 실험실에서 개코원숭이의 기억력을 연구한 적이 있습니다. 심리학자인 우리는 기억이 수많은 인지 활동의 기초라는 점을 잘 알고 있습니다. 그중에서도 작업 기억은 짧은 시간 안에 정보를 저장하고 조작하는 능력입니다. 이를테면 전화를 거는 동안 일시적으로 전화번호를 기억하는 게 작업 기억이죠. 개코원숭이의 작업 기억은 인간보다 좁고 제한적입니다. 비슷한 실험 조건에서 인간과 비교하면 동시에 처리할 수 있는 정보의 양이 더 적다는 뜻이죠.

인간과 영장류의 가장 큰 차이점은 물론 언어입니다. 언어는 우리의 생각을 구성하고 단어와 개념을 서로 연관 짓게 해 주죠. 비인간 영장류가 말을 하거나 문장을 만들거나 문자를 쓰지 못한다는 사실은 분명합니다. 하지만 이제 우리는 영장류도 인간 언어를 구성하는 기본 요소를 갖고 있다는 사실을 알고 있습니다. 말소리를 이해하려면 소리를 감지하고 주변 소음과 분리할 줄 알아야 하는데요. 원숭이에게 이런 능력이 있습니다. '옆집 개가 밥을 먹는다'라는 문장을 만든다고 해 보죠. 이 문장을 완성하려면 문장 끝에 나오는 동사 '먹는다'를 문장 앞에 나오는 주어 '개'와 일치시켜야 하는데요. 이는 떨어져 있는 사건들을 하나의 동일한 시퀀스 안에서 연결하는 능력입니다. 언어에 필수적인 능력인데 영장류에게서 볼 수 있습니다. 따라서 영장류는 인간만큼 구조화된 언어를 갖고 있지는 않더라도, 인간 언어에 필요한 기본적인 인지 능력을 일부 지니는 겁니다!

영장류가 동일한 시퀀스 안에서 멀리 떨어져 있는 요소를 연관 짓는 능력을 정확히 어떻게 테스트할 수 있나요?

먼저 터치스크린을 통해 원숭이에게 이미지 시퀀스 여러 개를 제시합니다. 한 시퀀스는 세 가지 요소로 구성됩니다. 항상 동일한 요소 A, 시퀀스마다 달라지는 요소 X, 그리고 항상 동일한 요소 B가 있습니다. 우리는 A-X-B 시퀀스를 반복해서 보여 줍니다. 원숭이는 화면에 나타나는 각 요소를 순서대로 터치해야 합니다. 원숭이가 세 번째 요소인 B를 터치하기까지 걸리는 시간을 파악해 보면 원숭이가 첫 번째 요소를 기반으로 마지막 요소의 출현을 예측할 수 있는지, 즉 서로 멀리 떨어진 요소들을 연결하는 능력이 있는지를 알 수 있습니다.

선생님의 연구팀은 700제곱미터의 공간에서 개코원숭이 30마리를 키우고 있습니다. 개코원숭이들이 그 안에서 자유롭게 돌아다니

제가 운영하는 연구실엔 한 가지 특징이 있습니다. 영장류가 동료 동물은 물론이고 컴퓨터 시스템과도 자유롭게 상호 작용할 수 있는 환경이라는 점입니다. 터치스크린이 있고, 정답을 맞히면 밀알을 주는 보상 시스템도 있어요. 일종의 조건화 장치죠. 개코원숭이들은 원할 때마다 무리를 떠나 원하는 시간만큼 컴퓨터를 사용할 수 있습니다. 우리 팀은 원숭이들의 자발적 참여를 원칙으로 합니다. 연구실에 있는 영장류는 자발적으로 연구에 기여하고 있는 거죠. 데이터는 24시간 온종일, 일주일 내내 끊임없이 기록됩니다. 다른 연구실들도 비슷한 방식을 지향하지만 우리 연구실의 구조는 정말 독특하죠.

또한 우리 실험실 인프라는 가장 엄격한 수준에서 동물 복지 규칙을 지키고 있습니다. 예를 들면 실험을 하겠다고 개코원숭이를 그의 그룹에서 분리하지 않습니다. 또 우리 인프라는 풍부하고 다양한 정보를 수집할 수 있게 해 줍니다. 이런 인프라를 통해 사회 집단 내에서 동물이 보이는 행동과 인지 능력을 테스트할 수 있습니다. 특히 두 마리의 영장류가 동시에 컴퓨터를 사용하게 될 경우에 그들의 사회적 상호 작용을 전반적으로 평가할 수 있습니다.

우리는 이제 몇 가지 새로운 질문에 답할 수 있습니다. 동종 동물의 존재가 실험 대상 동물의 인지 능력에 영향을 미치는가? 영향을 미친다면 실험 대상의 능력에 도움이 되는가, 아니면 방해가 되는가? 그 자리에 있는 다른 영장류가 동종인지 동종이 아닌지의 여부가 수행 능력에 영향을 미치는가? 시간대에 따라서도 능력에 차이가 나는가? 이렇게 다양한 변수를 상호 참조해서 사회적 인지와 비사회적 인지를 모두 평가할 수 있습니다. 우리가 얻는 정보는 동물 자신의 자발적인 선택에 따라 수집되기 때문에 훨씬 더 풍부합니다.

연구를 통해 무엇을 얻나요?

먼저, 동물과 인간의 인지 및 언어 체계가 어떻게 작동하는지를 더 잘 이해할 수 있습니다. 영장류가 과제를 수행하는 모습을 보면서 인간의 체계가 어떻게 기능하는지 더 많이 알게 되고, 또 인간의 인지적 특수성을 더 명확하게 파악할 수 있습니다.

또 종의 역사에서 인지 능력이 어떻게 진화해 왔는지를 더 깊이 이해할 수 있습니다. 이를 위해서는 비둘기를 비롯해 다른 동물 종을 연구하는 동료들과 함께 비교 실험을 진행합니다. 저는 영장류의 장기 기억을 평가하는 절차를 설정해서 비둘기에게도 같은 실험을 수행해 보자고 제안했습니다. 실험에서 원숭이는 특정 이미지에 대한 답으로 특정 반응(이를테면 화면에 보이는 동그라미를 선택)을 연결하고, 동일한 그룹의 다른 이미지에 대한 답으로 두 번째 반응(화면에 보이는 사각형을 선택)을 연결해야 합니다. 제시하는 이미지의 수를 조금씩 늘려 원숭이가 학습해야 하는 연상의 수를 늘렸는데요. 개코원숭이는 무려 6천 개가 넘는 이미지에 대한 반응을 기억할 수 있었습니다. 비둘기도 이에 뒤지지 않는 능력을 보여 주었습니다. 실험 결과 거의 1천 개의 이미지를 학습했습니다. 이 또한 놀라운 결과죠.

일반적으로 이런 연구들은 동물 개체군에 대한 윤리 규정의 개발에도 영향을 미칠 겁니다. 영장류에 대해 알면 알수록 그들을 더 잘 보호할 수 있으니까요. 실제로 대형 유인원은 마음 이론과 메타인지가 가능한 것으로 밝혀진 이후, 이전보다 더 많이 보호받고 있습니다. 이들에 대한 우리 인간의 태도가 달라진 것은 연구자들이 그동안 유인원의 지능에 대해 다양한 지식을 축적해 주었기 때문입니다.

사람들이 영장류에 관심을 갖는 이유를 어떻게 설명할 수 있을까요?

우리가 영장류의 행동에 매료되는 이유는 그들의 행동이 복합적이고 또 우리의 행동과도 닮았기 때문입니다. 그리고 사회적 상호 작용을 하는 개코원숭이 무리를 주의 깊게 관찰하다 보면 연구자로서도 자꾸 관심이 갑니다! 같은 의문이 계속해서 떠오르거든요. 언어가 없는데 어떻게 저런 복합적인 행동을 할 수 있을까 싶습니다. 나와 많이 닮은 대형 유인원을 볼 때면 더욱.

반대로 인간과 너무 비슷해서 연구자들이 의인화에 빠질 위험은 없을까요?

어떻게 하면 의인화와 같은 편견을 줄일 수 있을까요? 의인화는 정말 커다란 위험 요소입니다! 의인화에 빠지면 실험 대상의 행동을 인간의 의도대로 해석하고, 그 동물에게 없는 능력을 인간이 마음대로 부여할 수도 있습니다. 그런 위험을 줄이기 위해 우리는 인간 실험자의 입회 없이 컴퓨터를 통해 개코원숭이를 실험에 참여시킵니다. 원숭이의 인지 능력을 테스트할 때는 원숭이와 직접 상호 작용하기를 피합니다. 인간과 동물의 관계에는 필연적으로 편견이 생길 수밖에 없는데요. 인간이 동물의 행동을 해석하는 경향이 있기 때문입니다. 그래서 우리는 실험에서 인간을 배제하기로 결정한 겁니다. 인간은 개코원숭이가 과제를 푸는 데 걸리는 시간과 그들의 답이 맞는지의 여부만을 측정합니다. 그들의 주의력, 지각력, 기억력에 대한 객관적인 측정치만을 수집할 뿐이죠.

영장류 연구자들이 겪는 가장 큰 어려움은 무엇인가요?

다른 동물 종을 연구하는 이들이 겪는 어려움과 비슷합니다. 동물의 능력에 맞는 연구를 고안하는 것이 연구자들의 과제입니다. 신뢰할 수 있는 최적의 결과를 얻어야 하니까요. 인간을 대상으로 한 프로토콜을 단순히 인간 이외의 대상에 적용하는 게 아닙니다. 특히 학습 메커니즘을 조절해서 동물에 관해 우리가 알고 있는 지식에 맞게, 동물의 능력에 맞게 실험을 수행하는 게 중요합니다.

최근 수십 년 동안 영장류학계를 이끌어 온 질문이 있다면요?

자주 제기된 질문이 하나 있습니다. 왜 인간에게는 언어가 있고 영장류에게는 없을까 하는 질문입니다. 인간만이 말소리를 낼 수 있다고 여겼기 때문입니다. 그 이유가 뭘까요? 오랫동안 한 가지 가설이 인정되어 왔습니다. 인간 종에서는 후두가 점차 성도 쪽으로 내려와 음성 언어에 필요한 다양한 모음을 생성할 수 있는 해부학적 구조를 갖추게 되었다는 가설입니다. 영장류는 후두가 꽤 높이 위치하기 때문에 이러한 소리를 낼 수 없으리라 여겨졌습니다. 우리는 2017년 루이 장 보에 팀과 함께 기니개코원숭이의 발성을 분석했습니다. 그 결과, 특정 소리가 인간 언어 모음의 음향적 특성을 갖는다는 사실을 발견했습니다. 다른 소리와 결합할 수 있는 소리가 다섯 가지나 됩니다! 예를 들면 '와후'라는 발성에는 모음의 음향적 특성을 가진 소리 두 개가 들어 있습니다. 이 사실은 '후두의 위치가 아래로 내려갔기 때문에 음성 언어를 낼 수 있다'는 가설에 의문을 던집니다. 개코원숭이는 후두가 상당히 높이 있는데도 이런 소리를 낼 수 있으니까요.

▍영장류 인지 연구의 역사에 큰 획을 그은 발견이 있나요?

오랫동안 우리는 인간 외의 동물들에겐 연상 학습만 가능한 게 아닐까 생각했습니다. 세상을 복잡하게 표상화할 수는 없고 자극과 반응 사이의 연관성만 학습할 수 있는지 궁금해했죠. 오늘날에는 그런 구분이 별 의미 없다는 점을 잘 알고 있습니다. 연상 메커니즘은 인간의 언어처럼 복잡한 현상에서도 매우 중요합니다. 그리고 연상 메커니즘이 우리가 언어를 통해 개념과 아이디어를 다루는 걸 방해하지도 않습니다. 지금은 인간의 경우와 마찬가지로 영장류의 행동에도 두 가지 유형의 메커니즘(연상 학습과 표상화)이 모두 포함된다는 사실이 잘 알려져 있습니다.

2000년대 초에 또 다른 가설이 제시되었습니다. 인간만이 생각을 계층적으로 조직할 수 있다고 믿은 겁니다. 가령 인간은 첫 번째 문장을 두 번째 문장 안에 삽입하고, 세 번째 문장을 두 번째 문장 안에 삽입하고…. 이렇게 해서 다양한 길이의 문장을 무한히 만들 수 있습니다. 그런데 요즘의 연구들은 이 믿음을 해체하는 방향으로 가고 있습니다. 영장류도 이런 사고를 할 수 있음을 보여 주죠. 실험을 통해 영장류가 두 가지 요소로 구성된 짧은 문장 여러 개를 서로 끼워 맞출 수 있음이 밝혀졌습니다. AB 시퀀스와 CD 시퀀스를 따로 학습한 후 A-CD-B 형태의 시퀀스를 구성할 수 있는 거죠. 이런 관점의 연구들이 계속 발표되고, 인간과 동물 사이의 능력 차는 점차 줄어들고 있습니다. 연구가 진행됨에 따라 영장류가 이전에 생각했던 것보다 더 많은 능력을 가지고 있으며 인간 주체와 많은 유사성을 공유한다는 사실을 깨닫게 됩니다.

일반적으로 인간은 원숭이보다 우월하다고 느끼는 경향이 있습니다. 매일 개코원숭이 무리를 관찰하니 원숭이의 특성을 잘 아실 텐데요. 어떻게 생각하시나요?

인간과 다른 동물 사이에 위계질서를 세우거나 우월한 위치를 설정해서는 안 됩니다. 인간도 동물계의 일부라는 점을 기억해야 합니다. 오히려 우리가 연구하는 영장류의 메커니즘을 과학적 방식으로 파악하고, 영장류가 어떻게 언어 없이도 복잡한 사고를 발달시킬 수 있는지 이해해야 합니다. 실제로 비인간 영장류가 인간보다 더 잘하는 작업도 많습니다. 앞서 설명한 비둘기와 개코원숭이의 기억력 실험을 인간에게도 시행한 적이 있는데요. 실험에서 인간은 5천 개의 이미지만 기억했지만 개코원숭이는 6천 개를 기억했습니다. 인지는 주체가 환경에 적응한 결과라는 점을 잊어선 안 됩니다. 인간 외의 동물들은 그들의 환경과 관련해 특정 형태의 인지를 발달시켰습니다. 인간의 인지보다 우월하지도 열등하지도 않습니다. 단지 다를 뿐입니다.

BIODIVERSITÉ:
LA SAUVEGARDER, S'EN INSPIRER

생물 다양성: 보존하기, 그리고 영감 얻기

질 뵈프
Gilles Boeuf

생물학자, 프랑스 생물 다양성청 과학위원회 위원장

생물 다양성이란 무엇이며, 우리는 왜 여기에 보다 많은 관심을 가져야 할까? 당장에 종말의 시대를 살고 있지는 않다고 하더라도(지구는 앞으로도 오랫동안 '돌' 것이다!) 우리는 '한' 세상의 종말을 지켜보는 목격자이자 당사자이기 때문이다. 우리가 살고 있는 세상의 발전은 더 이상 지속 가능하지 않다. 우리는 항상 '적응'을 이야기한다. 빠르게 변화하고 끊임없이 가속화되는 세계에서 조화롭게 살아남으려면 반드시 적응이 필요하다. 하지만 적응하려면 변화를 받아들여야만 한다! 변화하지 않고 적응한 종은 없다! 변화하지 않았을 때, 우리가 늘 하던 행동들은 한계를 드러냈다. 변화하지 않았기에 우리는 무엇보다도 현재의 지정학적·사회적·환경적 상황에 처하게 되었다.

2016년 8월에 공포된 '생물 다양성, 자연 및 경관의 회복' 법률과 2018년 5월에 발표된 '생물 다양성 계획'은 개발 또는 계획 프로젝트가 생물 다양성에 미치는 진정한 '영향 문화'(*어떤 행동이 사회나 환경에 미치는 영향을 고려해 긍정적이고 지속 가능한 행동을 하려 노력하는 문화)를 발전시키는 데 도움이 될 것이다. 2021년 9월

초에 마르세유에서 열린 국제자연보전연맹IUCN 세계 총회의 최종 결과물인 '마르세유 선언문'에서 전 세계 1천400명의 과학자가 오늘날 지구의 생물 다양성 상태에 경종을 울렸다. 그들은 세계 지도자들에게 생물 다양성 붕괴 문제를 한 번 더 고려하라고 촉구했다. 최근 몇 년 동안 우리는 기후에 대해 여덟 배나 많이 이야기했다. 생물 다양성 보존도 끊임없이 이야기해야 한다!

생물 다양성이란 무엇인가?

'생물 다양성'은 1985년 미국의 보존생태학자들이 만든 용어다. 하지만 1992년 리우환경회의가 열리기 전까지 이 용어는 실험실 문턱을 벗어나지 못했다. 생물 다양성은 흔히 말하는 것처럼 해양이든 대륙이든 특정 생태계에 서식하는 생물 종의 목록과 관련된 것이 아니다. 목록이나 색인 그 이상의 개념이다. 모든 생명체 간에, 그리고 생명체와 환경 간에 이루어지는 상호 작용 전체를 포괄한다. 생물 다양성은 사실 자연 속의 살아 있는 부분 전체다(질 뵈프, 2014)! 인간도 당연히 생물 다양성과 깊이 연관되어 있다. 인간의 몸에는 적어도 세포 수만큼 많은 박테리아가 존재하니까. 신생아는 체중의 75%가 물로 이루어져 있으며, 지구상에서 생명과 물의 상호 작용은 매우 밀접하다. 살아 있는 세포 모두에는 액체 상태의 물이 들어 있다. 인간은 부호화된 DNA의 25%를 바다의 미세 조류와 공유하고, 3분의 2를 파리와 공유한다!

226

따라서 생물 다양성은 생태계에 조직화된 모든 생물(바이러스, 박테리아, 원생생물, 균류, 식물, 동물)의 집합으로, 자연환경(지리적 다양성과 생물학적 다양성 모두 포함)과 밀접하게 연관되어 있다. 그리고 인간의 행위로 인해 오늘날의 풍경에 이르렀다.

파괴…

생태계 파괴는 생물 다양성에 엄청난 영향을 미친다. 열대 우림 벌목이 가장 명백한 사례다. 매년 프랑스의 4분의 1에 해당하는 면적이 벌목된다! 생물 종의 거대한 보고인 열대 우림이 사라지고 있다. 오늘날 알려진 생물 종의 거의 절반에 이르는 200만여 종이 열대 우림에 사는데도 말이다. 기후 변화도 상황을 악화시킨다. 과거에 비해 단시간에 비가 내리는 강도가 점점 세지고, 뒤이어 오는 가뭄도 점점 길어지고 있다. 기후의 변화가 생물 다양성에 중대한 영향을 미친다면 열대 우림은 기후에 중대한 영향을 미친다. 열대 우림이 줄어 그 증발산량이 줄면 비가 적게 내린다. 나무가 '비를 내리는' 방법을 알고 있다는 의미다. 따라서 산림 벌채와 사막화는 함께 진행된다. 기후 변화는 현재 아프리카 남부와 라틴 아메리카 남부에서 농업 및 에너지(수력 발전)와 관련해서도 특히 우려되는 문제다. 바다에서의 남획도 국지적으로 기후에 영향을 미칠 수 있다. 고등어, 전갱이, 정어리, 멸치, 밴댕이 등 부어류浮魚類(*해양의 표층-지층에 사는 어류) 개체군의 어획량이 '자율 갱신renewability'(*수산자원이 자체적으로 번식해 재생산되는 것. 어느 정도 어획하더라도 자원이 스스로 성장하므로 총량이 균형을 유지할 수 있다.) 임계치를 크게 초과하면 그럴 수 있다. 부어류가 사라지면 이들의 포식자인 고래, '먹이 사슬의 위쪽'에 있는 물고기(예를 들어 다랑어), 바닷새 등이 먹이를 먹지 못한다. 그리고 동물성 플랑크톤은 더 이상 부어류의 먹이가 되지 못하고 '급증'하면서 식물성 플랑크톤을 모조리 잡아먹게 된다. 해양은 인간이 만드는 이산화탄소CO_2의 26-33%를 저장해 준다. 이런 상황에서 이산화탄소를 흡수해 바다의 탄소 저장 능력에 핵심 역할을 하는 식물성 플랑크톤이 붕괴한다면 전체 순환이 차단된다! 한편 토양의 인공화도 큰 문제다. 프랑스에서는 도시 면적이 점점 더 확장되어 '비옥한 농지'가 사라지고 있으며, 일부 집약적 농업 때문에 토양 비옥도가 파괴되고 있다. 토양 속 생명체의 종말은 농업의 지나친 기계화(기계가 너무 무겁거나 밭을 너무 깊이 갈아서), 생울타리와 나무의 부재, 화학 살충제의 과도한 사용과도 관련 있다. 농업의 미래를 위해서는 다중 작물 재배가 필요하다. 80-100억 명의 인구를 먹여 살릴 수 있을 뿐만이 아니라 광범위한 생물 다양성을 유지할 수 있는 '야생' 지역(습지, 숲 등)을 보존해 주기 때문이다.

파괴되기 쉬운 또 다른 환경은 해안 지대다. 해양과 대륙 사이의 연약하고 밀접한 접촉점인 해안 지대에는 현재 인류의 절반 이상이 살고 있으며 전 세계 주요 도시의 대부분이 자리 잡고 있다. 생명체는 수억 년 전 바다에서 나와 해안 지대를 따라 육지로 이동해 진화해 나갔다. 우리는 해안 지대 개발을 보다 신중히 생각해야 한다. 사실 해양에서 우리가 직접 파괴할 수 있는 유일한 부분이 바로 해안 지대다!

오염, 무분별한 착취···

해양에서 우리가 직접 오염시킬 수 있는 부분은 바다 전체다. 재앙 같은 일이지만 실제로 일어나는 중이다. 심지어 인간이 없는 곳(물이 아주 강한 산성화를 띠는 태평양 가운데, 극지방의 바다 등)의 바다도 오염되고 있다! 플라스틱, 내분비 교란 물질을 포함한 합성 화학 물질, 살충제, 중금속 및 기타 잡화가 강, 하구, 해안을 통해 바다로 흘러들어 간다. 해양 오염은 우리 문명의 진정한 골칫거리다. 인간이 지식과 기술을 개발하기 전에는 지구상에 이런 오염 물질이 존재하지 않았다. 지구 위 '플라스틱 대륙'(실제로는 '대륙'이 아니라 미세 조각들이 쌓여 있는 형태)은 다섯 개나 되며, 크기도 커서 각각 프랑스 면적의 2-6배에 달한다.

야생 동·식물의 과도한 남획과 착취도 문제다. 생물에게는 스스로 재생하는 놀라운 능력이 있다. 자원을 '영리하고 현명하게 착취'하면 인류에게도 유익하지만 자원을 지속적으로 활용하려면 오늘날처럼 야생 동·식물에 해를 입히는 과도한 착취가 아니라 합리적이고 이성적인 착취가 필요하다. 숲과 관련해서는 앞서 이야기했으니, 여기서는 어획량의 과잉 착취를 언급할 수 있겠다. 유럽에서는 상황이 조금 나아지고 있다지만 지중해 이외 지역에서는 여전히 용납할 수 없는 관행이 계속되고 있다. 30여 년 전 북서대서양 뉴펀들랜드 해역의 대구 어장이 붕괴된 일은 인간과 물고기가 500년 넘게 '조화'를 이루며 살던 역사에서 상징적 사건이다. 어장 붕괴를 막을 대책은 이미 잘 알려져 있다. 따라서 어업계와 함께 이를 실천하는 일이 무엇보다 중요하다.

무질서한 이동

사람들이 많이들 모르는 문제가 있다. 생물 종이 지구 곳곳으로 무질서하게 퍼져 나간다는 점이다. 바다에서는 대형 선박의 선박 평형수ballast water(*선박의 균형을 잡기 위해 평형수 탱크에 주입하거나 탱크에서 배출하는 바닷물. 배에 화물을 실으면 평형수를 배출하고 화물을 내리면 다시 바닷물을 주입한다.)가 주요 문제 중 하나다. 평형수를 배출할 때 평형수에 포함되어 있던 플랑크톤 유기체가 함께 방출되기 때문에 장기적인 관점에서 환경에 매우 해로울 수 있다. 1980년에 선박 평형수로 인해 흑해에서 번식해 4만 톤의 멸치를 전멸시킨 작은 해파리의 사례는 모두의 기억에 남아 있다. 유해 조류가 크게 증식하는 '적조'

사람들이
많이들 모르는
문제가 있다.
생물 종이
지구 곳곳으로
무질서하게
퍼져 나간다는
점이다.

현상도 이와 관련될 때가 많다. 침입종도 문제다. 모자반의 급속한 증가, 옥덩굴속 해조류의 지중해 침입, 라이언피시의 서인도 제도 침입 등이 모두 우려되는 사례다. 침입종은 해양뿐만이 아니라 대륙에서도 골칫거리다. 타히티에 침입한 미코니아, 프랑스에 침입한 부레옥잠과 물앵초와 가는잎금방망이, 그리고 세계 곳곳을 침입한 돼지풀…. 새로운 종들이 새로운 환경에서 매일매일 성장하며 현지의 토종 동·식물과 경쟁하고 있다. 프랑스 남부의 야자수에 해를 끼치는 붉은야자나무바구미, 등검은말벌 등이 대표적인 침입종 곤충으로 꼽힌다. 북미에서 유럽으로 간 미국가재나 아메리카밍크 문제도 잘 알려져 있다.

제21차 유엔기후변화협약 당사국총회COP21에서 자세히 살펴본 것처럼 기후는 너무 빠르게 변하고 있다. 오늘날 인간 활동이 기후 변화에 미치는 영향을 부인하는 사람은 없다. 온실가스를 크게 줄이는 조치를 시행하고, 장기적으로는 온실가스 배출을 중단하고, 다양한 신재생에너지를 적극 개발하고, 새로운 환경조건에 사람들이 적응할 수 있게 도와야 한다. 기후가 변하면 이동성 생물 종이 움직이기 시작한다. 북반구에서는 북쪽으로, 반대로 남반구에서는 남쪽으로 떠난다. 어류와 조류 개체군은 빠르게 이동한다. 날아다니는 곤충도 마찬가지다. 먹이가 포식자보다 빠르게 이동하거나 포식자가 먹이보다 빠르게 이동하는 등 생물학적 활동 시기가 일치하지 않는 비동기화 문제가 발생한다. 이모든 상황은 집단 이주로 이어질 것이다. 인간을 포함한 모두가 더는 원래의 환경에서 살 수 없어 떠나야만 하기 때문이다. 특히 기후 변화 피해에 취약한 지역인 아프리카를 위해서는 아프리카 사람들이 그들의 영토에서 조화롭게 발전할 수 있도록 국제 사회가 힘을 모아야 한다.

참여 과학과 생물 영감

생물 다양성 문제에 대응해야 할 때다. 여러 대응책 중에서 우리는 정신적 측면과 기술적 측면 모두에 역점을 두어야 한다. 무엇보다 개인을 위해, 인류를 위해, 지구를 위해 생물 다양성을 염두에 두고 앞서 언급한 '영향 문화'를 발전시킬 방법에 집중해야 한다.

'기술적' 측면에서는 오늘날 두 가지가 크게 발전하고 있다고 본다. 하나는 시민 과학과 참여 과학이다. 다른 하나는 생체 모방bio-mimicry과 생물학적 영감bio-inspiration이다. 시민 과학과 참여 과학은 20세기 초 미국에서 시작된 이래 민주주의 국가 전반에서 발전해 왔다. 프랑스 국립자연사박물관에서 운영하는 '자연의 파수꾼Vigie Nature'과 '6천만 관찰자' 프로그램을 예로 들 수 있다. 각계각층의 시민, 연구 기관, 과학자가 협력해 빅데이터를 생성하고 이를 종합 분석해 환경에 더 나은 관리 시스템이 무엇인지 연구한다. '시민'들이 언제 어디서나 연구소에 귀중한 정보를 제공하면, 연구를 진행하는 기관에서는 이를 바탕으로 연구를 수행해 결과를 발표하고 응용 프로그램을 도출해야 한다.

생체 모방과 생물학적 영감도 생물 다양성을 위한 기술적 대응책이다. 생물학적 영감은 동물, 식물, 균류, 미생물, 생태계 등 모든 형태의 자연을 연구하고 그것에서 기술 개발을 이끄는 접근 방식이다. 최소한의 에너지로 모든 일을 해내는 자연에서 영감을 얻어 인간에게 도움이 되는 소재, 방법 또는 전략을 구상하는 일이다. 오염이 적고, 에너지 소비가 적고, 재활용이 가능하고, 더 안전하고, 품질이 우수하고, 비용이 적게 드는 혁신적인 해결책을 찾는다. 프랑스에서는 유럽 생체 모방 연구 및 전문 센터 CEEBIOS를 설립했다. 생물학적 영감을 이용하는 활동을 촉진하고 정보를 전파하고 교육을 제공하며 파트너, 연구자, 엔지니어, 조직, 기업, NGO 등을 연결하는 기관이다. 생체 모방은 살아 있는 세계를 분석의 기초로 삼으며, 분석된 생물학적 모델을 추상화하여 기술적 개념으로 또는 산업 개발로 전환하는 접근 방식이다. 기초 과학과 공학을 모두 포함하는 접근법으로, 새로운 과학이나 새로운 학문이 아니라 종합적 방법론이다. 더 나아가 하나의 '철학'이라고 할 수 있다. 생체 모방은 여러 과학 및 기술 분야에 적용할 수 있으며 오늘날 우리가 가진 기술적 또는 조직적 질문에 '답'을 줄 수 있다(237쪽 '생물학적 영감으로 탄생한 발명품들' 참고). 생물학적 영감을 이야기할 때는 생물계가 지닌 놀라운 저항력과 회복력을 기억해야 한다. 생물계가 보여 주는 회복력에서 특히 많은 영감을 얻을 수 있을 것이다. 생물계는 지난 6억 년 동안 다섯 번의 대위기를 포함해 60여 차례의 멸종 위기를 겪었음에도 언제나 살아남았다!

연구 개발 분야에서 생체 모방 접근법이란 생물의 세계를 적절하게 이용하여 생물계의 '천재적' 형태, 관계, 재료, 메커니즘에서 영감을 얻는 방식이다. 겸손, 공유, 존중의 태도로 생체 모방에 접근해야 하며, 이런 태도가 없다면 인류의 미래는 매우 암울할 것이다. 우리는 점차 구체화되고 있는 신기술을 어떻게 적용하고 활용할지 고민해야 한다. 21세기에 호모 파베르(도구의 인간)에서 호모 사피엔스(슬기로운 인간)로 나아가는 건 어떨까?

우리가 해야 할 일

우리는 코로나19 바이러스 위기를 기회로 삼아 우리가 열망하는 변화를 가져올 수 있을 것이다(질 뵈프, 2021). 우리는 벽을 향해 가고 있는 것일까? 문제는 우리가 향하고 있는 곳이 멀리서도 잘 보이는 견고한 '벽'이 아니라는 데 있다. 벽이라면 신중히 접근하면서 속도를 줄이거나 '급정거'라도 할 것이다. 일관성 없고 무책임한 행동 때문에 진흙과 모래가 불안정하게 꿈틀대는 지대에 가까워졌다. 이미 그곳에 한쪽 팔을 넣은 것도 모자라 다른 쪽 팔마저 넣었다! 그다음 한쪽 다리를 넣고, 다른 쪽 다리를 넣고, 머리를 넣고, 알아차리지도 못한 채 사라질 것이다….

인구가 급속도로 증가하던 1960년대에 환경을 위한 움직임이 대대적으로 시작되었다. '사상가'들의 성찰이 이어지고 레이첼 카슨Rachel Carson 의 『침묵의 봄』, 장 도르스트Jean Dorst 의 『자연이 죽기 전에』처럼 중요한 저작물들이 등장했다. 참고로 1945년에 전 세계 인구는 22억 명이었으나 현재는 80억 명에 달한다. 1960년대는 생태학 협회가 여럿 출범하고 과학적 생태학이 활성화된 시기이기도 했다. 한편 인간의 활동이 환경에 미치는 영향을 살펴본 최초의 논문이《사이언스》에 실린 것은 1997년이 되어서였다.

1972년 로마클럽(*전 세계 학자, 기업가, 정치인 등이 모여 환경 문제와 지구의 지속 가능한 미래를 연구하는 비영리 기관)이 발표해 이목을 끈 '메도즈 보고서(성장의 한계)'는 명료한 결론을 제시했다. 그런데 그 후로 왜 아무런 조치가 없었을까? 2018년에는 질베르 리스트Gilbert Rist 가 『성장의 비극』을 출간했다. 그런데 왜 우리는 '서서히 자신을 죽여' 가면서 '여전히 예전과 똑같이 행동'할까?

생물 다양성은 잘 보존되고 유지될 때 우리에게 경이로움과 이익을 제공한다. 그리고 우리를 치유하고, 유지하고, 안심시킨다. 우리는 생물 다양성에서 영감을 얻는다. (자연 보호와는 별 상관 없는 학술지인!)《란셋The Lancet》에 실린 논문은 자연이 우리의 안녕에 미치는 효과를 확인시켜 준다. P. 강드레와 C. 코르낭은 '재난 불감증/재난 근시disaster myopia '라는 경제 이론이 보건 위기에도 적용될 수 있다고 언급했다. 재난 근시는 불확실한 환경에서 드물게 일어나는 충격의 확률을 과소평가하려는 경향을 의미한다. 위험이 일어나는 빈도가 낮고 인과 구조가 시간에 따라 변하기 때문에 위험을 확률적으로 예측할 수 없어서다. 실제로 우리는 과거를 잊기도 하고, 드물게 발생하던 일을 아예 없던 일로 생각한다! 생태학자들과 전염병학자들은 2003년부터 경고해 왔다…. 1940년 이후 발생한 새로운 질병의 4분의 3이 '종의 점프'(인수공통감염병)로 인한 것이다.

우리가 계속 예전처럼 행동한다면 같은 일이 반복될 것이다. 기후 변화의 가속화에 대응해 명료하게 행동해야 한다. 지난 몇 년간은 160년 만에 가장 더운 시기였으며, 폭염은 앞으로도 찾아올 것이다. 최근에는 온도와 인류의 기후 적소climate niche (*특정 종이 생존할 수 있는 특정 범위의 기후 조건) 간 상호 작용을 살펴본 논문도 나왔다.

인간은 바이러스와 전쟁을 치르는 게 아니다. 우리의 활동과 행동, 즉 지나친 소비주의와 절제 부족에 맞서 싸우고 있다! 진정한 적은 바이러스가 아니라 결국 우리 자신이다! 그럼에도 우리는 자연에 의존하고 있음을 자꾸만 잊어버린다. 무엇보다도 우리의 자본인 자연을 파괴하거나 과도하게 개발해 이윤을 창출하는 무분별한 경제 시스템으로는 돌아가지 말아야겠다.

항상 기억하자. 우리는 물이고 소금이며 세포라는 사실을.

생물학적 영감으로 탄생한 발명품들

자연을 잘 관찰하면 생물 다양성을 존중하는 동시에 인간에게도 유용한 기술을 개발할 수 있다. 산우엉 씨앗의 갈고리 모양 가시가 동물의 털에 붙었다 떨어지는 모습을 보고 '벨크로' 고정 장치를 만들었고(스위스인 G. 드 메스트랄이 발명), 연잎의 미세 구조가 물을 흡수하지 않는 특성에서 창유리·자동차 와이퍼·실내 페인트에 필요한 힌트를 얻었다. 도마뱀 발이 매우 매끄러운 표면과 천장에도 자연스럽게 붙는 이유는 수백만 개의 작은 털로 중력의 영향을 상쇄하는 판데르발스 힘(정전기력) 덕분임을 알게 되어 이를 접착 제품에 활용할 수 있었다. 나미브 사막에 사는 작고 까만 딱정벌레목 거저릿과 곤충인 나미브사막풍뎅이_Stenocara gracilipes_는 낮 기온이 50도까지 오르고 비는 한 방울도 내리지 않는 극한의 환경에 살면서도 매일 아침 생존에 필요한 물 한 방울을 스스로 만들어 낸다. 이 능력은 나미브사막풍뎅이의 앞날개 구조 덕분에 가능하다. 칠레 아타카마의 춘근고 Chungungo 마을은 여기에서 영감을 얻어 비가 내리지 않아도 물을 얻을 수 있게 되었다. 흰개미집의 환기 기술은 짐바브웨의 이스트게이트 빌딩이 공기와 온도를 자체 조절하는 데 도움을 주었다. 또 극지방 어류의 동결 방지 단백질을 사용해 액체 질소에 인간의 혈소판을 보존하거나 얼어붙은 땅에 씨앗을 보존할 수 있게 되었다. 일본 신칸센 열차는 자연의 형태에서 영감받아 속도(물총새의 머리 모양)와 조용함(부엉이 날개의 빗살 모양)을 결합할 수 있었다. 스펀지에서 영감을 얻은 생체 수용 물질(생분해 가능한 콘크리트), 규조류를 이용해 실온에서 생산하는 유리, 절지동물의 외골격이 가진 변형 유연성·가벼움·내구성을 응용해 한층 더 가볍고 단단하게 만든 콘크리트까지… 자연에서 영감을 얻은 발명품은 수없이 많다! 150여 년 전(*라이트 형제의 동력 비행은 1903년)부터 날고 있는 비행기는 1억 5천만 년 전부터 날고 있는 새들을 연구하지 않았다면 결코 탄생하지 못했을 것이다.

LA COÉVOLUTION HOMME-ANIMAL:

L'EXEMPLE DES ANIMAUX DOMESTIQUES

인간과 동물의 공진화共進化 : 가축 이야기

피에르 주방탱
Pierre Jouventin

과학국가박사, 전 CNRS 동물행동학 연구 책임자

진화인가, 혁명인가?

문화 혁명을 겪고 있는 것 같다. 지식이 발전하면서 인문과학과 생명과학이 융합하고 있다. 수천 번이나 확인되었음에도 여전히 '이론'으로 불리는 진화론이 관점의 전환을 가져왔고, 오늘날 우리는 진화의 중요성을 깨닫고 있다. 150년 전 다윈은 인간과 자연이 분리되어 있지 않음을 보여 주었지만, 서구 문화는 분리의 개념을 기반으로 자연 자원을 과도하게 개발했다. 그 결과 현재 생물 다양성의 여섯 번째 멸종을 겪는 중이며 기후 변화에도 시달리고 있다….

과학의 관점에서 볼 때 오늘날 인간은 하나의 독특한 동물에 불과하다. 또한 인간의 고유한 특성은 동물심리학 분야에서 새로운 사실이 발견될 때마다 줄어들고 있다. 지능, 추상성, 언어, 문화, 도덕성 등 지금껏 우리를 특별하게 만들어 준다고 여겨 왔던 요소들조차 (정도의 차이는 있을지언정) 다른 포유류에서 발견되었다. 인간 중심적 세계관은 르네 데카르트와 그의 '동물-기계', 즉 동물은 말을 하지 않기 때문에 아무것도 생각하거나 느끼지 못한다는 관점에 의해 성공적으로 이론화되고 세속화되었다…. 이에 대한 반발로 프랑스에서는 현재 동물주의 흐름이 발전하고 있다. 엘리자베스 드 퐁트네Élisabeth de Fontenay[1]와 카트린 라레르Catherine Larrère 같은 철학자들이 동물과 자연을 휴머니즘에 통합했다. 이어서 도미니크 르스텔Dominique Lestel[2]과 바티스트 모리조Baptiste Morizot[3]처럼 인문과학과 생명과학 양쪽을 잘 이해하는 철학자들이 동물주의 운동의 중심에 등장했다.

우리는 전통적으로 동물과 인간, 자연과 문화, 선천적인 것과 후천적인 것을 대립시키는 이분법적 사고에 매여 있었다. 인문과학에서 인간의 본성이란 교육으로만 채울 수 있는 백지 상태, 즉 '타불라 라사tabula rasa'(비어 있는 서판)였다. 그러나 동물행동학은 동물의 세계가 지능적인 인간과 본능적인 나머지 동물로 구분되는 것이 아님을 보여 주었다. 진화 과학이 아메바부터 인간까지의 연속성을 입증한 것처럼 말이다. 모든 종은 선천적 특성과 후천적 특성을 동시에 가지고 있다. 하지만 곤충에서 인간으로 갈수록 선천적 특성과 후천적 특성의 비율이 달라진다. 곤충은 선천적 특성이 주를 이루는 데 반해 인간은 후천적 특성이 주를 이룬다. 물론 태어나자마자 '본능적으로' 젖을 빨 줄 아는 것처럼 인간도 선천적 특성을 지니고 있다. 생명과학 분야에서는 1970년대에 리처드 도킨스Richard Dawkins와 E. O. 윌슨E. O. Wilson이 단순화된 '사회생물학'을 이끌었다. 하지만 윌슨이 '모든 것은 유전의 영향'이라는 입장에서 '환경의 영향을 받는다'는 입장으로 노선을 바꾸면서 사회생물학 자체도 논지를 바꿔야 했다….

　　우리는 멀리 돌아서 왔다. 얼마 전까지 프랑스의 많은 지식인은 '다윈주의', 즉 종의 진화에 대한 찰스 다윈의 과학적 메시지를 '사회적 다윈주의'와 혼동했다. 사회적 다윈주의는 허버트 스펜서Herbert Spencer (그리고 현재는 알랭 민크)가 다윈의 메시지를 이데올로기적으로 해석한 것으로, 스펜서는 생존 경쟁이 자본주의의 자연스러운 모델이라 여겼다…. 그러나 다윈이 동물 세계에 경쟁이 존재한다는 사실을 강조한 이유는 경쟁이 동물 세계에서 가장 분명하게 관찰되는 현상이었기 때문이다. 지리학자 표트르 크로포트킨과 유전학자 윌리엄 해밀턴은 이를 확장해 사회 진화가 또 다른 힘이 협력임을 보여 주었다 . 이제는 이렇게 균형 잡힌 시각이 동물심리학과 동물행동학 실험을 지배한다. 그래서 지금까지 인간 종에 국한되었던 이타주의가 모든 종에서 연구되고 있다. 지난 20년 동안 '후성유전학'을 통해 환경적 맥락이 유전자 발현을 조절한다는 사실이 밝혀졌다. 이에 따라 라마르크주의(*장바티스트 라마르크가 제안한 진화생물학 이론. 생물이 살아 있는 동안 환경에 적응한 결과로 획득한 형질이 다음 세대에 유전되어 진화가 일어난다는 주장)와 다윈주의 사이의 고전적인 논쟁도 사라졌고, 라마르크의 용불용설이 다시금 평가받게 되었다. 유전적 특성을 전달하는 과정이 생각보다 더 복잡하고 미묘하다고 입증되면서 유전학은 더 이상 '모 아니면 도'식의 접근법에 근거하지 않게 되었다.

공진화의 세계

지의류는 조류와 균류의 결합으로 형성되는 공생체다. 산호에는 단세포 조류가 서식한다. 이렇듯 서로 다른 종이 함께 진화해 왔다는 사실은 20세기부터 알려졌다. 더 새로운 사실은 공생하는 동물과 식물이 자연 어디에나 존재하며, 심지어 인간의 세포 속에도 세 가지 유기체(바이러스-박테리아-고세균)가 공생한다는 점이다. 우리의 소화 기관에는 음식물을 소화, 흡수하는 데 필요한 수십 억 개의 박테리아가 있다. 이 장내세균총(장내미생물)은 개인의 신체 상태에 따라 변한다. 우리 몸속 기생충은 수천 년에 걸쳐 숙주에 적응해 왔으며, 지금도 진화 중이다. 부모 세대가 먹던 구충제가 자식 세대에게 더는 효과가 없는 것을 보면 알 수 있다. 이, 벼룩, 빈대는 수십 년 만에 내성을 갖추었고 이들을 퇴치하려면 새로운 제품이 필요하다….

인간과 동물의 공진화를 보여 주는 가장 유익한 사례는 가축이다. DNA 분석을 통해 가축들이 인간 사회에 차례로 출현한 연대를 확인할 수 있게 되었기 때문이다. 예를 들어 지금까지 발견된 고양이 유골 중 가장 오래된 유골은 9천500년 전의 것으로, 이보다 더 오래된 유골이 발견될 가능성은 거의 없다. 인류의 조상은 수렵·채집인이었고, 인류가 정착 생활을 하게 된 것은 약 1만 년 전에 농업과 축산업이 시작되면서부터다. 비축해 둔 곡물을 설치류가 먹어 치우는 바람에 겨울에 굶주려야 했던 조상들은 중동 지역의 자연에 살던 고양이를 데려와 가축화했다. 고양이의 주된

244

역할이 쥐를 잡는 것이었다. 따라서 고양이에게 선택적 번식을 시키는 경우는 개보다 훨씬 적었다. 고양이는 최근에야 순수한 반려동물로 자리 잡았고, 품종이 늘어난 것도 요즘의 일이다. 집고양이Felis catus의 조상은 열대 지방 출신이지만 인간의 도움으로 온대 지방에 적응했고, 이제는 인간이 먹이를 주지 않아도 스스로 서식할 수 있다(길고양이). 집고양이와 모습과 행동이 약간 다른 들고양이Felis silvestris도 있는데, 인간이 데려온 이민자인 집고양이에 비해 서식지가 많이 줄었다.

잘 알려지지 않았지만 흥미로운 사례는 말이다. 고생물학자들에 따르면 말은 북미에서 처음 등장했다. 약 5만 년 전에 말은 당시 육지로 연결되어 있던 베링 해협을 통해 유라시아로 이동해 정착했다. 우리 조상들이 시베리아에서 아메리카 대륙으로 넘어간 것과는 반대 경로다. 말은 1만 년 전쯤 북아메리카에서, 그다음에는 유라시아 대륙에서 사라졌다. 아마도 수렵생활을 하던 인류의 조상들 때문으로 추정된다. 이런 연유로 현재 생존해 있는 야생마 조상은 없다. 그렇게 전 세계를 여행한 후에 말은 스페인 콩키스타도르(*스페인어로 '정복자'라는 뜻으로, 16세기 아메리카 대륙을 정복한 스페인 사람)들과 함께 대서양을 건너 발상지로 돌아왔다! 이후 그들이 자유를 되찾으며 미국의 무스탕이 탄생했다. 무스탕은 야생마가 아니라 자연으로 돌아간 가축이다…. 마지막 야생마 종인 프르제발스키Prjevalski는 오랫동안 가축 말의 조상으로 여겨져 왔으나 사실이 아니다! 가축 말과는 아예 다른 종으로, 동굴 벽화에도 그려져 있다. 하지만 프르제발스키종도 나중에는 포획된 상태로만 남아 있었으며, 동물원에서 자연으로 되돌아간 드문 사례에 속한다. 먼저 몽골의 야생 환경으로 돌려보냈는데, 1969년에 몽골에서 프르제발스키종의 마지막 야생 개체가 목격되었다. 이곳에서 프르제발스키종의 번식력이 너무 뛰어나서 체르노빌 주변 지역에 일부 방목하자는 아이디어도 나왔다. 체르노빌은 주민들이 떠나고 야생동물 보호구역으로 변모해 있었다. 체르노빌의 방사능 수치는 다른 지역에 비해 1천 배나 높고 방사능으로 인한 동물 사망률 역시 매우 높다. 하지만 체르노빌 지역에 방사된 야생 동물, 특히 선사 시대부터 생존해 온 말은 현재 전반적으로 잘 번성하고 있다. 동물에게는 인간의 활동보다 방사능이 차라리 덜 해롭다는 의미일지도. 그런데 유전자 연구를 통해 야생에서 살아남은 프르제발스키종이 한때 가축용 말과 교배되었다는 사실이 밝혀져 이야기가 복잡해졌다….

인간과 개의 공진화

가축과 인간의 공진화 역사는 너무 복잡해서 우리는 이제야 그 관계를 이해하기 시작했다. 가장 분명한 공진화 사례는 늑대의 가축화다. 찰스 다윈과 콘라트 로렌츠 같은 생물학자들은 견종이 다양하다는 점에서 개는 갯과 동물 여럿이 교배한 후손이라고 가정했다. 그러나 DNA 분석 결과 이들의 주장이 틀린 것으로 밝혀지며 개의 기원에 관한 기나긴 논쟁도 끝났다. 개의 유일한 조상은 회색늑대*Canis lupus*다. 사실 개의 나이는 사람들의 생각보다 훨씬 더 많다. 개가 회색늑대로부터 분리된 지는 무려 3만 6천 년이 되었다. 우리 조상들이 정착 생활을 시작한 것이 1만 년 전이니, 개는 그보다도 2만 6천 년 전에 가축화된 것이다! 개는 가장 오래된 가축이며, 그 밖의 모든 가축은 길들인 지 채 1만 년이 되지 않았다.

개는 인간의 선택에 의해 변형되었기 때문에 개의 조상인 회색늑대와 개를 구별하기 위해 일반적으로 다른 학명*Canis domesticus*을 부여한다. 하지만 회색늑대와 유전적 차이는 별로 없다. 수렵·채집 생활을 하던 우리 조상들이 그토록 일찍, 그리고 그토록 많은 지역에서 개를 길들인 이유가 분명히 있다. 개는 튼튼한 송곳니와 이빨, 인간보다 빠른 이동 속도, 뛰어난 청각과 더 뛰어난 후각을 지님으로 인해 인간의 사냥 활동에 도움이 되었을 것이다. 개들이 무리를 지어 큰 사냥감을 잡는 집단 사냥 전술도 인간과 유사했을 것이다. 또 개는 야생 동물과 위험 요소로부터 인간이 머무는 영역을 지켜 주었다. 개가 상대를 물어뜯는 습성은 한 배에서 난 새끼들 가운데 가장 온순한 새끼만 번식하게 함으로써 점차 줄어들었다. 이렇게 공격성이 선천적으로 감소하는 과정은 러시아의 유전학자 드미트리 벨라예프가 증명했듯 단기간에 이루어졌다. 벨라예프는 북극여우를 대상으로 실험해서 단 8세대 만에 인간 친화적인 북극여우를 탄생시켰다. 또 지나치게 독립적인 개체를 제거함으로써 어린아이처럼 행동하고 평생 무리의 리더(주인)에게 복종하는 '영원한 10대'('네오테니')를 만들 수 있었다. 도태로 인해, 그리고 실용적인 이유로 개는 울부짖는 소리 대신 짖는 소리를 내게 되었다. 그러나 썰매개인 허스키, 아프리카 개인 바센지, 뉴기니 싱잉도그(일명 '노래하는 개') 등 조상과 가까운 특징을 가진 일부 견종은 짖지 않고 울부짖으며, 이는 진화의 중간 단계를 보여 준다. 처음에는 몇 가지 견종만 만들어졌지만 우리 조상들은 가능할 때마다 다양한 기능에 특화된 계통을 선별해 많은 견종을 추가했다. 그 결과로 오늘날 견종은 거의 400가지에 이른다.

아이러니하게도 일부 견종은 개의 조상으로부터 양 떼를 보호하기 위해 탄생했다. 약 100년 전에 피레네 산맥의 목동들은 라브리Labrit(=피레니언 쉽독Pyrenean Sheepdog) 같은 소형 작업견과 파투Patou(=그레이트 피레니즈Great Pyrenees) 같은 대형 경비견을 함께 이용해 양 떼를 지켰다. 그러나 늑대를 잡는 사냥꾼들에게 수당을 주면서 프랑스 땅에서 늑대가 사라졌고, 그 결과 목동들만이 아니라 보호견들 사이에서도 포식자를 방어하는 습성이 사라졌다…. 한편 알프스산맥을 넘어오는 늑대들로부터 양 떼를 지키려고 파투를 입양한 목동들은 파투가 양 떼 무리와 함께 지내며 무리를 보호한다는 사실을 몰랐기 때문에 파투를 집 안에 두고 키웠고, 따라서 양 떼를 지키는 효과를 보지 못했다. 프랑스에서는 더 이상 파투를 양 떼를 보호할 목적으로 기르지 않았다. 오히려 미관상의 이유로 기른 지 꽤 되었다. 현재 파투가 등산객과 충돌 사고를 일으키지 않으면서도 무는 습성을 회복하도록 선택 번식시키는 작업이 진행 중이다! 어떤 이들은 이탈리아, 터키 또는 루마니아에서 온 경비견을 선호하는데, 이들 경비견은 늑대가 사는 환경에 맞춰 진화해 왔기 때문이다.

늑대, 이타적이고 생태학적인 동물

야생동물을 집에서 키우는 일이 허용되던 시절에 나는 아파트에서 5년간 늑대와 살면서 늑대가 가족 구성원을 보호한다는 사실을 발견했다 . 늑대를 부정적 이미지로 보는 '빅 배드 울프Big Bad Wolf' 신화와 달리 늑대는 무리 내에서 서로를 돕는다. 나는 늑대에 대한 편견을 깨고 싶어 늑대에 관한 책 도 출간했다. 지난 반세기 동안의 연구 결과에 따르면 늑대는 생태학 측면에서 유익한 동물임이 입증되었다. 최상위 포식자인 늑대가 먹잇감인 초식동물 중에서 가장 약한 개체를 잡아먹는 덕분에 초식동물 무리의 기근과 질병을 예방한다는 것이다. 늑대는 전체 생태계를 개선하고 생태계의 핵심 역할을 하는 것으로 밝혀졌다. 이탈리아나 스페인처럼 늑대에 관한 지식이 많은 지역에서는 목동과 늑대가 공동생활을 할 수도 있다. 물론 늑대가 인간보다는 개와 더 가까운 사이지만 무리 지어 큰 짐승을 사냥하는 생태적 지위를 오랫동안 공유해 왔다는 점에서 인간과도 가깝다.

개와 인간의 공진화에는 여전히 놀라운 사실이 많다. 그 역사가 오래된 만큼 인간 사회의 진화에 중요한 역할을 했으리라 본다. 나는 네안데르탈인이 멸종한 이유가 개가 호모 사피엔스에게 도움을 주었기 때문이라는 가설[7]을 제기한 적 있다. 개가 호모 사피엔스의 사냥 경쟁력을 높여 주었고, 그로 인해 유라시아의 최초 거주자였던 네안데르탈인보다 호모 사피엔스의 인구가 훨씬 더 많아졌을 것이다. 미국의 한 인류학자는 이 가설을 주제로 책을 쓰기도 했다[10]. 또 다른 가설을 세워 볼 수도 있겠다. 개가 수렵·채집인의 사냥감을 세 배로 늘려 주고 자연 자원을 고갈시켰기 때문에 신석기혁명이 일어난 게 아닐까? 그래서 신석기혁명으로 농경과 목축이 시작되면서 인류가 번성하고 문명을 창조할 수 있었던 건 아닐까 하고 말이다.

SOIGNER AVEC LES ANIMAUX

동물 매개 치료

보리스 알브레히트
Boris Albrecht

아드리엔 & 피에르 소메르 재단 이사

오늘날의 서구 사회에서 동물은 중요한 위치를 차지한다. 동물은 이상화되고, 의인화되고, 보호받고, 상징화된다. 우리가 동물에게 부여하는 많은 특성은 다양한 매체를 통해 널리 퍼져 나간다. 그래서 우리는 올바른 균형 감각을 지니지 못했다. 가축, 반려동물, 야생동물을 학대한 사건에는 마음이 동요하면서도 인간을 학대하는 일은 숨기거나 조용히 넘어간다.

동물 매개 치료는 예방, 교육 또는 치료 목적으로 동물과 인간 사이의 유익한 연결을 촉진하는 개입 방식이다. 인간과 동물 양쪽을 존중하면서 종 간 상호 작용의 풍요로움을 탐구하는 과정이다.

동물과의 협력을 이야기할 때

수천 년 동안 이어져 온 인간과 가축의 관계(이를테면 갯과 동물과의 관계는 약 1만 5천 년, 말과 동물과의 관계는 약 1만 년)는 길들이기,

분담, 희생을 바탕으로 한 공진화의 산물이다. 종과 종 사이의 동맹은 여러 세기에 걸쳐 강화되었다. 개와 고양이가 도시화되어 가족 단위의 필수 구성원으로 자리 잡게 되면서 동물과 인간은 한층 더 가까워졌다. 통계 수치를 고려하면 이 글을 읽는 독자 두 명 중 한 명은 반려동물을 키울 가능성이 높다.

간호, 사회, 교육 등의 분야에서 동물과 인간의 상호 작용이 이루어진 건 최근 일이다. 동물을 치료에 이용하는 행위를 정당화하기 위해 자주 인용되는 선례가 있다. 9세기 벨기에 헤일에서는 회복기 환자에게 동물을 돌보도록 했고, 18세기 영국의 정신 치료 시설인 요크 리트리트에서도 환자에게 동물을 돌보는 일을 시켰다. 19세기 독일의 베델 연구소에서는 간질 환자에게 가축과의 접촉을 권장했다. 20세기 초 미국 워싱턴의 세인트 엘리자베스 병원에서는 제1차 세계대전으로 트라우마를 입은 병사들을 돕기 위해 개를 활용했고, 현대 간호의 선구자 플로렌스 나이팅게일도 치료 활동에 거북이를 동반했다. 자연과 동물(실제 동물 또는 동물 상징)을 어린이 학습의 중요한 요소로 본 교육학자 마리아 몬테소리와 셀레스탱 프레네Célestin Freinet도 빼놓을 수 없다. 에릭 바라테Éric Baratay(*인간과 동물의 관계의 역사를 전문으로 연구하는 프랑스 역사학자)의 저서를 비롯한 수많은 저술과 출판물에 이와 같은 역사적 밀접성이 언급되어 있다. 동물과 인간이 협력하는 방법을 이론화한 사람은 20세기 중반 미국의 심리학자 보리스 레빈슨 과 프랑스의 수의사 앙주 콩도레 다. 이들은 자신이 담당하는 발달 장애 아동 또는 사회적 어려움을 겪는 아동을 지원하려고 동물을 활용하는 프로젝트를 시작했다. 이후 동물 매개 치료 분야가 단계적으로 발전했다.

프랑스에서 '동물 매개'라는 용어는 2008년부터 사용되기 시작했다. 최근 등장한 용어이지만 개념은 이미 존재했다. 오랫동안, 그리고 지금도 여전히 이 개념을 부르는 용어는 아주 다양하고 혼재되어 있다. 또 '치료/테라피/요법'이라는 용어를 동물과 잘못 연관 짓는 경우가 많다. 동물 요법zootherapy이라는 단어는 어원적으로 동물에 의한 치료가 아닌 수의학을 의미한다. 동물 관련 치료 활동, 동물에 의한 치료라는 말도 마찬가지다. '누가 무엇을 하는지?'와 '어떻게 하는지'의 기준이 모호해지는 바람에 사람들은 동물에게 인간을 치료하는 힘이 있다고 믿게 되었다(261쪽 "'동물 매개' 용어의 유래' 참고).

널리 퍼져 있지만 완전히 법제화되지는 않은 관행

누구나 동물 매개 치료를 수행할 수 있는 건 아니다. 하지만 동물 매개 치료가 상대적으로 최근에 등장한 활동이기 때문에 해석하기 불분명한 부분도 있다. 프랑스 최초의 전문 자격증은 2014년 탄생한 에퀴시앵Équicien 이다. 에퀴시앵은 말 매개 치료사로, 말을 파트너로 삼아 환자나 교육 대상자에게 전문 치료나 교육을 제공한다.

2016년에 프랑스 병원감염방지위원회CCLIN Sud-Est 는 동물 매개 치료의 위생 문제에 답할 수 있는 문서를 발표했다(사실 위생 문제는 동물 매개 치료에 반대하는 사람들이 조직적으로 제기한 주장이다. 이들은 동물의 존재 때문에 추가 업무가 발생한다는 점도 문제로 내세웠다). CCLIN은 먼저 치료 구조를 정의한 후 동물의 존재로 인한 이점과 목표를 강조하고, 이와 관련된 모든 위험을 나열한다. 이때 인간의 안전 문제뿐 아니라 개, 물고기, 닭, 이색 반려동물NAC 등 각 동물 유형에게 생길 수 있는 위험을 언급한다. 그리고 동물복지의 중요성과 동물에게 요구할 수 있는 역할, 동물 개입의 한계를 설명한다. 안내견 및 도우미견 부문을 규율하는 법률을 활용하여 개와 관련된 기존 조치 또는 향후 조치를 강화할 수도 있다. 기관 내 인간 복지에 대한 사회 및 의료 사회 활동 법률(1975, 2002 및 2005년)과 동물보호법이 여기 포함된다. 동물 매개 프로그램 개발을 촉진하는 최근 연구로는 2005년과 2010년에 로버트 콜러가 수행한 양로원 내 동물의 존재에 관한 연구(보건 및 사회 구조의 법률과 관리에 관한 논문)가 있다. 리옹 CNRS의 사회학자 제롬 미샬롱 의 연구, 렌 CNRS의 동물행동학자 마린 그랑조르주의 연구, 2016년과 2021년에 여론 조사 기관인 오피니언 웨이가 아드리엔&피에르 소메르 재단을 위해 실시한 '프랑스인은 동물 매개 치료를 어떻게 생각하나?'라는 제목의 여론 조사, 교도소 환

경에 대한 아드리엔&피에르 소메르 재단과 법무부의 공동 통계
(프랑스 내 교도소의 3분의 2 이상이
동물과 관련된 프로그램을 운영 중)
도 중요한 자료로 삼을 수 있다.

　　동물 매개 치료 프로그램을
진행하는 데에는 물론 제약이 따
르나 얻을 수 있는 혜택이 훨씬
많다. 일반적으로 동물 매개 치
료는 각성, 생명, 놀라움, 행복과
같은 긍정적 변화를 이끌 수 있
다. 반면에 충분한 사전 준비 없이 동물을 프로그램의 중심에 두
기만 한다면 동물 매개 치료는 실패할 가능성이 높으며 잠재적인
문제를 드러나게 할 뿐이다.

인간적인 동물

동물 매개 치료의 맥락을 살펴봤으니 다음으로 효과를 보자. 동
물 매개 치료의 다양성은 치료와 관련된 직업군과 참여자가 다양
하다는 점, 치료와 관련된 활동과 참여 동물이 다양하다는 점에
서 비롯된다 . 이 글에서 전부 다룰 수는 없지만 기존 치료 활동
과 효과를 몇 가지 소개한다.

- 정신과 간호사가 한 마리 이상의 개와 함께 치료 활동을 이끈다. 개의 매개 효과를 통해서 환자는 공격성으로 변할 수 있는 강한 에너지를 미리 방출할 수 있다. 개는 접촉과 놀이를 통해 환자가 긴장을 풀 수 있도록 돕는다. 이는 환자의 고립과 은둔 행동을 방지하는 데 도움이 된다.

- 법원의 보호처분을 받은 청소년을 담당하는 교육자가 말을 비롯한 농장 동물을 활용한다. 청소년이 자존감을 높이고, 의사 결정을 하고, 책임감을 기르고, 사회생활에 적응하도록 돕는다(사람은 500킬로그램이 나가는 동물이 앞에 있을 때 더 쉽게 제어된다…).

- 수감자 대상 치료에 말이나 개를 매개로 활용한다. 폭력에서 벗어나고, 대인 관계 기술을 향상하고, 자신의 삶을 이끌어가는 능력을 배우도록 돕는다.

- 교사가 당나귀를 매개로 프로그램을 진행해 학생의 자존감, 협동심, 집중력에 초점을 맞춘다. 실제 참여한 학생 중 한 명은 당나귀에게 소리를 지르지 않도록 스스로를 훈련하면서 '항상 큰소리를 내지 않고 침착하려 노력해야지'라는 생각이 들었다고 한다.

- 언어치료사가 동물을 의사소통의 매개체로 삼아 자폐증을 앓는 어린이가 자신을 표현할 수 있도록 돕는다.

- 양로원의 정신운동치료사와 물리치료사는 개를 활용해 노인이 운동 능력을 기르고 근육과 관절 장애를 억제하도록 돕는다. 동물과 함께 놀이 활동을 하면서 '나도 동물을 키운 적이

있었지'와 같은 기억을 끌어낼 수도 있다.

경찰관 또는 심리학자는 온화하고 훈련이 잘된 개의 도움을 받아, 사건 피해자가 된 어린이의 말문을 트이게 한다. 어린이가 회복 절차를 시작하는 데 도움을 줄 수 있다.

결과적으로 얻어지는 부수적 효과로, 동물은 각 시설에서 관련된 업무를 하는 전문가들에게도 큰 평안과 활력을 준다.

아드리엔&피에르 소메르 재단에서는 어린이집, 양로원, 병원, 교도소, 학교, 의료 교육 기관, 가정 등 다양한 기관을 대상으로 매년 프로젝트 공모전을 열어 독창성, 조직성, 전문성을 갖춘 수많은 동물 매개 치료 아이디어를 발굴한다. 확실히 동물은 우리에게 많은 것을 가져다준다. 동물의 존재 덕분에 업무와 학습의 장이 아니라 삶 속에, 정서적 소통의 장에 있게 된다. 동물은 감정의 식별과 표현을 촉진하며 사고, 추론, 협력의 구조화를 자극한다. 어떤 때는 설명하기 어려운 상황에 동물이 주도적으로 개입하기도 한다. 성적 학대를 당한 아이의 말문을 트이게 하거나 누군가가 마지막 숨을 거두는 순간 곁에 누워 있는 동물도 있다.

그렇게 동물은 인간적인 특성을 드러내기도 한다. '지각력을 지닌 생명체' 2015년 1월 28일 법률 제515-14조)인 동물은 우리에게 진정성, 의외성, '자애로운 중립성'을 보여 준다. 동물이 가진 원시성은 명확하게 현대화된 세상에서 굉장히 중요한 요소다. 동물은 인간과 인간 사이에 다리를 놓아 준다. 하지만 인간의 기술과 능력을 대신할 수는 없다. 동물 혼자서 문제를 해결할 수는 없다. 동물이 치료해 주지는 않는다. 동물은 약이 아니다. 동물 매개 치료는 한 쪽(인간)과 다른 쪽(동물)의 행복과 안녕 사이에서 미묘하게, 그리고 끊임없이 균형을 잡는 활동이다. 동물 매개 치료의 성공은 그렇게 균형을 잡는 기술들이 얼마나 세심하게 조화를 이루느냐에 달려 있다. 동물과 함께, 삶을 향해.

'동물 매개' 용어의 유래

보건 및 의료사회 분야의 전문가 대다수는 동물과 함께하는 사회적·치료적·교육적 활동을 제공할 능력과 자격을 갖추고 있다. 하지만 아무런 자격도 없이 치료사나 훈련사로 자칭하며 훈련되지 않은 동물을 데리고 활동하는 사람도 몇몇 있다. 이들은 비싸기만 할 뿐, 공식적으로도 본질적으로도 아무 가치 없는 졸업장을 제공하는 교육기관들의 배만 불려 주는 셈이다.

이 같은 상황에 대응하고자, 그리고 용어나 이념의 잘못된 해석을 방지하고자 아드리엔&피에르 소메르 재단 은 2008년 전문가 그룹에 자금을 지원해 동물 매개의 중립적·합의적·포괄적 정의를 찾도록 했다. 그 결과 탄생한 개념은 다음과 같다. 동물 매개는 '인간과 동물을 의도적으로 연결하여 긍정적인 상호 작용을 이끌어 내는 것'이며 이런 실천은 특히 교육 및 의료·사회 기관에서 시행한다. 동물 매개라는 개념을 선택한 이유는 두 가지다.

첫 번째로 동물의 존재 자체가 소유주의 더 나은 안녕에 기여하지만(예를 들어 심박수 감소), 생체적·심리적 장애를 치료한다고 보지는 않기 때문이다. 동물의 기여는 정서적·관계적·심리적·감각적 측면에서 이루어진다. 재활 치료에서 말을 매개로 자세를 교정하는 경우가 그렇다. 동물 매개라는 용어를 사용하는 두 번째 이유는 한편으로 어려움에 처한 사람의 상황, 장애, 욕구, 행동을 잘 알 뿐만이 아니라 다른 한편으로 동물의 능력과 한계도 잘 알고 있는 진행자(심리학자, 교육자, 심리운동치료사, 의사, 언어치료사, 작업치료사 등)가 관여해야 한다는 점이다. 진행자는 단독으로 또는 동물 전문가의 지원을 받아 치료 프로그램을 실시한다.

진행자, 수혜자(이용자), 동물의 세 요소가 하나를 이루면 동물 매개 치료(또는 교육)의 내용이 풍성해진다. 진행자가 매개 역할을 할 수도 있고, 동물이 매개 역할을 할 수도 있다. 진행자는 양쪽 당사자를 위한 만남의 장소와 활동을 제안하고, 가능한 경우 진행 중인 활동에 대한 해석과 피드백을 제공한다. 동물은 존재만으로, 그리고 잠재적으로는 행동을 통해 진행자와 수혜자에게 반응을 일으킨다. 수혜자는 자신을 위한 치료 과정에 적극적으로 참여하게 되고 동물은 수혜자가 창의적으로 행동할 수 있게 도움을 준다.

HISTOIRES DE CHIENS:

DES SUJETS
DE LABORATOIRE
AUX AIDES-SOIGNANTS

견공의 역사: 실험에서 간병까지

로랑 테스토
Laurent Testot

저널리스트, 교육자, 강사

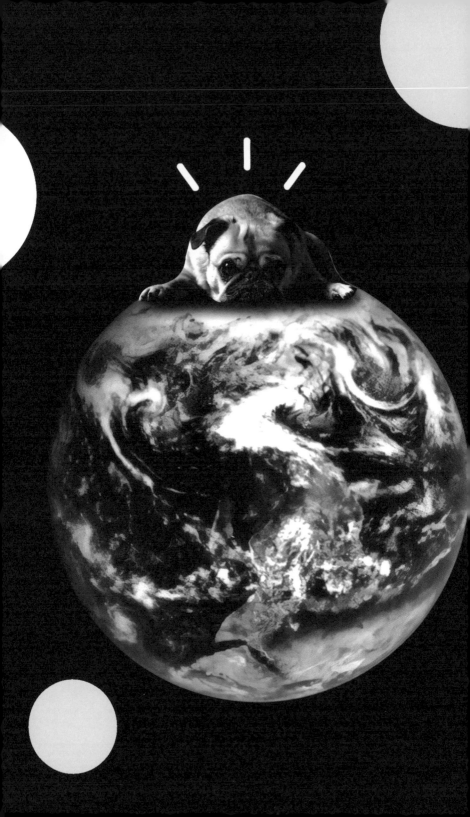

오랫동안 사람들은 개를 하찮게 여기고 깔보곤 했다. 언어가 증명한다. 상대를 개처럼 취급한다는 의미는 칭찬과는 거리가 멀다. 성경에서도 그 흔적을 찾아볼 수 있다. 잘못된 행동을 저지르는 사람은 '개가 자신이 토한 것을 도로 먹듯' 잘못된 행동을 또다시 저지른다는 내용이 나온다. 그러니 서양에서 개가 나쁜 이미지를 갖는 건 놀랍지 않다. 르네 데카르트와 그의 후계자들에게는 개가 '동물-기계'라는 무감각한 역학을 구현하는 존재로 여겨졌을 정도였다(271쪽 '개 실험! 과학의 어두운 면' 참고).

하지만 1925년 초에 오스트리아 빈의 유대인 의사 한 명이 이 패러다임을 깨뜨렸다. 지그문트 프로이트는 원래 개를 좋아하지 않았다. 1890년대에 요제프 브로이어 박사가 연구하고 프로이트가 기록한 정신분석 치료의 중요한 사례인 안나 오Anna O.의 치료에는 작은 개 한 마리가 등장한다. 안나 오라는 여성 환자는 빈의 정통 유대인 부르주아 출신으로, 개를 저속함의 상징으로 여기는 환경에서 성장했다. 치료 중 안나는 '하녀가 더럽게도 사람이 쓰는 그릇에 물을 담아 개에게 주는' 모습을 본 적이 있다고 회상했다.

당시 프로이트는 개를 부정적인 존재이자 공포증의 원인이라고 분석했다.

1925년경에 정신분석의 아버지 지그문트 프로이트가 70대에 들어서면서 모든 것이 바뀌었다. 빈에서는 반유대주의가 점점 더 공공연히 드러나고 있었다. 당시 30대였던 프로이트의 딸 안나는 불안감을 느껴 일상적인 행위인 산책마저 포기해야 했다. 이에 프로이트 가족은 잘생긴 저먼 셰퍼드 견종인 볼프를 안나의 보디가드로 삼았다. 지그문트가 볼프를 너무 사랑스러워한 나머지 딸 안나가 질투심을 과장해 아버지에게 몇 마디 쏘아붙인 적도 있다고 한다.

차우차우 '조피'의 활약

볼프가 프로이트의 가족이 된 직후에 프로이트는 새로운 환자 마리 보나파르트를 만난다. 그녀는 부유하고 영향력 있는 예술 애호가로, 훗날 프랑스에 정신분석학을 널리 알리는 데 기여한 인물이다. 보나파르트는 차우차우를 좋아했다. 몸무게가 약 25킬로그램에 달하는 이 견종은 파란 혀와 깃털 같은 꼬리를 가졌고, 몸은 풍성한 붉은색 털로 덮여 있다. 1928년 프로이트의 또 다른 환자 도로시 벌링햄은 프로이트에게 룬유Lun Yu라는 이름의 차우차우를 한 마리 선물했다. 프로이트는 금세 룬유와 정이 들었지만 룬유는 곧 기차에 치여 죽고 말았다. 슬픔에 잠긴 그는 15개월 동안 망설이다가 룬유의 여동생인 조피Jofi를 데려왔다(차우차우는 극동에서 유래한 품종이라 중국어처럼 들리는 이름을 가진 경우가 많았다). 조피 역시 프로이트의 사랑을 받았다.

1930년대 초에 프로이트는 조피를 자신이 진행하는 심리치료에 참여시켰고, 마침내 개의 존재가 인간에게 여러 이점을 준다는 결론을 내렸다. 우선 개의 행동은 종종 환자의 정신 상태를 알려 주는 단서가 되었다. 조피가 환자의 공격성과 괴로움을 직감적으로 느낄 수 있었기 때문이다. 그리고 조피는 전형적인 방식으로 반응했다. 즉, 환자가 흥분하려고 하면 환자에게서 멀어지고 환자가 우울하면 환자 가까이 다가갔다. 프로이트는 이 단계에서 개가 보내는 동정심 어린 눈빛은 환자에게 치료사의 존재를 잊을 정도로 바람직한 도움이 된다고 언급했다.

몇몇 치료 단계에서 개가 도우미로 참여하면 치료가 더욱 원활하게 진행된다. 환자의 나이가 몇 살이든 개가 곁에 있으면 선뜻 마음을 털어놓을 가능성이 커진다. 조피를 관찰하면서 프로이트는 환자가 고통스러운 감정을 억누르려는 저항 단계에서 개의 존재가 환자와 치료사 모두의 어려움을 덜어 준다고 보았다.

경이로운 공감 능력

개에게 공감 능력이 있다는 말은 생경하게 들린다. 하지만 현대

심리학 실험을 통해 확인된 사실이다. 개는 '공감'이라는 놀라운 능력을 지니고 있다. 인간이 사물을 가리키는 제스처를 취할 때 이를 가장 잘 이해하는 동물이 개다. 인간의 가장 가까운 친척인 침팬지조차도 할 수 없는 일이다. 이런 능력은 개와 호모 사피엔스가 오랜 시간 공진화한 결과라고 할 수 있다. 개는 적어도 1만 8천 년 전부터 지구에 존재해 왔다. 최초의 가축이며, 약 1만 2천 년 전에 시작된 신석기 시대보다 훨씬 전부터 인간에게 익숙했다. 개의 유전적 특성도 인간에게 더 유리한 방향으로 적응해 왔다. 2만 년 전에 회색늑대였던 개는 손가방에 넣고 다닐 수 있는 1킬로그램짜리 치와와, 양을 보호하기 위해 늑대의 목을 물어 죽일 수 있는 80킬로그램의 티베탄 마스티프, 다리가 짧아 굴속 깊이까지 토끼를 쫓아갈 수 있는 닥스훈트 등으로 다양화되었다. 견종은 달라도 이들 모두 사람의 눈빛을 읽을 수 있고, 설사 폭력적인 대우를 받더라도 인간을 돕고 인간에게 복종할 정도로 인간에 대한 공감 능력이 뛰어나다는 공통점이 있다. 개들은 수천 세대에 걸쳐 상대를 배려하고 유순하게 굴도록 선택되어 왔기 때문이다.

개는 고통받는 사람의 감정을 느끼며, 이때 인간에게 지속적으로 조용한 눈빛을 보냄으로써 공감을 표현한다. 프로이트는 조피가 치료를 촉진한다고 언급했다. 프로이트의 전기 작가인 어니스트 존스에 따르면 조피는 세속적인 역할도 담당했다. 1회에 해당하는 상담 시간이 끝나면 스톱워치처럼 희한하게 이를 알아채고는 문을 향해 달려갔다. 존스는 심지어 조피가 시간을 잘못 계산한 적이 한 번도 없었다고 말했다. 하지만 환자의 행동이 마음에 들지 않는 경우에는 조피가 일부러 대화 시간을 몇 분 줄여 알려 주었다고 한다. 어쨌든 프로이트는 그의 마지막 저서에서 치료 시에 개를 체계적으로 사용하길 권장했다. 하지만 그의 후계자들은 치료란 인간과 인간 사이에서만 가능한 진지한 문제라면서 프로이트의 의견을 나이 든 스승의 뒤늦은 변덕으로 여겼다. 프로이트가 세상을 떠나기 2년 전인 1937년에 조피는 암에 걸려 사망했고 그렇게 잊혔다.

동물 매개 치료에 처음 참여한 개는 래브라도 리트리버인 징글Jingle이다. 이 혁신적인 치료는 사실 우연에서 시작되었다. 1960년대에 징글의 주인인 보리스 레빈슨은 뉴욕에서 심리학자로 활동하면서 자신의 집에서 심리치료를 진행했다. 어느 날 환자 중 한 명이 예상보다 일찍 레빈슨의 집에 도착했다. 부모와 함께 온 자폐아동 조니였다. 레빈슨은 징글을 미처 가둬 놓지 못했고, 징글은 평소처럼 입을 크게 벌리고 방문객에게 달려들어 인사를 건넸다. 레빈슨은 당황했지만 조니는 즐거워했다. 조니는 사람과 있는 것보다 원기 왕성한 개와 함께 있는 상황을 훨씬 더 편안해했다. 개는 낯선 사람과 직접 눈을 마주치는 일을 피할뿐더러 상대방의 반응에 따라 자기 행동을 조정한다. 자폐증을 앓는 이들이 개에게서 편안함을 느끼게 하는 행동 특성이다. 그때부터 징글은 조니의 치료 과정에 참여했다. 그리고 환자를 진정시키는 효과를 발휘했고, 환자가 이야기를 털어놓도록 도와주었다. 1962년 논문에서 레빈슨은 '동물과의 접촉을 통한 치료'를 이론화했다. 레빈슨의 동료들은 학회에서 그를 조롱하며 네발 달린 파트너에게 사례비를 얼마나 주느냐고 묻기도 했다.

그러나 이후 수십 년 동안 수많은 치료사가 레빈슨이 열어 둔 길을 따라갔다. 오늘날에는 개 조련 자격증을 소지한 전문 인력의 감독하에 개가 치료에 참여해 매개 역할을 한다. 프랑스에서는 아직 드물지만 미국에서는 훨씬 더 보편화된 치료 방식이다. 오늘날의 치료사들과 개 조련사들은 프로이트 박사가 동물 매개 치료에 어떤 기여를 했는지 알고 있을까?

개 실험! 과학의 어두운 면

1939년, 세르게이 브루호넨코 박사는 개를 죽였다…. 그리고 곧 살려 냈다. 이 사건이 담긴 으스스한 영상 이 남아 있는데, 의학으로 개를 다룬 극단적인 상황을 말해 준다. 이 영상은 소련 선전 활동의 걸작이다. '부르주아' 라이벌에 대한 사회주의 과학의 우월성을 자랑하기 위해 제작된 것으로, 일부 내용은 진짜일 것이다. 브루호넨코는 유명한 의사로, 호흡기 및 심장 기능을 펌프로 보조하는 최초의 기계인 '오토젝터autojektor'를 발명한 사람이다. 그는 이 영상에 나오는 장면 대부분을 실제로 수행할 수 있었다. 개를 해부하고 특정 장기를 분리한 후에도 해당 장기의 기능이 유지되게 말이다. 그러나 전문가들은 또 다른 개 영상의 신빙성에는 회의적인 반응을 보였다. 피가 다 빠져나간 개가 10분 동안 죽은 채로 방치되어 있다가 체액을 수혈하고 오토젝터를 사용하자 되살아났기 때문이다. 영상 해설자는 이 개가 실험 후 몇 년 동안이나 살았고 심지어 가족을 꾸릴 수 있었다고 증언했다.

10년 후, 이번에도 소련에서 또 다른 의사 블라디미르 데미코프가 머리 둘 달린 개를 만들어 유명해졌다. 농담처럼 들릴 수도 있겠지만 실제로 그는 세계 최초의 이식 수술 몇 가지를 성공으로 이끎으로써 공식적으로 인정받았다. 심장(1946년), 폐(1947년), 간(1948년), 그리고 환자가 몇 주 동안 생존한 머리 이식(1954년) 등…. 전부가 개를 대상으로 한 이식 실험이었다. 더 눈길을 끈 사건은 그다음에 일어났다. 1957년 11월에 작은 개 한 마리가 편도 우주여행을 떠나 지구 궤도에 진입한 것이다. 이 개는 우주로 발사된 최초의 동물이었지만 열기에 질식해 죽기 전까지 지구를 단 네 바퀴밖에 돌지 못했다. 서구의 실험실에서도 이와 비슷한 무의미한 희생이 많이 일어났다. 극단적인 생체 해부보다는 심적 고문을 가하는 경향이 강했지만 말이다. 어떻게 아무렇지 않게 개에게 이토록 많은 고통을 가할 수 있었을까? 기원으로 돌아가 보자. 고대 그리스-로마에는 두 가지 이론이 공존했다. 하나는 크리시포스와 플루타르코스가 옹호한 이론으로, 개를 이성을 가진 존재로 보았다. 다른 하나는 콜루멜라와 아리아노스의 저술에서 발견되는 내용으로, 개를 인간이 착취할 수 있는 대상으로 보았다. 이 논쟁은 중세까지 이어졌다. 9세기에 아일랜드의 신학자 요하네스 스코투스 에리우게나Jean Scot Érigène는 동물에게 영혼이 있다고 주장했다. 17세기에 이르러 프랑스 철학자 르네 데카르트가 동물을 기계로 보는 단호한 입장을 취하면서 논쟁은 한쪽으로 기울었다. 그는 생명체를 두 종류로 구분했다. 몸만 지닌 존재, 그리고 몸과 더불어 영혼을 지닌 존재. 한쪽은 동물, 다른 한쪽은 인간이었다.

여기에는 근대성이 결정적으로 영향을 미쳤다. 인간은 다른 생물들로부터 분리되어 자연을 소유하라는 신의 명령을 이행했고, 실험 과학은 이제 개념적 틀을 갖추게 되었다. 데카르트의 제자인 신학자 니콜라 말브랑슈는 1675년경에 극단적인 추론을 펼쳤다. 그는 자신의 개를 때리면서 '개가 고통스럽다면 내게 말할 것이다. 하지만 개는 고통을 느끼는 것이 아니라 앓는 소리를 내며 신음만 할 뿐이다. 따라서 신은 이 기계(개)에게 고통을 흉내 내는 능력만 준 것이다.' 19세기 중반이 되어서야 과학계는 다윈 덕분에 데카르트의 동물-기계 이론에 대해 체계적으로 반론을 제시할 수 있었다. 또한 인류는 20세기 말에 이르러서야 비로소 소심하게나마 동물권을 발전시키기 시작했다.

그동안 동물을 기계로 보는 전제는 심리학의 여러 실험에서 하나의 구실처럼 이용되었다. 그중 세 가지 사례를 살펴보자.

이반 파블로프

1890년대에 러시아 생리학자 파블로프는 소화의 생물학적 메커니즘을 연구했다. 그는 개의 주둥이 부분을 절개한 다음 침의 양을 측정할 수 있는 튜브를 삽입했다. 그리고 분말 형태로 된 고기를 개의 입에 넣고 타액이 증가하는 현상을 관찰했다. 실험을 반복한 결과, 파블로프는 먹이를 주려는 신호가 보이자마자 개가 침을 흘린다는 사실을 발견했다. 먹이를 주는 사람이 도착하는 것을 보거나 근처에서 고기 냄새를 맡거나 곧 먹이를 줄 것이라 암시하는 소리를 들으면 침을 많이 흘렸다. 음식을 받는 데 익숙해질수록 기대감으로 침을 더 많이 흘렸다. 고기가 없어도 개가 침을 흘리게 할 수 있었다. 먹이를 주기 전에 호루라기 소리를 들려주는 등의 방법으로 자극과 먹이를 연관시켰기 때문이다. 이 과정을 몇 번 반복하고 나면 호루라기 소리만 들려줘도 개가 침을 흘렸다. 1904년에 소화에 관한 연구로 노벨상을 수상한 후에 파블로프는 자신이 조건반사라 이름 붙인 이 발견을 조건화 이론의 기초로 삼았다.

에드워드 손다이크

미국 심리학자 손다이크는 1911년 '동물 지능'을 주제로 한 논문을 최초로 발표했다. 동물 지능이라는 용어가 오해를 줄 수도 있겠으나 손다이크는 동물이 추론이 아닌 우연에 의해서만 해결책을 찾는다고 확신했다. 그는 특정 행동을 하면 문이 열리는 우리를 만들고 나서 우리 안에 개나 고양이를 가둔 다음, 우리 밖에 고기 한 조각을 놓아두었다. 갇힌 동물은 일련의 시행착오를 겪으며 우리를 열고 배를 채울 방법을 찾아야 했다. 손다이크에 따르면 동물은 우연히 특정 지점을 눌러 우리 문을 여는 방법을 발견했다. 그리고 우리를 탈출하는 방법에 점점 더 빨리 적응하면서 문을 여는 데 걸리는 시간도 점차 줄었다. 손다이크는 자연선택이 우연히 발견한 효과적인 전략을 활용할 줄 아는 동물에게 유리하다는 결론을 내렸다. 이 원리를 '효과의 법칙'(*어떤 행동의 결과가 만족스러우면 그 행동은 반복될 가능성이 높고, 불만족스러운 결과가 따르는 행동은 중단될 가능성이 높다는 개념)이라고 불렀다.

마틴 셀리그먼 & 스티븐 메이어

1976년에 미국 심리학자인 마틴 셀리그먼Martin Seligman과 스티븐 메이어Steve Maier가 개 서른 마리를 두 그룹으로 나누었다. 그리고 두 그룹을 각각 격리 장치에 가둔 다음 전기 충격을 가했다. 한 그룹은 코로 레버를 누를 경우 전기 충격을 차단할 수 있었다. 다른 그룹은 전기 충격을 받고만 있어야 했다. 첫 번째 그룹의 개들은 고문을 멈추는 법을 학습할 때까지 전기 충격을 받았다. 그러고 나서 두 그룹을 하나의 우리로 옮겼다. 첫 번째 그룹의 개들은 이번에도 학습한 대로 코로 레버를 눌렀다. 하지만 전기 충격이 계속되었다! 이들은 재빨리 해답을 찾았다. 자신들이 어렵지 않게 뛰어넘어 탈출할 수 있을 만큼 철창이 낮다는 사실을 알아차린 것이다. 이들은 자기 운명의 주인이었다. 두 번째 그룹의 개들은 이미 낙심한 상태였다. 전기 충격이 계속되는데도 바닥에 웅크린 채 낑낑댈 뿐 탈출할 수 있음을 깨닫지 못했다. 고문이 개들을 낙담시킨 것이다. 셀리그먼은 이렇게 유도된 상태를 '학습된 무기력'이라고 불렀다. 결국, 개든 사람이든 부당한 상황에 익숙해지면 주도적 능력을 잃게 된다.

NOTRE CHIEN NOUS AIME-T-IL VRAIMENT?

우리 개는 날 정말 좋아할까?

플로랑스 고네Florence Gaunet와의 대담

엑스마르세유대학교/CNRS 인지심리학 연구소 연구원

개를 인간의 가장 친한 친구라고들 하는데요…. 가축화를 통해 개를 우리 기대에 맞게 만들어 왔기 때문은 아닐까요?

맞습니다. 가축화에는 두 단계가 있습니다. 첫 번째 단계는 1만 년보다 훨씬 전인 수렵·채집 시대에 일어났습니다. 개의 조상인 회색늑대 중에서 친화적인 개체가 번식하도록 인간이 유도한 겁니다. 이렇게 생각할 근거는 충분합니다. 사회성을 가진 회색늑대만이 번식하도록 선택되었고, 이후 가축화를 거쳐 사회성이 더욱 강화된 걸로 보입니다. 두 번째 단계는 불과 150년 전인, 훨씬 더 최근의 일입니다. 바로 품종 개발인데요. 이 단계를 통해 개의 작업 기술과 외모가 인간의 필요에 맞게 개선되었습니다. 양치기 개의 작업 기술을 개선했고, 반려견의 외모를 개선했죠.

인지적인 면에서 개와 인간 사이에 비슷한 점이 있나요?

개는 포유류이기 때문에 필연적으로 인간과 특정한 인지적 측면을 공유합니다. 예를 들어 인간과 개는 기억력, 주의력, 추리, 범주화, 추론 능력과 같은 심리적 메커니즘을 공유합니다. 하지만 질적인 면에서는 상당히 차이가 납니다. 또 인간도 개도 방향을 잘 파악하기 때문에 공간 인지 측면에서도 유사점이 있는데요. 여기에도 물론 질적 차이가 있습니다. 마지막으로, 최근 연구에 따르면 개의 사회적 인지 능력이 한두 살짜리 어린아이와 비슷하다고 합니다. 우리는 개를 가축화하는 과정에서 개의 사회성과 공간 능력을 보존해 왔습니다. 아마도 그런 능력이 인간에게 도움이 된다고 판단했기 때문이겠죠. 특히 개에게 사회성이 있기에 우리가 개를 가까이에 둘 수 있는 겁니다.

반대로, 인간과 개가 근본적으로 다른 점은 무엇인가요?

인간에게는 구성 능력이 있습니다. 어떤 사물 또는 얽혀 있는 여러 사물을 구조화할 수 있죠. 인간 외에는 어떤 동물 종도 이와 같은 인지 능력을 갖고 있지 않습니다. 인간의 고유 능력인 언어를 제외하더라도 근본적으로 질적 차이가 있죠. 그 외에 지각知覺 측면에서도 인간과 개는 다릅니다. 개는 시력이 그리 좋지 않은 대신에 후각은 엄청나게 뛰어납니다. 또 개는 초음파를 감지할 수 있지만 인간은 그렇지 않습니다. 개가 초음파를 감지하는 능력은 초음파를 방출하는 설치류를 사냥하는 데 도움이 됩니다. 늑대의 흔적이 남아 있는 거죠. 그 밖의 능력에서는 정도의 차이가 있다고 말할 수 있겠습니다. 가장 중요한 건 현재 우리가 알고 있는 게 전부가 아니란 사실입니다! 미래에는 더 많은 사실을 알게 될 겁니다.

우리는 때때로 특정 개를 두고 '똑똑하다'라거나 '멍청하다'라고 표현하는데요. 이런 표현이 적절한 걸까요?

일반적으로는 개가 인간에게 주의를 기울이지 않을 때 '멍청한' 개라고 부르는 듯합니다…. 그런데 개가 아프지 않은 이상은 아마도 개는 원래가 그럴 겁니다! 개가 '멍청한' 개체라는 뜻은 절대 아닙니다. 개를 곁에 두고 싶어 한 건 인간이었습니다. 그러니 개에게 자꾸 관심을 요구하는 거죠…. 어쨌든 모든 개가 동등한 수준의 주의력을 지니고 있지는 않습니다. 확실히 개체마다 차이가 있어요. 아직 이에 관한 연구는 없지만 견종에 따라 다르다는 가설을 세울 수는 있겠죠. 개를 어떻게 교육했는지 또는 개를 둘러싼 사회적 환경이 어떤지도 영향을 줄 수 있을 겁니다.

우리가 개의 행동을 일부 형성해 온 게 사실이라면, 그것으로 개가 인간에게 의존하는 이유를 설명할 수 있을까요?

네, 사실입니다. 원래 개에게 부여된 임무는 경비 서기였어요. 다만 인간을 보호하려면 무엇보다 먼저 인간에게 애착을 가져야 했습니다…. 인류의 조상인 수렵·채집인은 끊임없이 이동해야 했기 때문에 장비를 옮기거나 사냥에서 도움을 받으려면 개에게 의지해야 했습니다. 따라서 개는 인간에게 애착을 가질 뿐만이 아니라 복종도 해야 했죠…. 노예는 되지 않되 말입니다. 하지만 이는 본질적으로 가설입니다. 당시에 무슨 일이 있었는지 현재의 우리는 정확히 알 수 없죠.

인간과 마찬가지로 개도 불공정한 상황을 느끼는 것처럼 보이는데요. 이 생각이 맞을까요?

그렇습니다. 이를 증명한 연구가 있는데, 개 두 마리를 대상으로 실험을 했습니다. 둘이 서로를 볼 수 있는 상태에서 같은 과제를 수행하게 하고 나서 둘 중 한 마리에게만 보상을 주었습니다. 보상받지 못한 개는 결국 뒤로 물러나 앉아 상호 작용을 거부했습니다. 이는 오히려 좋은 반응입니다. 자신을 보호하는 거니까요. 그리고 네 살짜리 아이에게서도 볼 수 있는 능력입니다. 한두 살짜리 아이에게선 볼 수 없고요. 마치 개가 인간에게 과하게 굴복하지 않으려고 주의하는 것 같죠…. 저는 여기서 '마치'라는 단어를 강조하고 싶습니다. 그 개에게 굴복하지 않으려는 의도가 분명히 있다고 확언할 수는 없으니까요.

개도 감정을 느낄 수 있을까요? 사람만큼 감정을 의식하지는 못하더라도요.

개가 감정을 느끼는지보다는 개가 느끼는 감정의 정도나 성격에 초점을 둬야겠죠. 물론 정확히 알 수는 없겠지만요. 확실하게 말할 수 있는 건 개가 어떤 상황을 인식했을 때 즐거움을 느끼면 접근하고, 위험을 느끼면 후퇴하거나 공격한다는 사실입니다. 그건 어느 정도의 감정인지, 긍정적 감정인지 아니면 부정적 감정인지의 문제입니다. 사실 저는 '우리 개가 나를 사랑해요'라고는 결코 말할 수 없습니다. 개한테 그게 무슨 의미인지를 제가 알 수 없으니까요.

우리가 슬퍼하거나 화내면 반려견이 가끔 우리에게 다가오잖아요. 반려견이 우리를 위로하고 싶어 한다고 해석하는 경우가 많은데요…. 이것도 의인화가 아닌가요?

적어도 이렇게는 말할 수 있습니다. 주인이 흐느끼기 시작하면 반려견은 주인의 행동이 평소와 다르다는 걸 감지할 수밖에 없습니다. 확실해요. 그래서 그 변화를 '탐색'하러 주인에게 접근하겠죠. 하지만 그동안 이와 같은 상황에서 반려견이 접근했을 때 주인이 '쓰다듬어 주는' 습관을 가지고 있었다면, 반려견이 그 패턴을 기억하고 있을 가능성이 높습니다. 따라서 주인이 흐느끼면 개는 주인이 자기를 쓰다듬어 주리라 기대하는 거죠…. 평소에 반려견에게 약간 소홀하거나 쓰다듬어 달라는 요청을 잘 받아주지 않는 주인이라면 주인이 흐느낄 때 개가 이렇게 생각하겠

우리 개는 날 정말 좋아할까?

죠. 아, 평소와 다른 상황이니까 주인이 나를 쓰다듬어 주겠구나 하고요. 이 문제는 주관적으로 해석될 여지가 있습니다. 반려견이 주인의 슬픔을 인지하고 공감하기 위해 주인에게 다가가는 것인지, 주인이 흐느끼면 자기를 쓰다듬어 준다는 사실을 경험으로 배운 것인지 구분할 수 없습니다. 게다가 주인의 얼굴에 묻은 눈물을 핥으면 기분 좋은 짠맛이 날 텐데, 그것만으로 좋은 기회이겠죠…. 확실한 사실은 반려견이 주인의 행동 변화를 감지한다는 점입니다.

개는 눈에 띄지 않는 변화도 감지할 수 있는 것 같아요. 흔히들 개가 두려움을 '느낄' 수 있다고 하잖아요. 정말로 그런가요?

반려견은 자신과 관계가 있는 사람들의 사회적 정보를 수집합니다. 최근 밝혀진 바에 따르면 낯선 사람이 다가올 때 주인이 뒤로 물러나면 반려견도 일반적으로 뒤로 물러납니다. 주인이 어떤 새로운 대상을 마주했을 때 심각한 표정을 지으면 개도 같은 유형의 행동을 보이겠죠. 개는 주인의 사회적 행동을 배워 이를 사용할 줄 아는 것 같습니다. 두려움이라는 감정을 구분하거나 인식하는지에 관해서는 연구가 수행되지 않았습니다. 반려견이 우리가 하는 말의 억양에 민감하다는 사실은 밝혀졌습니다.

개들끼리 주고받는 상호 작용에 대해 우리가 알고 있는 건 무엇인가요?

안타깝지만 이 문제에 관해서는 연구된 바가 거의 없습니다. 다만 개가 표정, 귀, 꼬리, 자세로 감정을 표현한다는 점은 알고 있죠. 개들은 서로에게 여러 가지 신호를 조합해 보낼 수 있습니다. '난 네가 좋아, 가까이 와도 좋아'부터 '너 싫어, 가까이 오지 마. 오면 물어 버릴 거야', '도망갈 거야'까지 다양한 뉘앙스를 표현합니다. 중요한 사실은 개들 사이에 서열 관계나 우두머리가 있는지는 입증되지 않았다는 겁니다. 늑대에게서 관찰된 특성을 자꾸 개에 적용하려는 경향이 있는데요. 실제로 개의 서열에 관해 연구된 적은 없습니다…. 따라서 어떤 개가 다른 개를 지배하려는 것처럼 보인다고 해도 그건 늑대나 원숭이처럼 모든 권리를 누리는 지배자로 행동하려는 게 아닐 겁니다. 그냥 자기주장이 강한 기질이라고 말하고 싶습니다.

선생님은 도시의 개에 관해 연구하십니다. 그런데 도시에 사는 개는 행복하지 않다고들 이야기합니다. 이 점에 대해 어떻게 생각하시나요?

지구상에서 개는 대부분 자유롭게 삽니다. 마을 안이나 마을 주변, 도시 외곽에 주로 살죠. 개가 먹고, 자고, 번식할 수 있는 장소라면 그곳은 개에게 적합한 장
소입니다. 하지만 개는 인간과
함께하도록 '만들어졌다'는 점
을 강조하고 싶네요…. 정서적
인 면에서든, 음식이나 보살핌의 측면에서든 개들의 욕구가 충족되는 한 도시는 그들에게 비극적인 곳이 아닙니다. 물론 개들은

일정 시간 동안 마구 달려야 하고, 특히 다른 개들과 놀아야 합니다. 개에게 두 가지 삶이 있음을 기억해야 합니다. 하나는 종 내에서 다른 개들과 보내는 삶이고요. 다른 하나는 다른 종과 함께하는 삶입니다.

개는 모든 종과 평화롭게 살아가나요? '개와 고양이처럼 사이가 좋지 않다'는 표현은 두 종이 그리 좋은 관계가 아님을 보여 주는데요. 가끔은 사이좋아 보이기도 해요.

개에게는 다양한 종과 상호 작용할 수 있는 특수한 능력이 있습니다. 여러 매체에 개가 원숭이, 고양이, 말, 새와 함께 있는 모습이 자주 등장하죠. 심지어 북극곰이 앞발로 개를 쓰다듬는 모습도 있습니다. 따라서 자신에게 공격적이지 않은 다른 동물 종과 어울렸던 경험이 있다면 개는 애착을 갖고 관계를 형성할 수 있습니다. 인간이 가축화를 통해 개에게 심어 준 능력이죠. 그 시기부터 개는 다른 동물과 어울려 살아야 했으니까요. 인간이 인간에게 애착을 가지는 개를 만들 수 있게 되면서부터 개가 다른 종에게도 애착을 가질 수 있게 된 겁니다. 물론 개가 자기 먹잇감인 암탉이나 거위와 항상 좋은 친구가 되지는 않지만 그들과 함께 살아갈 수는 있습니다.

개를 어떻게 연구하시나요? 실험을 통해서만 가능한가요?

리옹시에서 제게 개에 관한 정보를 요청한 적이 있습니다. 개가 도시의 어느 지역에서 무엇을 하는지 알고 싶다고 하더군요. 그래서 '도시 내의 개'에 관한 논문을 진행했습니다. 우리는 사람이 많이 다니는 보도, 개들이 모이는 광장, 공원 등 다양한 특성을 가진 지역을 선정한 다음에 개와 주인을 관찰하고 신원을 공개하지 않는 선에서 촬영도 시행했습니다. 개들의 행동을 기록한 다음에 여러 지역의 기록을 놓고 비교하기도 했죠…. 때로는 실험을 진행했습니다. 예를 들어 한 가지 측면에서 차이가 나는 세 가지 시나리오를 개발한 다음 시나리오에 따라 개의 행동을 촬영하고 기록해 비교했습니다.

'정신병리학'이라 말할 수는 없지만 개에게서 스트레스와 관련된 병리를 관찰할 수 있나요? 있다면 어떤 증상이 나타나나요?

개의 행동 문제는 쉽게 드러납니다. 자기 몸을 긁고, 원을 그리며 달리거나 상상 속의 파리를 삼키는 등 상동증stereotypy(*무의미한 말이나 행동을 반복하는 증상)을 보입니다. 하지만 우리가 관찰한 내용에 따르면 도시에서는 개의 이런 행동을 보기 어렵습니다. 그리고 반려견에게 행동과 관련해 문제가 발생하면 주인이 일반적으로 수의사나 행동요법 전문가 혹은 개 훈련사를 찾아가 문제를 상담합니다. 반려견이 행동 문제를 보인다면 실제로 어떤 문제가 있는 겁니다. 반려견이 편안히 지내도록 현재의 상황을 바꿔 주어야 합니다.

선생님의 반려견이 선생님을 사랑하는지 알 수 없다고 하셨는데요. 그렇다면 반려견이 행복한지는 알 수 있을까요? 반려견이 행복한

▌지를 확인하려면 어떻게 해야 할까요?

안타깝지만 개의 행복에 관해서는 아직 연구된 적이 없습니다. 소나 양 같은 가축의 행복에 관해서도 마찬가지고요. 만약 개가 불행하다면 자기 몸을 긁거나, 가족이 없을 때 짖거나, 물건을 망가뜨리는 등 스트레스 관련 행동을 보일 가능성이 매우 높습니다. 그러니 개가 행복하다고 추론할 수 있으려면 애초에 개가 이런 행동을 보이지 않아야 합니다. 개가 행복하다고 확신할 수는 없습니다…. 우리가 보호자에게 건넬 수 있는 조언은 개를 쓰다듬어 주고, 개가 편안하게 느낄 수 있는 사회와 생활 환경을 제공해 주라는 것뿐입니다. 또 인간과 떨어져서 다른 개들과 함께 활동할 수 있는 시간을 충분히 주는 일도 중요합니다. 개가 아무리 사람과 함께 살도록 만들어졌다고 해도, 개는 개입니다. 개로서의 삶도 살 수 있게 해 줘야 마땅합니다!

LE BESTIAIRE DES MYTHOLOGIES

신화 속 동물우화

장 로익 르 켈렉
Jean-Loïc Le Quellec

인류학자이자 CNRS 명예 연구 책임자

상징 사전에서 동물과 관련된 표현을 한번 찾아보자. 대부분이 우리 문화에서 동물에 부여하는 의미를 설명하고 있다. 이러한 관행은 르네상스 시대에 유행한 '상징 모음집'의 역할을 연장한 것이다. 당시의 책들은 각각의 동물 종에게 우화적 의미를 하나씩 부여했다.

신화에서 동물 테마가 지니는 중요성은 굳이 설명할 필요도 없다. 신화 곳곳에서 동물은 상징적 작용자, 중재자, 사이코폼프psychopomp(죽은 이의 영혼을 인도하는 역할), 신의 전령사로 등장한다. 신과 인간 사이의 중개자인 동물은 권능을 대변하는 역할을 한다. 새는 천상 세계와 소통하며, 영혼은 새의 형상을 하고 날아다닌다. 반면에 물에서 자라는 동물이나 뱀은 하계 영역에서 산다. 신은 동물의 형상으로도 나타나는데, 이때 그 동물은 단순히 신의 특성을 나타내거나 신의 지원자 또는 아바타에 불과한 경우가 많다. 가령 인도 신화에서 비슈누 신은 인간 세계에 개입할 때 물고기, 거북이, 멧돼지 등의 모습으로 나타난다. 몇몇 전통에서는 신과 신을 상징하는 동물이 나중에야 짝지어진 것으로 보이나 기원과 관련된 문제는 사실 알 수가 없다. 고대의 동물 신들이 당시에 이미 의인화되었는지 아니면 후대에 의인화되었는지도 명확히 알기 어렵다. 하지만 이집트 신화에서 시체의 방부 처리를 관장하는 신인 아누비스Anubis는 처음에 검은 개의 모습으로 묘사되다가 훗날 자칼의 머리를 가진 인간의 모습으로 표현되었다. 개는 전형적인 수호자 또

는 경비대 이미지를 가진다. 그래서 저승과 망자의 세계로 가는 통로를 지키는 역할을 주로 한다. 예를 들면 고대 그리스의 케르베로스, 게르만족의 가름, 고대 인도의 사라마 및 사라메야 등이 있다. 인도네시아, 중국, 아즈텍족의 전통에서도 개는 유사한 이미지를 가지고 있다. 아즈텍 신화에서는 이런 개를 졸로틀Xolotl이라고 한다. 졸로틀은 코요테라는 단어의 어원이다.

전사가 분노에 취해 곰, 늑대, 호랑이, 용의 모습으로 등장하는 전통과 설화도 수없이 많다. 다양한 지역과 시대에서 전사는 자신이 닮고 싶은 호전적인 동물을 몸에 새기거나 품고 있다가 어떤 상황에서 그 동물로 변신한다고 여겨졌다. 동물의 이름을 따서 민족의 이름을 짓거나 특정 동물과의 관련성을 주장하는 민족도 많다. 이렇듯 인간과 동물의 연대에 관한 흔적이 여기저기 남아 있음에도 그에 대한 기억은 명확하지 않다. 현재 존재하

는 많은 신화와 의식 속에는 반쯤 잊힌 상태의 불분명한 이미지가 남아 있다. 마치 인간이자 동물이었던 신화 속 영웅에 대한 아득한 기억처럼 말이다.

종의 기원에 관한 이야기

다양한 설화를 살펴보면 여러 동물 종이 어떻게 생겨났는지, 또 신이 어떻게 그들에게 각자의 뛰어난 특징을 부여했는지를 파악할 수 있다. 한때 '자연스럽고' 쉬운 일이었던 사냥이 어쩌다 어려운 일이 되었는지에 관한 이야기도 있다. 인간이 사냥감에게 또는 동물 주인에게 나쁜 행동을 저질렀기 때문이라고 한다. 원래 말을 잘하던 동물들이 말을 할 수 없게 된 이유를 설명하는 설화도 있다. 동물들이 아담의 죄를 비난하자 화가 난 아담이 하느님에게 요청해 동물의 말하는 능력을 빼앗았다고 전해진다.

어떤 대상이 이 세상에 어떻게 생겨나게 되었는지를 설명하는 이야기는 무수히 많다. 이런 이야기를 소위 기원 신화라고 하는데, 동물이 가진 특성의 기원을 설명하는 경우가 가장 많다. 실제로 모든 신화가 기원 신화다. 이런 종류의 이야기가 하는 역할 중 하나는 사물의 존재 이유를 설명하는 것이다. 종종 현실의 전혀 다른 요소들 사이에서의 관계를 설정해 주기 때문이다. 굼벵이무족도마뱀이 눈이 멀고 소리를 내지 못하는 것, 밤꾀꼬리가 밤에 지저귀는 것. 전혀 관련 없어 보이는 둘 사이에는 어떤 관계가 숨어 있을까? 전해지는 기원 설화를 보면 알 수 있다. '옛날에 밤꾀꼬리가 밤새도록 노래하는 바람에 잠을 이루지 못하던 굼벵이무족도마뱀이 쉭쉭 소리를 내면서 밤꾀꼬리를 협박했다. 또다시 밤에 노래하면 새끼들을 잡아먹겠다고. 이에 화가 난 밤꾀꼬리는 굼벵이무족도마뱀의 눈을 쪼아 버렸다. 슬픔에 빠진 도마뱀은 다시는 쉭쉭 소리를 내지 않았다.' 뱀(지하)과 새(천상) 사이의 근원적인 대립은 다른 이야기들에서도 찾을 수 있다. 이런 대립 관계는 그 중간 역할을 할 다른 존재를 소개하는 데 사용된다. 이에 관해서는 프랑스 인류학자 클로드 레비 스트로스Claude Levi-Strauss가 조사한 적 있다. 그는 신화 속에서 남을 속이고 나쁜 장난을 치는 '기만자' 캐릭터를 조사했다. 북미 지역 신화에서는 주로 코요테나 까마귀로 등장한다. 레비 스트로스에 따르면 이런 동물이 중간자 역할을 맡는 이유는 이들이 실제 동물의 세계에서 중간 위치에 자리하기 때문이다. 초식동물과 포식자 사이에서 청소 동물(*생물의 사체 등을 먹이로 먹는 동물)로서의 성격을 갖기 때문이라는 주장이다. 청소 동물은 동물을 먹이로 먹는다는 점에서는 육식동물과 비슷하지만 먹잇감을 직접 죽이지 않는다는 점에서는 초식동물과 비슷하다. 초식동물과 육식동물의 대립은 한편에 농업, 다른 한편에 사냥과 전쟁을 놓는 대립에도 비유할 수 있다. 코요테와 까마귀처럼 이쪽 편에 속하면서 저쪽 편에도 속하는 동물들은 삶과 죽음의 차이를 생각하게 만든다. 우리로 하여금 중간이 없을 것 같은 상반된 두 용어 사이에 중재자를 끼워 넣을 수 있게 한다.

동물우화집

거의 모든 민족에게는 동물과 관련된 설화가 전해 내려온다. 한 곳에서 재미있는 우화로 여겨지는 이야기가 다른 곳에서는 아주 심각한 신화로 간주되기도 한다. 선사 시대의 동굴 벽화나 공예품에는 다양한 동물이 그려져 있다. 이를 통해 가장 먼 조상들의 신화에서도 동물이 중요한 역할을 했음을 추측해 낼 수 있다. 그러나 우리가 동굴에 그려진 동물 형상을 알아볼 수 있다고 하더라도 당시의 실제 동물상에 대해서는 거의 알 수 없다. 당시에 살던 모든 동물이 동굴 벽에 묘사된 건 아니기 때문이다. 모든 문화는 이처럼 현실의 수많은 요소 가운데 극소수의 존재를 선택해 그것들에 긍정적 또는 부정적 이미지를 부여하고 임의로 조합함으로써 세상을 사는 자신들만의 방식을 개발한다. 철학자 코넬리우스 카스토리아디스Cornelius Castoriadis는 이를 '사회의 상상적 제도'라고 불렀다. 선택된 요소가 동물인 경우 수천만 동물 종 가운데 선택된 소수만이 동물 우화에 등장하는 것이다. 그래서 우화에 나오는 동물들이 실제 동물군과 무관하지는 않다고 해도 실제 동물군과 매우 다른 것만은 분명하다. 메소아메리카의 재규어, 아시아의 호랑이, 유럽의 곰과 늑대 같은 특정 동물은 신화에서 다른 동물보다 더 많이 등장하는 반면에 잉어, 쥐, 파리, 두더지는 신화에서 거의 언급되지 않는다. 중세인들은 '동물우화집'이라는 이름의 백과사전을 편찬했는데, 여기에는 각 동물의 실제 특징과 신화적 특징이 혼합되어 있었다. 신화적 특징의 기원은 고대 알

렉산드리아에서 편찬된 모음집으로 거슬러 올라간다. 그리고 알렉산드리아의 편찬자들은 그들에게 오래전부터 전해지던 이야기를 활용했다. 이렇게 유구한 세월이 담긴 옛이야기들의 흔적은 오늘날에도 속담 형태로 찾아볼 수 있다.

동물의 기원을 다룬 신화에는 라이벌 관계에 있는 두 신이 두 종류의 동물을 창조했다는 내용이 많다. 두 신은 형제일 때도 있고 심지어 쌍둥이일 때도 있다. 기독교화된 버전을 보면 둘 중 한 쪽은 신, 예수, 또는 성자와 동일시되는 반면에 다른 쪽은 악마로 등장한다. 가령 첫 번째 신이 꿀벌을 창조하면 두 번째 신은 질투심에 사로잡혀 첫 번째 신을 모방하거나 그와 겨루려는 욕망 때문에 말벌을 창조한다. 한쪽 신이 인간을 창조하면 다른 쪽 신은 원숭이를 창조한다. 이와 같은 방식으로 말과 당나귀, 양과 늑대, 닭과 까마귀, 백조와 거위, 고래와 상어, 제비와 박쥐, 물고기와 도롱뇽이 만들어진다.

키메라와 테리안스로프

자연에서 관찰하고 식별할 수 있는 실제 동물 외에도 신화에는 여러 종이 결합된 존재가 자주 등장한다. 이런 존재들을 '키메라Chimera'라고 부른다. 원래 키메라는 고대 그리스 신화에 등장하는 여성 괴물이다. 신화에서 키메라는 괴물 티폰과 '살모사' 에키드나 사이에 태어났으며 불을 뿜는 사자의 머리, 염소의 몸, 용의 꼬리를 가지고 있다. 또 다른 동물 종들이 결합한 키메라로는 그리핀Griffin을 들 수 있다. 독수리와 사자의 몸이 '접목'된 존재다. 다양한 종류의 키메라 이야기가 선사 시대부터 전해져 왔다. 프랑스 루카두르 동굴의 벽화에는 뇌조雷鳥의 머리와 네 개의 발이 달린 키메라가 그려져 있다. 하지만 이런 이미지를 해석할 때 맥락을 모르면 위험하다. 인류학자 디미트리 카라디마스는 어떤 동물의 이미지를 보고 '키메라'라고 단정하기 전에 우리가 알아차리지 못하는 부분이 있지는 않을까 다시 한번 생각하라고 제안했다. 특히나 우리가 예술가들의 작업 방식을 몰라서일 수도 있다는 것이다. 과거에 삽화가들이 어류 메기(프랑스어로 'poisson-chat')를 고양이chat 머리를 가진 물고기poisson로 그린 것이 대표적이다. 고대 멕시코 신화에는 가뭄과 기근을 상징하는 시우코아틀('청록색 뱀'이라는 뜻)과 녹색 깃털을 가진 케찰코아틀('깃털 달린 뱀'이라는 뜻)이 등장한다. 그러나 카라디마스는 이들이 뱀이 아니라 뱀을 모방한 유독성 애벌레의 신화에서 유래되었으며, 애벌레가 가진 여러 색의 따끔따끔한 털이 깃털로 해석되어 왔음을 밝혀냈다. 고대 그리스와 아즈텍 문명에서는 애벌레가 나비로 변태하는 모습을 죽음 이후 인간이 맞는 변화를 상징하는 이미지로 사용했다.

신화에 등장하는 생물들을 살펴보면 몸 일부는 인간이고 나머지 부분은 동물인 경우가 많다. 이들은 '테리언스로프Therianthrope(반인반수)', 다시 말해 인간화된 동물이거나 짐승화된 인간이다. 어떤 이들은 이것이 샤머니즘을 상징하는 요소라고 보았는

데 단순한 생각이다. 중세 후기의 성인 전기집인 『황금 전설』에 따르면 성 크리스토퍼는 개의 머리를 가진 것으로 묘사되며, 동방 정교회의 성화에도 그렇게 표현되어 있다. 그렇다고 해서 성 크리스토퍼가 무당이라는 의미는 아니다…. 개와 연결고리가 있는 다른 성인들의 축일과 마찬가지로 개의 머리를 가진 성 크리스토퍼의 축일도 한창 더운 7월 말이다. 우연이 아니다. 무더위 canicule라는 단어의 어원이 '작은 개'를 의미하는 라틴어이기 때문이다. 밤하늘을 올려다보자. 동물과 그 동물을 닮은 별자리를 연관 지어 비교해 보면 '동물의 형상'을 의미하는 그리스어 조디온zôdion에서 유래한 조디악(황도 12궁)의 오랜 역사를 쉽게 이해할 수 있다.

짐승들은 말을 하지는 않지만 수많은 신화와 설화에서 그들의 목소리는 여전히 울려 퍼지고 있다. 그리고 당시의 이야기를 우리에게 전해 준다. 4세기에 중국의 학자 갈홍이 쓴 『포박자抱朴子』에는 다음과 같은 문구가 나온다. '봉황이 집 안마당에 내려앉고 용이 정원과 연못에서 무리를 지어 노는구나. (…) 호랑이 꼬리 위를 걸으며 왕뱀을 손에 잡을 수 있었네. 연못을 건너도 갈매기가 날아가지 않았고, 숲에 들어가도 산토끼와 여우가 두려워하지 않았네.'

오늘날의 우리에겐 먼 세상 같다. 하지만 우리는 여전히 동물의 세계에 매혹되기도 하고 불편함을 느끼기도 한다. 그렇게 동물의 세계는 우리에게 끊임없이 질문을 던진다. 그래서 우리는 인간의 동물성에 대해 자문하게 된다. 심지어 어떤 이들은 동물

이 가진 인간성에 질문을 던지며 '비인간의 인류학'을 구축하자
는 제안을 할 정도다.

신화 속 개미 이야기

신화학자들은 세계 곳곳의 신화를 살펴보다 놀라움을 느낄 때가 있다. 서로 멀리 떨어진 지역인데 비슷한 이야기가 전해지기 때문이다. 가령 고대 그리스 신화와 고대 중국 설화 모두에서 개미는 미로를 통과해 어려움을 극복하도록 돕는 동물이다. 그리스 신화에서는 이카로스가, 중국 설화에서는 공자가 주인공인 이야기에 개미가 등장한다. 그리스 신화에 따르면 이카로스의 아버지 다이달로스는 크레타섬의 왕 미노스가 낸 문제를 현명하게 해결했다. 나선형 달팽이 껍데기 안에 실을 꿰는 일이었는데, 다이달로스는 달팽이 껍데기 위에 구멍을 뚫고 실을 묶은 개미를 집어넣었다. 개미가 껍데기 속 나선형 길을 통과해 큰 구멍으로 나오자 실도 함께 따라 나왔다. 중국의 이야기에 따르면 공자는 '구곡주九曲珠'(*구멍이 아홉 굽이로 뚫린 구슬)에 실을 꿰는 시험을 통과해야 했다. 이때 젊은 여성들이 개미에게 실을 묶어 구슬을 통과하게 하라고 알려 주었다고 한다. 하지만 중국에서는 '아홉 굽이'라는 뜻이 남성의 성기를 나타내는 도교적 표현이기도 해서 이야기가 완전히 다른 색깔을 띠는 경우도 있다.

VERS LE TRANSANIMALISME

트랜스애니멀리즘을 향하여

안 로르 테사르
Anne-Laure Thessard

철학자, 소르본대학교 강사, EM 노르망디 파리 철학 교수

역사적으로 트랜스휴머니즘(초인간주의)이라는 용어가 트랜스애니멀리즘(초동물주의)보다 먼저 사용되었다. 트랜스애니멀리즘은 트랜스휴머니즘의 가능성을 시도해 보고 실험해 보는 방식이다. 인간에게는 최선이지만(이 수식어는 논쟁의 여지가 있지만) 동물에게는 전반적으로, 그리고 지금으로써는 최악이다.

트랜스애니멀리즘이라는 개념 자체는 엄밀히 말해 아직 연구 대상이 아니다. 그러나 과학적 단서와 관점들, 그리고 동물과 기계 사이에 여전히 존재하는 표현적 혼란을 고려한다면 쟁점이 무엇인지 살펴보는 것도 이롭다. 트랜스애니멀리즘을 왜 생각해 봐야 하고 어떻게 생각해야 하는지를 이해하기 위해서는 먼저 트랜스휴머니즘에 관한 몇 가지 기본 사실을 상기할 필요가 있다.

소외의 문제

'트랜스휴머니즘'이라는 용어는 1957년 생물학자 줄리언 헉슬리의 저술『새 와인에 어울리는 새 술병New Bottles for New Wine』에 등장한다(그는『멋진 신세계』를 쓴 소설가 올더스 헉슬리의 동생이기도 하다). 이 책에서 줄리언 헉슬리는 기술 과학적 방법을 활용하는 우생학優生學(*유전 형질을 인위적으로 선별 및 개량해 인간 종을 개선하려는 운동이자 학문)을 장려하고 긍정적으로 바라보면서, 이것이 '트랜스휴먼' 종의 출현을 이끄리라고 보았다. 사상운동으로서의 트랜스휴머니즘은 1980-1990년대에 등장했다. 특히 영국 철학자 맥스 모어의 지지를 얻었다(『엑스트로피 원칙Principles of Extropy』). 다양한 양상을 띤 트랜스휴머니즘 운동은 정치적으로 초자유주의와 기술진보주의 사이를 오간다. 이를 단일한 담론으로 환원하는 것은 트랜스휴머니즘의 다양한 세계관과 주장을 반영하는 데 도움이 되지 않는다. 그러나 몇 가지 공통점을 살펴볼 필요가 있다.

트랜스휴머니즘은 과학과 기술을 통해 인간의 신체적, 인지적, 심지어 도덕적 능력의 증강과 향상을 도모한다. 이는 나노기술, 생명공학, 정보과학 및 인지과학NBIC을 기반으로 한다. 트랜스휴머니즘은 과학적 유토피아 또는 디스토피아라는 비판과 비난을 받기도 한다. 인간과 인류의 종말(철학적·인류학적 의미), 인간과 기계의 융합, 부자와 빈자 사이의 경제적·존재론적 격차 심화를 가져올 것으로 여겨지기 때문이다. 트랜스휴머니즘이 유토피아든 디스토피아든, 아니면 인간의 운명을 미리 묘사하는 것이든 상관없이 이 개념은 우리로 하여금 인간이란 무엇을 의미하는지, 인간과 기술의 관계, 나아가 인간과 다른 동물 종의 관계가 어떠해야 할지를 성찰해 보게끔 이끈다. 가장 극단적인 트랜스휴머니즘 시나리오에서 인간 종이 트랜스휴먼의 아종亞種이 되어 오늘날의 인간을 내일의 '동물'로 만들 수 있다는 점에 주목할 필요가 있다.

트랜스애니멀리즘이 무엇인지 이해하는 데 있어 예술은 종종 훌륭한 보조 수단이 된다. 뱅상 메사주Vincent Message는 소설 『주인과 소유자의 패배Défaite des maîtres et possesseurs』에서 우리 인간을 현재 동물이 처한 상황에 놓이게 했다. 오늘날 동물은 상품화되어 단순한 소모품으로 변했거나, 단순히 인간을 위해 쓰이거나, 최상의 경우 인간과 긴밀하게 협력하는 존재다. 이 소설에서 작가는 인간보다 우월한 어느 종에 관한 이야기를 들려준다. 그 종은 인간보다 우월하다는 '단순한' 이유만으로 인간에게 헛되고, 고되고, 고통스럽고, 상스럽고, 심지어 불건전한 일을 시킬 자격이 있다고 여긴다. 이런 상황에 처해 있는 인간이 어떤 구원을 바랄 수 있을까? 인간의 자기 결정권, 즉 본질적 가치를 고려하고 취약성을 인식할 권리를 부여하는 문화적·철학적·법적 합의가 없다면 인간이 구원받을 유일한 기회는 인지 능력을 높이는 데 있을 것이다. 그것만으로 충분치 않을 수 있다. 인간이 매우 정교한 특정 인지 능력을 가질 수 있더라도 권력을 가진 종의 인지 능력과 너무 다르다면, 그래서 인간의 인지 능력이 이해받고 인정받지 못한다면 구원받을 가능성은 희박하다.

트랜스휴먼/트랜스애니멀 문제의 본질을 보다 쉽게 파악하려면 인간이 잠재적으로 '동물'이고, 미래에 다른 종에게 '소외될 수 있는 존재'임을 고려해야 한다. 미래에 올지 모를 다른 종은 명백한 포식자가 아닐지라도 인간에게 무관심하거나 그리 관대하지 않을 수 있음을 알아야 한다.

단순히 '동물의 입장에서 생각하라'는 의미가 아니다. 신체적·인지적 능력의 향상이 평가의 관점을 변화시킨다는 점을 고려하라는 뜻이다. 인간/트랜스휴먼이 동물/트랜스애니멀을 보는 관점은 언제든지 변할 수 있다. 인간이 동물을 평가하는 관점도, 트랜스휴먼이 인간을 평가하는 관점도 변할 수 있다.

관점 변화가 순전히 허구라고 볼 수도 있으나 현재 상황을 구체적으로 파악하는 데는 도움이 된다. 또 현재의 인간과는 근본적으로 다른 '우월한'(이 용어의 사용에 수반되는 모든 주의사항을 고려하자) 트랜스휴먼이나 포스트휴먼 종과 공존할 경우에는 구체적인 현실이 될 수도 있다.

◈ 어떤 경우에 트랜스애니멀리즘이라고 할 수 있을까? ◈

트랜스애니멀리즘의 개념은 이론적으로 모든 동물 유형에 적용할 수 있으며 NBIC에서 파생된 기법과 기술을 적용해 신체 또는 인지 능력을 향상하는 데 목적이 있다. 트랜스애니멀리즘의 개념이 아직 발전하는 중이므로, 여기에서 언급하는 평가 기준도 앞으로 변화할 가능성이 높다. 인간이 특정 동물을 선택해 가축화해온 과정은 구석기 시대부터 인간과 동물이 함께한 오랜 역사의 결실이다. 현재 기준에서 어떤 동물이 트랜스애니멀로 인정받으려면 해당 개체/종의 특성에 단순히 오랜 시간 길들이는 것으로는 얻을 수 없을 만큼 질적 또는 양적 변화가 수반되어야 한다.

한 달에 알을 한두 개 낳던 암탉이 하루에 한 개 이상 알을 낳을 수 있게 되었다고 가정해 보자. 이 변화가 전통적인 방식으로는 불가능하고 기술적·과학적 방식만으로 가능한 일이라면, 이 암탉을 트랜스애니멀 암탉이라고 부를 수 있다. 인간의 신경교세포를 이식해 인지 능력을 네 배로 높인 실험용 쥐가 있다면 그 쥐는 트랜스애니멀 쥐다 . 이런 응용 사례는 과학 문헌에서 자주 볼 수 있다. 공장형 축산에 사용되는 동물의 사례, 인간의 건강을 개선하기 위한 실험이나 신체적·인지적 향상 과정을 테스트하는 실험에 사용되는 동물의 사례 등이 있다. 반면에 '트랜스애니멀'이라는 용어와 트랜스애니멀리즘 자체에 대한 논의는 비교적 지엽적인 수준에 머물러 있다.

자세히 들여다보면 농식품용 대규모 축산에 사용되는 가축(물론 반려동물과 과학 실험용 동물도 포함)에서는 이미 동물 조작이 활발히 이루어지고 있다. 동물 조작은 인간이 오랜 역사에서 조율해 온 생리학적·인지적 선택의 결과일 수도 있고, 최근 수십 년 동안 빠르게, 그리고 침해적으로 진행된 유전자 조작의 결과일 수도 있다.

공장형 축산으로 사육되는 동물의 경우에 결국 생산성이 증가하는 게 아니라 생산주의가 과도하게 증가한다. 우유, 달걀, 육류 생산량을 최대 열 배로 늘리고 더 좋은 가죽과 더 부드러운 모피를 얻기 위해 동물의 생물학적·사회적·정서적 기능에 해를 끼치는 경우가 흔하다. 트랜스애니멀리즘은 실험실에서 사육되는 동물(개, 고양이, 설치류, 원숭이 등)에게도 시행된다. 이들 실험실에서는 인간을 치료하기 위해서 또는 트랜스휴머니즘의 발전에 필적할 만한 목표를 달성하기 위해서 NBIC를 이용해 동물에게 기술적·과학적 조작을 시행한다.

유전적 조작을 거친 농장 동물을 유전자 변형 동물이라고 부른다. 이 용어를 들으면 곧바로 유전자 변형 식물이 떠오른다. 하지만 동물의 유전자 변형은 단순한 생리적 영향 이상의 의미를 지니며, 동물은 실용적·과학적·철학적·의미론적·상징적 측면에서 볼 때 식물에 속할 수 없다. 동물을 대상으로 하는 과학적 조작은 동물의 인지 능력과 행동을 바꿀(향상 또는 저하) 수 있다.

동물의 인지 능력을 강화하는 일은 특히 윤리적으로 복잡한 문제다. 이미 정교하고 섬세한 능력을 지닌 동물, 이를테면 대형 포유류의 인지 능력을 향상한다면 인간이 두 가지 문제로 압박받을 수 있다. 첫째로 다음과 같은 질문이 제기된다. 인간에게 다른 종의 개체에게 인지 능력 향상을 강요할 권리가 있는가? 그 개체가 갑작스럽고 전례 없는 실존적 공허감에 빠질지 모르는데? 인간 종의 진화는 수천 년에 걸쳐 이루어졌으며, 그에 따라 우리의 행동, 문명화를 위한 노력, 문화도 함께 발전했다. 둘째로 인지 능력이 향상된 동물을 어떻게 정의하고 취급해야 할까? 돼지-인간 키메라처럼 인간과 교배된 동물은 또 어떻게 정의해야 하나? 계속 원래의 종에 속할 수 있을까? 아니면 인간 공동체에 속하게 될까?

동물에 대한 우리의 인식을, 그리고 동물과 인간의 관계를 되돌아볼 계기

트랜스애니멀리즘은 동물에 대한 인식을 반영한다. 트랜스애니멀리즘에 사용되는 기술과 과학적 실천이 하나하나 쌓여 동물과 관련된 관행을 형성한다. 현재 트랜스애니멀리즘은 결코 동물의 해방 또는 윤리적 진보를 위한 계획이 아니다. 오히려 그 반대다.

트랜스휴머니즘은 옳건 그르건 간에 인간을 인간 이상의 존재로 만드는 데 목표를 두는 반면에 트랜스애니멀리즘은 동물을 동물 이하의 존재로 만드는 행위다.

어떤 의미에서 트랜스애니멀리즘은 동물과 기계를 결합하고 둘 사이의 구분을 없애려는 논리다. 이런 논리는 동물성과 기계성을 구별하지 못하는 혼란에서 온다 .

동물에 대한 편향된 인식은 뿌리 깊다. 하지만 동물을 중심으로 한 과학(생물학, 동물행동학, 동물정신학 등)은 인간과 동물 사이의 '유리 천장'을 깨뜨리고 인간이 우리의 이웃인 동물을 정면에서, 옆에서, 또는 적어도 공통의 환경에서 볼 수 있는 '창문'을 만들게 해 준다. 이제 우리는 동물을 바라보는 관점을 재정비하고 동물과 함께 사는 새로운 방식을 설계해야 한다.

트랜스애니멀리즘이 동물(주로 농장 동물)을 극단적인 상태로 만들어 손상을 입히고 생체적 위축에 이르게 만든다는 관점에서 볼 때, 트랜스애니멀리즘이 제기하는 질문은 단순한 생명체 조작보다 한 단계 더 나아간다. 이 질문 앞에서 지금 해결해야 하는 문제는 모두 고루한 것이 되어 버린다. 인간과 일부 가축(개, 고양이

등)은 협력하며 살아간다고 하더라도 인간과 다른 가축(소, 닭, 양, 돼지 등)은 계속 종속 관계로 남아 있어야 하는가?

대형 유인원에 대한 과학적 연구의 현실에 '유리 천장'이라는 비유를 적용해 보자. 기술과 과학을 이용해 동물의 인지 능력을 향상하는 행위는 비인간 동물에 대한 인간의 사고방식과 인식을 빠르게 변화시킨다. 그래서 기술과 과학을 사용하지 않으면 동물의 인지 능력이 향상되지 않을 거라고, 동물들 위에 '유리 천장'을 만들게 된다. 이와 관련하여 고릴라 코코Koko의 경우를 생각해 볼 필요가 있다. 2018년 6월 19일 마흔여섯 살의 나이로 세상을 떠난 코코는 동물행동학자 페니 패터슨에게 수화를 배웠다. 놀라운 사실은 코코의 인지 능력을 기술과 과학으로 향상한 적이 없다는 점이다. 코코는 지능지수(IQ 측정에 대한 논란의 여지가 있지만 여전히 지표로 남아 있다)가 85였고, 약 2천 개의 어휘를 알고 있었다. 또 자신이 알고 있는 단어 목록을 활용해 사물의 이름을 지을 수 있었다('눈 모자'는 가면, '흰 호랑이'는 얼룩말을 의미한다). 코코는 수화를 이용해 자신의 생각, 복잡한 감정, 유머, 예술적 창의성 등을 명확히 전달할 수 있었다. 대형 유인원의 인지 능력을 향상시킨다는 아이디어에 도취될 수도 있다. 하지만 다른 동물 종의 인지 능력이 인간의 인지 능력과 유사하다는 사실이 트랜스애니멀리즘을 윤리적으로 허용하는 결정적 기준이 될 수는 없다.

더 나아가 기술과 과학의 도움으로 특정 동물의 인지 능력을 향상할 수 있다는 관점은 오히려 '유리 천장'이 허구임을 확인시켜 줄 수도 있다. 동물의 언어, 인지, 감정 등을 제한하는 '유리 천장'이란 인간이 만든 문화적·지적 구조물에 불과하다. 인간을 실존과 존재와 인지와 철학의 세계 안에 넣고 신성화함으로써 인간만이 '유리 천장' 위에 서서 다른 동물들을 내려다보려는 의도다.

현재 트랜스애니멀리즘은 주로 동물에게 매우 부정적인 방식으로 진행된다. 따라서 관련 개체가 겪는 고통을 언급하지 않고서는 트랜스애니멀리즘에 관해 결론을 내릴 수 없다. 농장 동물은 인간의 이해 수준을 넘어 필요 이상으로 생산되며, 동물에게 절박하고 피할 수 없는 문제다. 초고속으로 성장하고, 육체적으로 고통스러우며, 우유나 달걀 또는 새끼를 정신없이 생산해야하는 농장 동물의 처지를 생각한다면 상업적 이윤을 얻으려고 실행하는 트랜스애니멀리즘을 윤리적으로나 생태학적으로 지지할수 있을까?

과학 연구에서는 '동물 모델'을 대체할 만한 실험 방법이 없기에 동물 실험이 전반적으로 필요한 상황이다. 하지만 동물의 고통을 가능한 한 최소화하고('Reduce감소, Refine개선, Replace대체'의 3R 원칙에 따라) 장기적으로는 동물 실험을 아예 없애기 위해 여러 조치를 고려 및 시행하고 있다.

트랜스휴머니즘이 인간 종의 신격화를 향한 길이라면 트랜스애니멀리즘은 이미 인간성과 동물성을 잃어버린 채 깊은 구렁에 빠져 있다. '인간성을 잃었다'고 말하는 이유는 트랜스애니멀리즘에 '돌봄'이라는 인간의 특성이 전혀 담겨 있지 않아서다. 취약한 이들을 돌보고 이 돌봄을 윤리, 법률, 문명을 통해 조직하는 것, 이것이 우리가 가진 인간성이다. '동물성을 잃었다'고 말하는 이유는 트랜스애니멀리즘이 동물의 지위(동물은 인간보다 '강등'되고 '동물화'된 존재가 아니라 인간의 사촌이다)를 부정하기 때문이다. 특히 동물을 공장형으로 사육하는 경우 동물의 행동적·정서적 욕구가 너무도 간단하게 제거되고 부정되기 때문이다.

빠르게 성장하는 식용 닭, '로스 308 육계' 계통

'로스Ross 308 육계'는 심한 유전자 변형을 거친다. 도축하기 적합한 상태로 성장하는 시간을 절반으로 단축하기 위해서다. 로스 308 닭의 근육은 심장, 폐, 다리 등 다른 기관에 비해 너무 빨리 성장한다. 급격한 변화는 운동 문제 및 심장 문제를 일으킬 뿐만이 아니라 영양 장애로 인한 비정상적 발달로 이어진다. 다리가 비정상적으로 클 수도 있고, 가슴 부위가 너무 크게 발달해 몸이 앞으로 기울어질 수도 있다. 이런 신체 변형은 닭의 다리 부분에 골절을 유발하기 쉽다.

'돼지-인간' 키메라

캘리포니아에서는 돼지-인간 잡종 배아에 대한 연구가 성공적으로 수행되었다. 2017년에 발표된 연구에 따르면 이식용 동물 장기臟器를 얻기 위해 인간 줄기세포를 돼지 배아에 주입했다. 기증 장기가 부족한 문제를 해결하고 인간의 심장, 폐 또는 팔을 더 쉽게 대체할 수 있게 하는 것이 목표다. 그러나 생명윤리 문제를 이유로 현재 돼지-인간 배아의 발달 기간은 4주를 넘어갈 수 없다.

'거트루드'의 기억 이식

일론 머스크가 설립한 BCI(뇌-컴퓨터 인터페이스) 개발업체 뉴럴링크는 거트루드Gertrude라는 이름의 돼지 한 마리를 대상으로 '더 링크The link'를 테스트 중이다. 더 링크는 돼지의 뇌 활동을 모니터링하는 뇌-기계 인터페이스로, 돼지의 기억을 저장하고 나아가 그 기억을 로봇에 이식하는 것을 목표로 한다. 흥미로운 점은 이 암퇘지가 이름을 갖는 특권을 얻었다는 사실이다. 더 이상 단순한 동물, 수많은 실험 숫자 중 하나, 생물학적 기계가 아니라 기억을 가진 비인간 인격체인 '거트루드'다. 동물이 인간이 중요하게 여기는 어떤 특징을 보여 준다면 인간은 그 동물을 인격체로 여길 수 있을지 모른다.

LE STATUT JURIDIQUE DE L'ANIMAL

동물의 법적 지위

크리스텔 심레르
Christel Simler

스트라스부르대학교 사법私法 부교수

사육되고, 길들고, 보호받고, 귀여움받고, 의인화되고, 이용되고, 소비되고, 박멸되고…. 동물은 인간과 모호한 관계를 맺고 산다. 그렇다면 동물과 법의 관계는 어떨까? 우리 법체계에서, 동물은 인간처럼 법의 주체가 아니라 법의 '객체'다. 따라서 동물은 인간과는 다른 방식으로 보호의 대상이 된다.

동물은 (아직도?) 법의 주체가 아니다

동물에게도 권리가 있을까? '세계 동물 권리 선언'이 있으니 '그렇다'고 할 수 있다. 하지만 이 선언에는 법적 효력이 없다. '동물법'('동물법droit animal' 또는 '동물에 관한 법droit animalier')이라는 게 존재하지만 이 표현은 ('노동법'이라는 표현이 고용인과 피고용인의 관계를 규정하는 모든 규칙을 의미하는 것처럼) 동물에게 적용되는 모든 규칙을 의미하는 것이지 동물이 어떤 권리를 갖는 건 아니다. 프랑스 법에 따르면 동물에게 법적 인격이 없기에 동물에겐 아무런 권리가 없다. 아르헨티나 법원에서 오랑우탄의 비인간 인격체로서의 지위를 인정한 판결이 있기는 하지만 프랑스 법은 현재 권리의 주체를 인간(및 법인)으로 한정하고 있다. 자연인 또는 법인만이 법적 주체이며, 법적 주체만이 법인격을 가지고 권리와 의무를 보유할 수 있기 때문이다.

동물에게 인간과 같은 법인격을 부여하는 것은 사실 진지하게 고찰해 볼 문제는 아니다. 동물에게 사생활권, 명예권, 결혼권 등 인간과 동등한 시민권을 부여하는 게 무슨 의미가 있겠는가? 동물에게 계약을 체결할 수 있는 능력, 재산을 취득하거나 채무를 계약할 수 있는 자격을 부여해 주기를 우리가 과연 진지하게 바랄까? 동물에게 적합한 법인격을 인정하는 것만이 가능할 것이다.

동물의 법인격을 인정하는 방향으로 법을 개정하려면 다음 질문에 대한 설득력 있는 답변이 필요하다. 동물에게 어떤 권리를 부여할 것인가? 또 어떤 동물에게 그런 권리를 부여할 것인가? 돌아오는 답이 무엇이건 동물에게 권리를 부여하면 우리 법체계에 큰 격변이 벌어질 게 분명하다. 우리 법체계를 받치고 있는 기본 개념은 사람과 재산을 근본적으로 구분하는 것이다. 이 구분법에 따르면 사람(법의 주체)과 재산(법의 객체)이 있다. 모든 것은 사람 아니면 재산이다. 동물(또는 동물 중 일부)을 사람(법의 주체)으로 인정한다는 것은 동물이 가진 법의 객체(특히 재산권의 객체)로서의 성격을 없앤다는 의미다. 하지만 우리 사회가 동물의 전부 또는 일부에 대한 소유권을 포기할 준비가 되어 있는가?

동물은 (아직도) 법의 객체다

'법이 동물을 동산動産으로 간주하는 한, 동물은 고통받을 것이다.' 프랑스 민법 개정을 위해 '3천만의 친구들' 재단(*프랑스에서 유명한 동물 보호 단체)이 내건 캠페인 슬로건이었다. 지식인 스물네 명의 지지를 받아 재단이 제출한 청원은 '동물의 법적 지위를 변경하고 감각을 가진 존재로서 동물의 본성을 인정'하기 위한 내용으로, 시민 약 80만 명으로부터 서명을 받아 냈다. 이런 움직임은 '2015년 2월 16일 법률'을 통해 민법 개정으로 이어졌다. 민법 개정의 원천이 된 수정안이 채택되자 언론은 '동물은 더 이상 '동산'이 아니다. 고양이는 램프가 아니다. 이 법은 많은 사람에게 당연해 보일 수 있는 사실을 반영한 것일 뿐이다.'라고 보도했다. 그런데 이런 분석에는 오해의 소지가 있다. 애초에 동물을 동산의 범주에서 제외하는지가 분명하지 않았다. 그리고 실제로 제외되었는지조차 분명하지 않다!

　이 청원이 요구하는 변화가 얼마나 중요한지, 그리고 입법기관의 반박이 얼마나 정교한지를 이해하기 위해서는 법에 대한 간단한 학습이 필요하다. 일부 법 규정은 동물을 명시적으로 언급하고 있으며, 분명히 동물에게 적용된다. 다른 규정은 동물을 명시적으로 언급하지는 않지만 그렇다고 해서 동물이 그 적용 범위에서 제외되는 것은 아니다. 실제로 어떤 규정을 적용하려면 먼저 법적 분류가 필요하다. 법적 분류는 어떤 사례를 특정한 법적 범주에 할당해 법체계(해당 사례를 지배하는 규칙)를 결정하는 작업이다. '자연과학에서 생물학적 유형을 유사성에 따라 정의하고 차이점에 따라 구분하는 것처럼 법률가들은 특정 법체계에 해당하는 법적 범주를 정의한다. 실제로 다양한 법적 범주들 간에는 저마다 성격에 차이가 있으며, 이로 인해 법체계 간에도 차이가 발생한다.'

사실 많은 법 규정은 명시적으로 '동물'을 대상으로 하지 않는다. 법 규정은 대부분 '물건' 또는 '소유 재산'으로의 동물에 적용된다. 이를 비난할 수는 있어도 부정할 수는 없다. 현재 프랑스 법에 따르면 동물은 재산의 객체다. 개는 주인의 소유이고 염소는 사육자의 소유이며 사냥 거리는 그것을 잡은 사냥꾼의 소유다. 따라서 재산의 객체인 동물은 소유자의 권리와 재산 취득 조건을 결정하는 민법 규칙의 적용을 받아야 한다. 이러한 규칙 중 동산(움직여 옮길 수 있는 재산)에 적용되는 규칙은 부동산(토지, 지하 및 토지에 부착된 모든 것, 농장과 건물 등)에 적용되는 규칙보다 동물에게 더 적합하다.

프랑스 국회의원들이 추진한 개혁에는 확실히 법적 엄격함이 부족하다. 그러나 정치적 의미가 전혀 없지는 않다! 3천만의 친구들 재단이 발표한 선언문은 단순히 동산의 정의에서 동물을 제외하라고 요구한 것이 아니다. 더 정확하게는 선언문이 요구하는 고유한 법 체제의 적용을 받는 새로운 법적 범주를 만들라고 요구했다. '동물이 살아 있는 존재, 지각을 지닌 존재로서의 본성에 부합하는 법 체제의 혜택을 받도록, 그리고 동물이 처한 여건이 순조롭게 개선될 수 있도록 민법에서 사람과 재산 사이의 독자적인 범주를 동물에게 부여해야 한다'는 게 선언문의 내용이다. 국민의 대리인들이 이 요청에 호의적으로 응했을까?

프랑스의 새로운 민법 515-14조는 동물을 '지각력을 지닌 생명체'로 정의한다. 그렇다면 이 정의로부터 청원자들이 요청한 '사람과 재산 사이'라는 새로운 법적 범주가 만들어졌다고 추론할 수 있나? 입법부가 이 정의에 특정 법 체제를 결부하지 않았기 때문에 대답은 '아니요'다. '지각력을 지닌 생명체'가 '재산 제도'의 적용을 받는다는 사실은 '사람과 재산 사이'에 있는 새로운 법적 범주가 만들어지지 않았음을 보여 준다. 법적 범주는 고유한 법 체제가 결부된 경우에만 존재할 수 있기 때문이다.

청원에 제대로 화답하지 않았다고 해서 우리의 대리인들을 비난할 수 있을까? 고양이가 램프가 아니고 개가 테이블이 아니라고 여론(그리고 80만 명의 서명)을 설득하기는 어렵지 않다. 하지만 사회가 동물의 소유를 포기하고 싶어 할까? 동물을 재산의 범주에서 사실상 제외하고 새로운 법적 범주에 넣는다는 것은 동물 소유를 포기한다는 의미다. 민법이 개정되면서 용어가 변경되었지만 동물의 법적 지위에는 실질적으로 영향을 미치지 못했다. 법적 의미에서 재산(동산 또는 부동산)은 소유할 수 있는 물건을 말한다. 동물이 재산의 객체로 남아 있는 한, 동물은 법적 의미에서 동산이다.

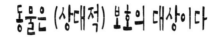

동물은 (상대적) 보호의 대상이다

소유와 보호는 양립 불가한 개념이 아니다. 민법 제544조에 따르면 '소유권이란 법 또는 규정에 의해 금지된 방법으로 사용하지 않는 한 절대적인 방법으로 물건을 향유하고 처분할 수 있는 권리'다. 소유권에는 제한이 있다. 법이 요구하거나 금지하는 행위는 소유자를 포함한 모든 사람에게 적용 가능하다.

1810년 프랑스 구舊형법은 특정 동물을 고의로 죽이는 행위를 범죄로 규정했다. 그러나 이 조항은 동물을 보호하려는 의도가 아니었다. 타인의 재산인 농장 동물을 독살한 행위를 처벌한 것이었고, 법이 처벌한 것은 동물에게 해악을 끼친 행위가 아니라 동물 소유주의 권리를 침해한 행위였다. 공연히 가축을 학대하는 행위를 처벌하는 그라몽법(1850년 7월 2일 제정)이 정당화한 것은 동물이 아니라 인간(그리고 인간의 감수성)의 보호였다. 공연성의 요건을 삭제한 1959년 9월 7일 법령은 동물의 감수성을 암묵적으로 인정한 최초의 법령이었다.

오늘날 형법은 더 이상 동물 학대 행위만을 범죄로 규정하지 않는다. 다른 형태의 행위도 처벌 대상이다. 그중에는 징역형을 받을 수 있는 범죄도 있다. 가장 무거운 처벌을 받는 것은 가축, 사육되는 동물 또는 포획된 동물에 대한 심각한 학대나 성적 학대, 그리고 잔인한 행위다. 동물을 유기해도 같은 처벌을 받는다. 그 외에 이보다 덜 심각한 행위는 벌금형에 처할 수 있는 단순 위반에 속한다. '공연 여부를 불문하고 필요 없이 가축, 사육되는 동물 또는 포획된 동물을 고의로 죽이는 행위'는 위법이다(형법 제R655-1조). 그러나 '필요 없이' 동물의 죽음이나 고통을 초래한 경우에만 적용된다. 식용으로 동물을 도살하거나 실험용 동물을 죽이는 것은 필요한 죽음에 해당한다. 따라서 법은 동물에게 죽음과 고통으로부터 상대적인 보호만을 제공한다 .

농업 및 해양어업법도 동물과 동물 보호에 많은 지면을 할애하고 있다. 형법과 달리 이 법은 금지하는 데 그치지 않으며, 동물과 관련된 활동에 종사하는 사람들에게 특정한 행동을 부과한다. 농업 및 해양어업법은 동물 사육 및 양도에 대한 조건을 규정한다. 동물의 도살 및 살처분에 대한 조건을 제시하고, 살아 있는 동물을 과학적 목적으로 사용하는 행위를 규제한다. 이 법은 동물에게 지각력이 있음을 민법보다 먼저 확인했다. 1976년 7월 13일 제정된 법에 근거한 제214-1조에 따르면 '지각력이 있는 동물은 그 종의 생물학적 요건에 부합하는 조건에서 소유자가 사육해야 한다.' 이 내용은 너무 일반적이어서 어떤 처벌의 근거도 되지 못한다. 게다가 처벌이 가능하다고 해도 법이 부과한 의무는 제대로 지켜지지 않는다. 2016년의 도축장 스캔들(*프랑스의 한 도축장에서 살아 있는 양을 잔인하게 도축하는 장면이 공개되면서 동물 학대 논란이 일었다.)만 봐도 알 수 있다. 제재가 부족하다는 점이 동물 보호의 또 다른 약점이다.

동물은 위에서 언급한 두 가지 법의 보호를 받지만 모든 동물에게 적용되지는 않는다. 프랑스 형법은 '가축, 사육되는 동물 또는 포획된 동물'에 대한 특정 행위를 처벌한다. 농업 및 해양어업법은 사육되거나 포획된 가축 동물·야생 동물에게만 적용된다. 반려동물에게만 적용되거나, 심지어 개나 고양이에게만 적용되는 규정도 있다. 동물 실험 분야에서는 척추동물과 두족류만 법으로 규제된다. 다른 무척추동물, 특히 갑각류는 제외된다. 보호 대상 동물 중에서는 유인원에 대한 실험이 가장 엄격하게 관리된다. 특히 대형 유인원은 실험에 사용할 수 있는 조건이 가장 까다로운 동물이다.

지금까지 언급한 모든 동물은 정도의 차이는 있지만 모두 가축이거나 사육되는 동물이거나 포획된 동물이라는 공통점이 있다. 야생에 사는 동물은 어떨까? 프랑스 환경법은 특정 동물 종에 대한 보호를 규정하지만 이 법이 보장하는 것은 개별 동물의 보호가 아니라 생물 다양성의 한 요소인 '종'의 보호다. 또 모든 동물이 환경법으로 보호받는 것은 아니며, 심지어 '피해 입힐 가능성이 있는' 특정 동물(소위 유해 동물)의 퇴치를 고려하는 내용도 있다. 이 경우 특정 종의 보호가 다른 종의 죽음을 정당화한다.

법이 동물에게 제공하는 보호는 명백히 상대적이다. 보호 여부를 인간이 결정하고, 보호하지 않는다고 처벌받는 일은 거의 없거나 아예 없다. 이것이 특정 동물에게만 적용되고 나머지 동물에게는 적용되지 않기 때문이다.

2015년 법: 동물은 여전히 '동산'인가?

민법 제528조의 기존 문구에서 동물은 명시적으로 동산이었다. '스스로 움직이든 외부 힘으로만 위치를 변경할 수 있든, 한 장소에서 다른 장소로 이동할 수 있는 동물과 물체는 동산이다(구舊민법 제528조).' 2015년까지만 해도 이 조항이 동물의 동산성을 확인했기 때문에 결과적으로 동물은 동산에 관한 법 체제의 적용을 받았다(물론 농

업 및 해양어업법에 따른 보호 규정 등을 준수하는 조건으로). 2015년 2월 16일 법률에 따라 동산의 정의를 규정하는 민법 제528조에서 동물이 제외되었다. 수정된 조항은 이제 동물을 대상으로 하지 않고 '한 장소에서 다른 장소로 이동할 수 있는 재산'만 대상으로 한다. 그리고 신설된 민법 제515-14조는 '동물은 지각력을 지닌 생명체다. 동물을 보호하는 법률을 준수하는 선에서 동물은 재산에 관한 법 체제 적용을 받는다'고 규정한다. 정리하면, 2015년까지는 법이 동물의 동산성을 인정했기 때문에 동물은 동산에 관한 법 체제의 적용을 받았다. 2015년 이후 법은 동물의 동산성을 인정하지 않지만 동물은 여전히 명시적으로 재산에 관한 법 체제의 적용을 받으며… 따라서 동산에 해당한다. 재산을 규제하는 규정들 중에는 당연히 (부동산이 아니라) 동산에 관한 규정을 동물에게 우선 적용해야 한다. 그것이 동물의 이동성에 더 적합하기 때문이다.

LES DÉBATS SUR LE SPÉCISME

종차별 논쟁

아스트리드 기욤
Astrid Guillaume

소르본대학교 기호학자,
프랑스 동물기호학협회 명예 부회장 겸 공동 창립자

오늘날 동물 보호 운동은 많은 지지를 얻고 있다. 때로는 동물 보호 운동이라는 명목으로 불법 행위가 일어나기도 하지만 어쨌든 현장 활동을 효과적으로 진행하고 있기 때문이다. 국제 및 국내 동물 보호 협회들은 주로 폐쇄되거나 일반인 출입이 금지된 장소에 들어가서 식품 및 의류 산업이 지난 50년 동안 숨겨 온 사실들을 촬영해 폭로하고 규탄한다. 이 영상들은 적어도 두 가지 측면에서 전 세계의 관심을 불러일으킨다. 하나는 인간에게 음식, 의류, 오락으로 소비되는 동물의 고통을 알려 준다는 점이고, 다른 하나는 기업들이 그동안 동물 가공 및 도살 행위를 은폐해 왔음을 고발한다는 점이다. 서커스, 돌고래 수족관, 몇몇 동물원 등 엔터테인먼트 산업도 영향을 받는다. 포획된 동물들이 고통 속에 살면서 '공연용 동물'로 훈련되고 사육되는 환경을 더는 숨길 수 없게 된 것이다. 고통받는 동물들 가운데는 멸종 위기에 처한 종도 있다.

전혀 이분법적이지 않은 사회 문제

종차별과 반종차별. 언뜻 보면 두 진영이 대립한다고 생각할 수 있다. 한쪽에는 동물이 우선순위가 아니니 현 상황을 그대로 유지하려는 종차별주의자가 있고, 다른 쪽에는 동물의 고통을 지켜볼 수 없어 동물의 고통을 없애는 데 평생을 바치려는 반종차별주의자들이 있다고 말이다. 현실은 그리 단순하지 않다. 다양한 인식이 생겨났고, 그만큼 다양한 집단이 탄생했다(339쪽 '어휘 대립' 참고). '종차별주의자'와 '반종차별주의자'라는 단어만 사용하는 건 옳지 않다. 전혀 이분법적이지 않은 사회 문제를 급진화할 수 있기 때문이다. 어떤 명분을 너무 과격하게 밀고 나가면 그 명분은 소외되고, 때로는 조롱당하고, 억눌리기 마련이다. 그리고 성급하게 극단주의자로 낙인찍힌 몇몇 개인에게만 해당되는 명분이 되어 버린다.

　인종차별이나 성차별과 마찬가지로 종차별주의에는 타자에 대한 다양한 수준의 증오와 거부가 담겨 있다. 실제로 여러 형태의 타자 착취가 존재한다. 예를 들어 무관심, 모욕, 거부부터 가장 폭력적 행위, 즉 어떤 종의 멸종(동물 학살)에 의식적·무의식적으로 참여하거나 사망에 이르게 하는 행위도 있다. 이런 맥락에서, 그리고 이와 유사한 많은 상황에서 무관심은 자체로 폭력의 한 형태이며 비극적인 결과를 가져온다. 인종차별과 성차별이 정당 또는 선거 이념으로 활용되는 이데올로기인 것처럼 종차별주의와 반종차별주의도 다양한 정치적·경제적 선택과 함께 움직인다. 실제로 현재 다양한 방향으로 흐르고 있다. 프랑스의 경우에 우선 정치적 측면에서는 그야말로 모든 입장과 그에 대한 반대 입장이 존재한다(종차별주의자와 완전채식주의자에 반대하는 범국민궐기대회 또는 완전채식주의자를 지지하는 신나치주의의 입장). 다양한 정치적 성향을 지닌 수많은 동물 보호 협회가 있고, 좌파 성향의 새로운 정당도 두 곳(동물주의당과 생명체를 위한 생태주의자 연합)이 탄생했다. 다양한 입장이 존재한다는 것은 이 논쟁에 경계가 없다는 증거이기도 하다. 동물에 관한 한 전통적인 우파와 좌파의 구분은 무너졌다. 모든 정치 세력이 투우 반대, 동물 서커스 반대, 사냥 반대 캠페인 및 동물 고통 전반에 대한 반대를 지지한다. 2022년에는 프랑스에서 처음으로 동물주의 정당 후보가 대통령 선거에 출마 선언을 하고 캠페인을 벌였다. 그동안 언론의 주목을 크게 받지 못하고 모든 선거구에 후보자를 낼 수도 없었지만 국회의원 선거, 지방 선거, 유럽의회 선거에서 나름대로 좋은 성적을 얻은 것이 계기가 되었다.

폭발적인 산업화, 숨겨진 현실

정확히 무슨 일이 벌어지고 있나? 20세기에 들어 인구가 폭발적으로 증가하면서 축산 농장도 빠르게 산업화되었다. 육류, 양모, 가죽의 기하급수적인 소비를 충족하기 위해 공장으로 변모한 것이다. 이에 따라 인간의 소비에 필요한 동물은 대규모 생산의 대상이 되었고, 20세기 후반에 들어 농장 동물의 생활환경이 더 악화되었다. 이런 상황은 인류 역사상 본 적 없는 일이다. 첫째는 지구에 인구가 이렇게 많은 적이 없었기 때문이고, 둘째는 육류 수요가 이렇게 높은 적이 없었기 때문이며, 셋째는 앞의 두 가지 현상이 결합해 전례 없는 생태 재앙을 초래했기 때문이다. 동시에 동물행동학, 동물의학, 동물기호학 분야의 과학적 연구를 통해 동물의 다중 지능, 과민성, 감정, 취약성, 언어, 의식, 한마디로 동물의 지각력이 처음으로 밝혀지는 중이다. 그동안 우리는 동물 도축장과 공장식 축산 농장에서 무슨 일이 벌어지는지 알지 못했다. 우리가 먹는 동물의 도살에 대해 아무런 의문을 갖지 않았으며, 접시 위에 놓인 고기 조각이 살아 있던 동물에서 나왔다는 사실을 무시했다. 동물의 인지 능력에 무지하던 시절에는 동물을 물건, 제품, 기계로 취급하는 일에 누구 하나 신경 쓰지 않았다. 그러나 오늘날의 과학은 동물이 생각하고, 고통받고, 학습하고, 문화를 전달하고, 꿈을 꾸고, 자기표현을 할 수 있음을 증명하고 있다. 이는 우리가 동물을 바라보고 생각하는 방식을 바꾸어 놓았다. 그렇다면 우리는 동물을 계속 함부로 대해도 되는 걸까? 여전히 동물을 먹어도 될까? 인류 전체에 도움이 되도록 다른 형태의 상호 작용을 발전시켜야 하지 않을까?

이런 논쟁에 대한 반응은 개인마다 다르다. 또 각자의 반응은 대부분 개인적인 경험에서 비롯된다. 고통받는 동물들의 영상을 접한 대중은 이제 현실을 부정할 수 없게 되었다. 소비재가 되는 동물들에게 고통이 존재함을, 그리고 그 고통이 과학적으로 입증되었음을 말이다. 동물이 학대당한다는 사실과 동물이 고통을 느낀다는 사실은 과학적으로도 법적으로도 인정되었기에 더는 논쟁의 대상이 아니다. 하지만 사회 전체에 영향을 미치기에 여전히 복잡한 문제다. 사회란 다양한 개인 반응이 존재하는 공유 사회이기 때문이다. 개인들이 보이는 반응은 주로 다음과 같이 구분된다.

① 무관심한 태도를 유지하고, 아무 일도 없었던 것처럼 계속 살아간다.

② 동물이 고통받는다는 사실은 인정하지만, 충격을 주려고 의도적으로 편집한 동영상에 담긴 극히 일부의 학대 사례라며 과소평가한다.

③ 상황을 인식하고 진정으로 영향을 받지만, 일종의 인지 부조화 상태에 머무르며 상황을 받아들인다.

④ 동물의 고통과 생태계의 비상사태를 인식하고, 새로운 식생활과 소비 방식으로 바꾸기 시작한다.

⑤ 생명체에 고통을 주고 생물권을 경시하는 사회에 더는 기여하지 않도록, 삶의 방식을 완전히 바꾼다.

이 다섯 가지가 우리 사회에서 볼 수 있는 대표적인 반응이다. 경제, 상업, 정치, 음식, 의복, 과학 등 다양한 분야의 경향이 영향을 미쳐 서로 다른 반응을 이끈다. 종차별주의와 반종차별주의를 둘러싼 문제는 종종 '동물을 계속 먹어야 하는가, 먹지 말아야 하는가'라는 식생활 문제로 축소되지만, 사실 그보다 훨씬 광범위하고 다원적이며 복잡한 문제다.

종차별주의 사회는 지속될까?

현재 논의의 맥락에서 우리는 종종 지구와 동물을 위해 사회가 완전채식주의 또는 최소한 채식주의로 나아가야 한다고 이야기한다. 우리의 식습관은 이 논의에서 빼놓을 수 없는 부분이다. 하지만 식생활에도 육식, 반⁺채식, 채식, 완전채식(비건) 등 다양한 유형이 공존한다. 인간은 고기만 먹는 동물이 아니라 음식을 선택해 먹을 수 있는 잡식 동물로 태어났다. 요즘에는 영양소 결핍 없이 완전채식을 할 수 있다. 식물성 단백질 식품과 건강 보조 식품을 활용하여 동물성 제품을 섭취하지 않고도 건강하게 살 수 있다.

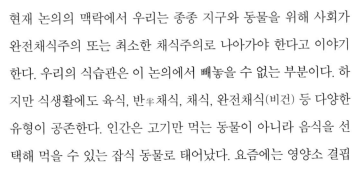

인간은
고기만 먹는
동물이 아니라
음식을 선택해
먹을 수 있는
잡식 동물로
태어났다.

인간 사회는 항상 종차별주의 사회였다. 동물에 대한 비폭력 사상을 발전시킨 비슈노이교와 자이나교처럼 보기 드문 예외 사례만 있을 뿐이다. 사회가 모든 영역에서 종차별주의적임을 고려하면 식생활은 완전히 지엽적인 문제다.

태초에 말씀이 있듯 인간에게는 언어가 있다. 우리 언어는 여러 면에서 종차별적이다. 동물을 학대하거나 조롱하는 수많은 모욕과 속담이 존재한다. 반면에 동물의 특정 행동을 설명하는 단어는 아직 없다. 동물의 감정, 동물의 언어, 동물의 행동 등을 다루는 어휘 범위는 여전히 매우 빈약하다. 동물의 다양한 능력을 표현하는 어휘와 용어가 없으니 동물의 능력은 인정받지 못한다. 동물의 언어라든지 동물의 생각이라는 특정 표현은 금기시되고, 표현한다고 해도 그 의미를 최소화하려고 작은따옴표로 둘러싸는 경우가 많다. 동물이 생각하고 꿈꾸고 인간을 포함한 다른 종과도 의사소통한다는 사실이 과학적으로 입증되었는데도 말이다. 심리학은 종차별적이다. 동물심리학이 탄생했지만, 동물심리학자들은 조롱당하기 일쑤며 수의학계에서 인정받기 위해 애쓴다. 많은 동물이 감성적이고, 기억이 불러일으키는 트라우마를 겪으며, 지각력을 지닌다. 동물을 동산이 아니라 지각 있는 존재로 보도록 법이 개선된 것은 21세기가 되어서였다. 벨기에에서는 동물을 연약한 존재로, 앵글로색슨 국가에서는 동물을 지각력 있는 존재로 표현하기도 하지만 법적인 면에서는 아직 갈 길이 멀다. 인간의 과학은 종차별적이다. 인간이 사용하는 화장품을 만들려고 다른 종을 실험에 사용하기 때문이다. 인간의 철학은 종차별적이다. 동물을 둘러싼 논쟁을 보면 마치 지난 20년간 진행된 동물행동학 연구가 존재하지 않는 것처럼, 그리고 데카르트의 생각만이 유일한 것처럼 말하기 때문이다. 인간의 경제는 종차별적이다. 동물의 생리적 욕구를 존중하지 않고 고통받는 동물에게서 경제적 이익을 착취하는 데에만 집중하기 때문이다. 학교 교육 과정은 종차별적이다. 교육 내용에 인간과 동물의 상호 작용을 통합하지 않았기 때문이다. 인간의 언어학은 종차별적이다. 인간에게만 언어가 있다는 평계로 종과 종 사이의 언어 또는 동일종 내의 언어에 관심 갖지 않기 때문이다. 반종차별주의 사회로 나아가려면, 인간 중심 사회에서 벗어나려면, 동물과 우리의 관계 전체를 다시 생각하고 동물을 연구하는 다양한 윤리적 방식을 재검토해야 한다.

그래도 동물법 또는 동물행동학 분야의 대학 학위 과정이 늘어나는 추세인 점은 다행스럽다. 2021-2022년에 소르본대학교 의과대학은 채식에 관한 학위 프로그램을 개발했다.

휴머니멀리즘을 향하여

종차별주의/반종차별주의의 갈등에서 벗어나려면 휴머니즘은 인간, 동물, 식물을 아우르는 보편적 생명 법칙을 가진 휴머니멀리즘humanimalism(인간동물주의)으로 나아가야 한다. 휴머니멀리즘은 비인간 동물에게도 관심을 가지는 휴머니즘이며, 인간과 동물이 서로 존중하는 만남이 얼마나 풍요로운지를 충분히 인식하는 휴머니즘이다. 생물 다양성의 맨 윗자리가 아닌 그 중심에 서서 동물 서식지를 보호하는 휴머니즘이다. 동물의 모든 언어, 지능, 사고를 과학적으로 통합해(그 의미를 축소하는 작은따옴표는 쓰지 않고) 동물에 대한 더 나은 (재)이해를 도모하는 휴머니즘이다.

어휘 대립

종차별주의를 둘러싼 논쟁에서는 어휘들이 서로 충돌할 뿐만이 아니라 적대적으로 대립한다. 종차별주의자 대 반종차별주의자, 인본주의자 대 동물주의자, 동물주의자 대 동물주의 폐지론자, 복지주의자 대 종차별주의자, 신복지주의자 대 복지주의자, 지각중심주의자 대 생태주의자 등. 이런 극단적 대립은 동물주의자가 인본주의자가 아니거나 심지어 인간혐오주의자여서 인간보다 동물을 선호하리라는 인상을 준다. 반대로 인간 종을 중요시하는 종차별주의자는 박애주의자처럼 보이며, 동물과 동물 서식지의 운명에 무관심하고 인간 종의 이익만을 신경 쓰리라는 인상을 준다. 현실은 그리 단순하지 않다. 종차별주의자가 인종차별주의자 또는 성차별주의자가 될 수도 있고(이 경우 그의 박애주의는 무너진다), 동물주의자가 고기를 먹을 수도 있다(이 경우 그의 동물에 대한 존중심은 현저히 떨어진다). 종차별주의를 둘러싼 논쟁이 언론에서는 이분법적으로 비추어지지만 사실은 다양한 개별 사례, 새롭고 복잡한 용어, 여러 개념 간 충돌을 낳는다. 우리는 이런 갈등을 어떻게 다룰지에 관심을 가져야 하며, 단어 사용에도 주의를 기울여야 한다. 그러지 않으면 갈등이 몇 세기 동안 지속될 수 있다.

인간과 동물 간의 잃어버린 유대를 상호적이고 성숙한 관계로 다시 정립하는 일. 이 일은 앞으로 몇 년, 아니 몇 세기 동안의 도전 과제일 것이다. 동물을 가축화할 때 인간과 동물이 지적·심리적으로 상호 작용할 수 있다면 가축화가 조화롭고 비폭력적인 방식으로 발전할 수 있을 것이다. 이런 관점에서 지각력을 지닌 존재에 대한 권리 선언이 고안되었으며, 이 선언의 제10조에서는 휴머니멀리즘을 다음 네 가지로 설명하고 있다.

제10조: 휴머니멀리즘

1 지각력을 지닌 모든 존재는 동등한 관계에서 존중을 바탕으로 종과 종 사이에 유대를 맺을 권리를 가진다.
2 이러한 유대 관계는 특정 지능, 언어, 감성을 발견하고 인식함으로써 구축된다.
3 이러한 유대 관계는 공유, 공통 언어, 자아와 타자에 대한 이해를 증진하여 공동의 지능과 감성을 구축하는 데 도움이 된다.
4 공동의 지성과 감성은 공동의 선을 지향한다.

새로운 형태의 휴머니즘, 즉 휴머니멀리즘은 인간과 동물이 서로 존중하고 동의하는 상호 작용을 발전시킴으로써 공통되는 지능을 개발하는 데 목적이 있다. 인간과 동물이 신뢰와 공유의 관계 안에서 공동의 비폭력적 미래를 구축하는 이 접근 방식에서 인간의 과학, 법, 경제, 철학, 언어학, 심리학은 많은 것을 발견할 수 있을 것이다. 사회의 모든 영역이 직접 영향을 받을 것이며, 목표는 인간 중심에서 벗어나 인간과 동물 모두를 고려하는 세상을 만드는 것이다.

용어 설명

동물 학대 폐지론자

인간에 의한 모든 형태의 동물 착취가 폐지되길 원한다. 이들은 종종 동물을 우리에 가두지 않고 풀어 주는 데 찬성한다.

동물주의자(애니멀리스트)

동물주의자는 인간 외 동물의 법적·정치적 권리를 옹호한다. 친동물주의자라고도 한다. 생태주의자와 마찬가지로, 이들은 동물 복지에 찬성하며 육식주의자가 될 수도 있다.

생태주의자

생태주의자는 자연과 지구를 보호하려고 노력하지만 반드시 동물에 관심을 두지는 않는다. 환경오염의 주요 원인이 집약적인 축산업과 육류 소비인데도, 채식주의자인 생태주의자는 별로 없다.

인간동물주의자(휴머니멀리스트)

인간동물주의자는 동물을 존중하고, 지각력 있는 존재의 보편적 권리를 증진하는 휴머니스트다. 반종차별주의자와 마찬가지로 인간을 생물계의 꼭대기가 아닌 중심에 둔다. 동물의 다양한 지능과 언어를 이해하고 동물과 상호 작용하며 인간과 동물 사이의 잃어버린 연결 고리를 재발견하려 노력한다. 동물을 존중하는 방식의 가축화에는 반대하지 않는다.

지각중심주의자

지각중심주의자는 모든 형태의 지각을 존중한다. 지각력이 있는 동물에게만 관심을 둔다.

종차별주의자/반종차별주의자

종차별주의자는 동물 종들 사이에 서열을 정하고 인간을 다른 모든 생명체보다 우위에 놓는다. 이 위계 내에서 동일한 지각력을 지닌 특정 동물(개, 고양이)은 우대를 받는 반면 그렇지 않은 동물(돼지, 소)은 우대받지 못한다.

반종차별주의자는 종차별주의자의 접근 방식을 거부한다. 동물 착취를 반대하고, 생물계의 꼭대기가 아닌 가운데에 자리하고자 한다. 가축화를 인간이 동물을 지배하는 형태로 보기 때문에 가축화에 반대할 수 있다. 굴이나 홍합처럼 지각 능력이 입증되지 않은 동물은 먹기도 한다.

복지주의자/신新복지주의자

복지주의자는 법과 개혁을 통해 동물의 복지와 동물이 착취당하는 환경을 개선하고자 하지만 동물 착취 자체에 대해서는 의문을 제기하지 않는다.

신복지주의자 역시 동물이 착취당하는 상황을 개선하고 싶어한다. 그러나 복지주의자와 달리 궁극적으로 동물 착취를 완전히 폐지하기를 바란다.

L'ANTHROPOMORPHISME:

UN FAUX AMI?

의인화: 좋은 걸까, 나쁜 걸까?

세드릭 쉬외르
Cédric Sueur

스트라스부르대학교 동물행동학 및 동물윤리학 부교수

인간과 동물의 관계에서 영장류는 예외적인 위치에 있다. 사실 우리 인간도 영장류다. 인간의 특성과 다른 영장류의 특성을 비교해 보면 호모 사피엔스의 기원을 더욱 잘 이해할 수 있다. 동물 행동학이 등장하기 훨씬 전, 특히 데카르트 시대에는 동물을 무감각한 기계로 취급해야 한다는 인식이 팽배했다. 당시 동물을 의인화하는 행위는 과학계에서 큰 죄악으로 여겨졌다. 동물의 감정, 인지 능력 또는 사회적 전략을 이야기하는 것은 과학자로서의 경력을 끝내겠다는 의미였다! 그러나 동물, 특히 비인간 영장류도 복잡한 감정, 공감 능력, 심지어 정직과 같은 일종의 도덕적 관념을 가지고 있음을 보여 주는 수많은 연구 결과가 나오면서 동물을 기계로 여기는 철학적·과학적 이론은 타격을 입었다.

인지적 편견?

결과적으로 의인화는 더 나은 과학적 방법, 더 나은 사고방식, 더 나은 진화 가설을 제공했다. 영장류학자 프란스 드 발과 동물학자 도널드 그리핀은 의인화가 동물을 무생물이나 기계로 간주하는 것보다 더 현명한 접근법임을 보여 주었다. 그러나 의인화는 세상을 이해하는 데 걸림돌이 될 수도 있으며, 근본적인 관점(동물은 무엇을 생각하는가?)과 응용적인 관점(동물은 무엇을 느끼는가?) 모두에서 과학을 오용할 가능성이 있다. 인간은 인간의 입장에서만 생각할 수 있으므로 판단에 오류가 생기기 때문이다. 이 주장을 설명할 수 있는 사례는 많지만, 그중에서 아주 설득력 있는 예를 하나 보자. 2015년 2월 19일 미국의 소방관들이 얼어붙은 늪지에 갇힌 개 두 마리를 구조하려 시도했다. 구조대원 중 한 명이 개를 구하기 위해 손을 내밀자 개가 그의 손을 물어 버렸다. 구조대원은 위험한 가정을 한 것이다. 개도 사람처럼 생각할 것이므로 자신을 구해 주려는 의도를 이해한다고 말이다···. 이 생각은 틀렸다. 그렇다면 의인화를 이용해 우리는 무엇을 할 수 있을까? 의인화는 세상을 더 잘 이해하는 수단이 될까, 아니면 반대로 세상을 해석하는 데 걸림돌이 될까?

인간은 주변 세계를 더 잘 이해하고 그 세계와 상호 작용하고자 의인화를 발전시켰을 것이다. 따라서 다른 동물에게 인간의 모습을 투영하는 이 능력은 문화적 원리라기보다는 생물학적 원리에 가깝고(문화에 따라 의인화의 발달 정도가 다를 수 있지만), 우리가 우리를 둘러싼 환경 안에서 더 잘 살 수 있도록 발전한 결과로 보인다. 인간이 자기 안에 있는 동물성과 타고난 특성을 부정하고 싶어 해도 호모 사피엔스, 그리고 이전의 조상들 모두 동물성을 지니고 있었다.

의인화는 때로 통제할 수 없을 만큼 멀리 나간다. 그래서 생명이 없는 물체인데도 움직인다는 이유만으로 인간이 그 물체에 공감하거나 슬픔을 느끼기도 한다. 미국의 로봇 공학 회사인 보스턴 다이내믹스Boston Dynamics에서 실제 개와 비슷한 모양과 크기로 제작한 로봇 개의 사례가 여기에 딱 맞다. 유튜브에 이 로봇 개가 다양한 지형에서 어떻게 작동하는지 보여 주는 영상이 있다. 영상에는 로봇의 안정성을 보여 주려고 사람이 로봇을 발로 차는 장면이 나온다. 그런데 댓글들이 매우 흥미롭다. 로봇을 발로 차는 모습을 보고 슬프거나 불쾌했다는 의견도 있고, 로봇이 고통을 느끼거나 감정을 표현하지도 않는데 그런 반응을 보이는 건 의미 없다는 의견도 있다.

부작용

언뜻 보기에 의인화는 통제하기 어렵고 인간 중심적인 인지 편향으로 보인다. 문제는 의인화의 근거 없는 남용이 동물들의 안녕을 더 잘 관리하게 해 주는지 아니면 인간과 동물의 관계를 해치는지다. 동물을 자비롭게 대하려는 우리의 욕구가 과도한 의인화로 이어져 때로는 해를 끼칠 수도 있을까? 우리 사회는 다양한 수준에서 동물을 의인화한다. 영화·만화영화·만화책에서, 동물원의 스타 동물에서, 반려동물의 산업화 및 경제적 측면에서 의인화를 볼 수 있다. 오늘날에는 한 종 또는 여러 종의 동물 개체가 등장하는 영화가 많다. 장 자크 아노 감독의 영화 《베어》나 뤽 자케 감독의 영화 《펭귄-위대한 모험》이 그렇다. 또 디즈니 네이처의 영화에 등장하는 동물은 대부분이 의인화되어 있는데, 주로 시나리오상의 이유이지만 대중의 관심을 끌기 위한 목적도 있다. 수많은 만화에도 말을 하고, 의식이 있고, 미래에 대한 야망을 품고 있으며, 변화하는 세상에서 살아남고자 하는 동물 영웅들이 나온다.

감독과 각본가는 어린 관객들에게 자연환경과 그 환경을 구성하는 동물 종에 대한 인식을 높이려고 이런 영화를 기획했다. 하지만 일부 동물 종은 영화에 등장함으로써 전에 없던 멸종 위기에 처하고 말았다! 《니모를 찾아서》의 흰동가리, 《해리 포터》의 흰올빼미, 《리오》의 앵무새가 그렇다. 《늑대개 화이트팽》과 《베토벤》이 개봉했을 때 허스키와 세인트버나드 견종의 판매량이 늘어났다. 그리고 몇 달 후, 수많은 개가 길가에 버려졌다…. 이처럼 영화 속 동물의 의인화는 적어도 단기적으로는 영화에 등장하는 동물의 개체 수 감소와 복지 악화로 이어졌다. 2018년에 발표된 논문 에 따르면 미디어와 만화에서 사자, 고릴라, 호랑이, 판다 같은 상징적인 동물 종을 과대 표현하는 경우에 사람들은 이들이 멸종 위기에 처해 있다는 사실을 잊어버린다고 한다. 이 논문의 주 저자는 '기린, 치타, 북극곰을 마케팅 목적으로 사용하는 기업들은 스스로 인지하지 못한 채 멸종 위험에 대한 대중의 시각을 왜곡하고 있으며, 그 결과 이들 종의 보존을 방해하는 데 기여한다'고 설명한다.

　동물은 동물이 보내는 의사소통 신호를 잘못 해석하는 사람들 때문에 위험에 처하기도 한다. 링컨대학교의 한 연구원은 모로코 관광객들이 현지 야생동물인 마카크원숭이의 공격적인 표정을 보고 원숭이가 뽀뽀를 원한다고 착각하는 경우가 있다고 지적했다. 관광객들은 원숭이의 표정을 따라 하고, 이 경우 대부분 원숭이가 관광객을 물어뜯는 공격 상황으로 이어진다 . 관광객을 문 원숭이는 때때로 죽거나, 원숭이에게 치명적인 인간의 질병에 감염될 수도 있다.

비판적 의인화를 향하여

동물의 행동을 올바르게 해석하기 위해서는 보다 엄격하고 효과적인 과학 방법론을 따르는 것이 좋다. 그런데 동물의 행동을 기계적인 반응으로 보는 단순화에서 동물에게 인간의 특성을 투영하는 의인화로 인식을 전환할 때, 인간에게 두 가지 문제가 발생한다. 인간도 환경에 맞게 진화해 온 동물 종으로서 인지 능력에 제한이 있어 다음 두 가지 문제에서 벗어나기가 힘들다.

　첫 번째 문제는 의인화를 우리 스스로 설정한 경로에서 가장 마지막에 위치한 단계로 간주하는 점이다. 이는 인간 종이 가장 발전되고 정교한 인지 능력을 가진 동물 종이라고 말하는 것과 마찬가지다. 믿을 수 없는 주장이다. 지구상에 우리보다 더 지능적인 동물 종이 존재하지 않더라도 우리의 능력보다 더 정교한 정신 능력이나 인지 능력은 존재할 수 있다. 이 가설은 상상하기 어렵지 않으나 가설을 테스트하기는 불가능하다. 우리는 인간 종이어서 우리의 것보다 우월한 사고방식에 우리를 투영해 볼 수 없기 때문이다. 이 가설은 이탈리아 철학자 조르조 아감벤Giorgio Agamben⁶의 인류 발생론과 일치하는데, 인간은 항상 진화 중이므로 내일의 의인화는 오늘의 의인화와 다를 수 있다는 것이다.

두 번째 문제는 인지 능력과 의식이 단순화에서 의인화로 이어지는 단일한 경로 위에서 진화한다고 보는 점이다. 하지만 인간의 것보다 우월한 사고방식이나 성찰 방식이 존재한다고 말하는 것으로는 충분치 않다. 우리의 그것과 다른 사고와 성찰 방식이 있다고 해야 한다. 프란스 드 발은 저술『동물의 생각에 관한 생각』에서 동물과 인간을 비교하지 말고 동물이 우리보다 더 똑똑하거나 덜 똑똑하다고 생각하지 말라고 당부한다. '우리만큼 똑똑하다', '우리보다 덜 똑똑하다', '우리보다 더 똑똑하다'는 없다. 인간인 우리로서는 이해할 수 없는 다른 종류의 지능이 있을 뿐이다.

의인화하는 유용하다. 인간에게도, 과학에도, 동물에게도 말이다. 그러나 의인화는 비판적으로 행해야 한다. 우리가 동물에게 공감할 때는 각 동물 종의 역사, 행동, 진화에 대한 객관적인 지식을 바탕으로 그 공감을 제어할 줄 알아야 한다.

상상적 의인화 & 해석적 의인화

의인화는 신, 동물, 사물, 현상과 같은 다른 개체에 인간의 특성을 부여하는 것을 말한다. 인간과 동물과의 관계에서 말하자면, 다른 종의 동물이 하는 행동을 보면서 이면에 어떤 의도, 정서, 감정이 있으리라고 여기는 것이다. 그 동물에 관한 우리의 동물행동학적 지식과는 관계없다. 의인화에는 다양한 단계가 있다. 기본 수준에서는 의인화를 상상적 의인화와 해석적 의인화로 구분한다.

상상적 의인화에서는 동물이 사회를 반영하거나 인간에게 부여된 성격을 반영하는 매개체다. 라퐁텐의 우화에서처럼 주로 인간의 장단점을 이야기하려고 동물을 이용한다. 개미는 부지런하고, 여우는 교활하고, 사자는 위엄이 있다는 식이다. 20세기 중반 이후로는 만화, 특히 디즈니의 작품에서 상상적 의인화를 자주 볼 수 있다. 디즈니 애니메이션 속에서 동물은 더 이상 물건이 아니라 언어와 의지를 가진 존재로서 감각을 느끼고 공감할 수도 있다. 이로 인해 20세기 후반 어린이들의 동물에 대한 인식이 바뀌었다고 볼 수 있다. 이런 변화는 2000년부터 2010년 사이에 제작된 만화에서 다룬 주제들에 잘 나타나 있다. 《주토피아》는 동물의 문명, 《페르디난드》는 투우, 《모아나》는 자연에 대한 존중, 《리오》는 생물 다양성을 작품에 담았다.

해석적 의인화는 내적 과정에 기반을 두는 의인화다. 인간은 동물의 행동을 관찰하면서 동물의 의식 수준과 의도를 이해하려고 노력한다. 동물이 보이는 특정 행동에 인간의 해석이 필요한 경우가 있다. 그 해석은 옳을 수도, 틀릴 수도 있다. 예를 들어, '오모Omo' 세제는 침팬지가 이빨을 드러낸 모습을 광고 이미지에 사용했다. 사람들은 침팬지의 이 행동을 보고 그들이 인간과 마찬가지로 미소를 짓는다고 생각하는 경우가 많다. 사실 침팬지는 스트레스를 받거나 두려움을 느낄 때 이빨을 드러낸다. 동물을 관찰하는 인간의 지식이 부족한 데서 오는 잘못된 해석이다.

L'ANIMAL HUMAIN:
QU'EST-CE QUI LE DISTINGUE DES AUTRES?

인간이라는 동물:
다른 동물과 구별되는 점은?

장 프랑수아 도르티에

휴머놀로지(인간학) 전문가,
잡지 《시앙스 위맨》 및 《뤼마놀로그》 창간인

인간은 독특한 동물이다. 우선 동물임에는 의심할 여지가 없다. 모든 생명체와 마찬가지로 태어나고, 성장하고, 죽고, 숨 쉬고, 먹고, 마시고, 번식한다. 인간이 보이는 동기와 행동은 굴과 코끼리에게서도 볼 수 있다. 굴의 먹이가 우리의 먹이보다 덜 풍부하고 굴의 성욕이 우리의 성욕보다 덜 관능적일지라도 말이다. 동물의 세계는 풍부하고 다양하다. 각 종은 다른 종과 공통된 특성을 공유하면서도 해부학적 구조와 행동에서 서로 구별된다. 동물의 삶은 3F(먹이Food, 싸움Fight, 간음Fornication)라는 기본 욕구만으로 축소될 수 없다. 인간은 개미, 새, 비버 같은 건축 동물과 마찬가지로 집을 짓는다. 인간은 사자, 쥐, 하이에나, 침팬지 같은 사회적 동물과 마찬가지로 함께 어울려 살고 소통하고 협력하고 새끼를 돌보며, 그에 따라 갈등, 분쟁, 위계적 행동이 나타난다.

인간은 고양이와 까마귀처럼 놀이를 좋아하는 동물이다. 인간은 쥐, 돌고래 등 먹이를 찾아 환경을 탐색하는 동물과 마찬가지로 호기심이 많다.

하지만 인간은 독특한 동물이기도 하다. 인간 종은 말하기, 도구 만들기, 예술 작품 창조하기, 음악 짓기, 보이지 않는 영혼 숭배하기, 요리하기, 모든 종류의 허구에 관심 갖기, 축구에 열광하기, 조개껍데기 모으기 등 매우 특이한 속성들을 발전시켜 왔다. 우리의 사촌 종들과의 중요한 차이점을 나열하자면 끝도 없다.

대형 유인원, 까마귀, 돌고래, 개에게도 인지 능력이 있다는 사실이 발견되면서 한때 인지 능력을 '인간의 고유한 특성'으로 여기던 주장에 의문이 제기되었다. 학습, 지능, 문화, 언어, 양심, 도덕성은 다른 종에도 적어도 초기 형태로 존재하는 것으로 추측된다. 이렇게 되면 '인간과 동물' 사이의 절대적인 경계는 허물어질 것으로 보인다.

하지만 모든 전문가가 이 견해에 공감하지는 않는다. 지능을 지닌 종이라도 인간과 비교하면 인지적 '격차'가 존재한다고 보는 이들도 있다. 원숭이는 제스처로 의사소통을 하고 위험한 상황에서는 울음소리를 내 주변에 알릴 수 있다. 까마귀는 나무 갈고리를 만들어 나무줄기 안에서 애벌레를 꺼낼 수 있다. 그리고 비버는 댐과 오두막을 지을 수 있다. 하지만 이들 중 어떤 동물도 돌을 깎아 뾰족한 도구를 만들거나, 불을 다루거나, 간단하게나마 언어를 사용하여 이야기를 전할 수 있는 능력까지는 이르지 못했다. 이는 모두 호모 에렉투스(*'똑바로 선 사람'이라는 뜻으로, 최초로 직립 보행을 한 인간 종이다. 또한 최초로 아프리카를 떠난 인류이기도 하다. 200만 년 전 등장해 40만 년 전 사라진 것으로 알려져 있었으나 최근 한 연구에서 10만 년 전까지 생존했을 가능성을 밝혀냈다.)가 보여 준 능력이었다.

그렇다면 인류와 다른 종 사이의 차이는 어디에서 비롯된 것일까?

이에 관한 이론은 셀 수 없이 많다. 언어, 지능, 의식, 도덕성, 추론 능력 등은 모두 '인간 고유의 것'으로 여겨져 왔다. 하지만 진화된 특정 종들에서 초기 형태의 문법, 의식, 도덕적 행동, 추론 능력이 발견되면서 인간의 인지적 특수성이 설 자리는 점차 좁아지고 있다. 인간의 인지 능력에 관한 연구들은 특정 능력, 즉 의도 공유(일명 '마음 이론'이라고도 함)에 초점을 두었다.

1978년에 심리학자 데이비드 프리맥이 제시한 마음 이론에 따르면 '타인의 마음을 읽는' 능력(타인의 의도를 인지하는 능력)은 인간 인지의 특징이다. 공감과 협력의 기초가 되는 능력으로, 다른 동물 세계에서는 찾아볼 수 없다.

전문가들은 동물에게도 마음 이론이 존재하는지에 관해 40년 가까이 집중적으로 연구했음에도 여전히 합의에 이르지 못한 상태다. 2008년 M. 토마셀로는 이 주제에 대한 30년간의 연구를 종합했는데, 침팬지에게 마음 이론이 존재하는지에 대한 결론은 혼합되어 있었다. 그로부터 10여 년이 지난 지금도 우리는 이 부분에 대해 별다른 진전을 보지 못하고 있다. 원숭이, 새 또는 다른 종들에게 의도를 공유하는 능력이 있음을 입증했다는 소식이 거의 매달 들려온다. 그리고 특정 수준의 마음 이론이 인간에게 고유하다는 데 동의하더라도, 이 능력이 어떻게 의사소통을 가능케

하며 기술이나 예술 같은 인간의 다른 능력을 설명할 수 있는지 밝혀야 할 것이다.

인간, 상상력이 풍부한 종

'마음 이론'에 버금가는 새로운 이론, 즉 '상상하는 동물 이론'이 등장했다. 이 글의 저자를 포함해 점점 더 많은 연구자가 옹호하게 된 이론이다. '상상하는 동물 이론'은 인간의 뛰어남이 돋보이는 모든 정신 활동(언어, 기술 지능, 예술적 기술, 예측, 상징 문화 등)을 연결하는 것이 무엇인가라는 초기 관찰에서 출발한다. 답은 상상력이다. 이때 상상력은 정신적 이미지를 형성하는 능력이라는 넓은 의미로 이해해야 한다. '상상하는 동물 이론'에 따르면 상상력은 단순히 온갖 종류의 꿈, 백일몽, 공상, 허구 등 환상을 만드는 활동이 아니기 때문이다. 정신적 이미지를 생산하는 일은 인간에게 있어 가장 일반적인 활동이다. 우리가 생각하고 반추하고 꿈을 꾸고 공상할 때 늘 하는 일이자 사물, 행동, 상황을 정신적으로 표현하는 일이다. 정신적 이미지는 휴가 계획, 주변 사람, 감자튀김, 예수 그리스도 등 갖가지 형태로 머릿속에 나타나며, 우리 내면에서 생각의 구조를 형성한다. 정신적 이미지는 우리의 생각을 과거(기억), 미래(예상) 또는 다른 곳(공상 또는 가능성 탐색)으로 데려가는 힘을 지니고 있다.

정신적 이미지는 행동하고 소통하기 위한 도구다. 창의적이고 개념적인 상상력은 기술 발명, 프로젝트, 정신적 사색의 기초가 된다. 주변을 둘러보자. 모든 사물은 존재하기 전에 이미 생각되고, 설계되고, 상상된 것이다. 우리 행동도 살펴보자. 대부분의 행동은 중장기적인 목표를 향해 실행된다. 목표는 우리 행동의 지평을 형성하는 개념이자 정신적 이미지다. 생각은 보이지 않는 존재이며 우리의 행동을 방향 짓는 힘을 지녔다. 넓은 의미에서 보면 상상력은 언어, 기술적 지능, 예술적 창의성, 종교, 상징 문화의 공통된 원천이라고 할 수 있다.

상상력은 인간을 보이지 않는 세계로 이끈다. 종교, 유토피아, 내면의 생각뿐만 아니라 프로젝트, 집단적 이상, 법과 금지, 계약과 약속의 세계로 말이다. 상상은 우리를 새로운 차원 속으로 던져 놓는다. 날개가 있기에 새가 하늘을 정복할 수 있었던 것처럼, 상상력이 있기에 인류는 새로운 차원을 정복할 수 있었다. 다시 말해 모든 공상과 발명의 원천인 정신적 여행을 정복할 수 있었다. 상상하는 힘은 우리 인간을 아주 독특한 동물로 만들었다.

주

동물의 감정에 대한 고찰

1　이 책에서 다 소개하지 못하는 사례들은 뒤의 참고문헌에 언급한 M. 베코프M. Bekoff와 K. L. 마티뇽K. L. Matignon의 저술을 참고하기 바란다.

2　G. Chapouthier, 'Se singer pour s'aimer', *Cerveau et Psycho*, 2015, 72.

3　G. Chapouthier, *Biologie de la mémoire*, Odile Jacob, 2006.

4　G. Chapouthier, F. Kaplan, *L'Homme, l'Animal et la Machine-Perpétuelles redéfinitions*, CNRS éditions, 2013.

5　G. Chapouthier G., 'Un test de personnalité pour éléphants', *Cerveau et Psycho*, 2018, n° 99.

미어캣이 공격한다! 동물의 폭력

1　M. L. Wiulson, C. Boesch, R. Wrangham *et al.*, 'Lethal aggression in Pan is better explained by adaptive strategies than human impacts', *Nature*, 18 Sept 2014.

2　F. de Waal, *La Politique du chimpanzé*, Odile Jacob, 1995. (한국어 번역본: 프란스 드 발, 『침팬지 폴리틱스』, 장대익·황상익 옮김, 바다출판사, 2018)

3　S. Blaffer Hrdy, *Les Instincts maternels*, Payot, 2004. (한국어 번역본: 세라 블래퍼 허디, 『어머니의 탄생』, 황희선 옮김, 사이언스북스, 2020)

4　D. Lukas et E. Huchard, 'The evolution of infanticide by males in mammalian societies', *Science*, 14 novembre 2014(en ligne).

5　J. M. Gómez et al., 'The phylogenetic roots of human lethal violence', *Nature*, 13 octobre 2016.

6　달팽이에서는 볼 수 있다. 늑대달팽이는 동종을 잡아먹는 무시무시한 포식자다….

Gall Myrick, 'Emotion regulation, procrastination, and watching cat videos online: Who watches Internet cats, why, and to what effect?', *Computers in human behavior*, 52, 2015

M. T Cassels *et al.*, 'One of the family ? Measuring young adolescents relationships with pets and siblings', *Journal of Applied Developmental Psychologie*, mars-avril 2017.

M. Grandgeorge, J. Fatjó *et al.*, 'Understanding the relationship between French people and their cats', Chair Affinity Foundation Animals and Health Department of Psychiatry and Forensic Medicine Autonomous University of Barcelona, 출간 예정.

M. Grandgeorge *et al.*, 'Does Pet Arrival Trigger Prosocial Behaviors in Individuals with Autism?' *PloS One*, août 2012.

A. Hart *et al.*, 'Affectionate Interactions of Cats with Children Having Autism Spectrum Disorder', *Frontiers in Veterinary Science*, mars 2018.

J. Vauclair *et al.*, 'Rotation of mental images in baboons when the visual input is directed to the left cerebral hemisphere', *Psychological Science*, 4, 99-103, 1993.

D. Bovet, *et al.*, 'Functional categorization of objects and of their pictures in baboons', *Learning and Motivation*, 29, 309-322, 1998.

D. Bovet *et al.*, 'Judgement of conceptual identity in monkeys', *Psychonomic Bulletin &Review*, 8, 470-475, 2001.

A. Barnard *et al.*, 'Inherently analog quantity representations in olive baboons (*Papio anubis*)' *Frontiers in Psychology*, 4: 253, 2013.

J. Grainger et al., 'Orthographic processing in baboons (*Papio papio*)', *Science*, 336, 245-248, 2012.

O. Petit *et al.*, 'Use of stones in a captive group of Guinea baboons (*Papio papio*)', *Folia Primatologica*, 61, 160-164, 1993.

M. Bourjade *et al.*, 'Olive baboons, *Papio anubis*, adjust their visual and auditory intentional gestures to the visual attention of others', *Animal*

Behaviour, 87, 121-128, 2014.

8 D. L. Cheney *et al.*, 'The role of grunts in reconciling opponents and facilitating interactions among adult female baboons', *Animal Behaviour*, 50, 249-257, 1995.

9 H. Meunier, 'Do monkeys have a theory of mind? How to answer the question?', *Neuroscience and Biobehavioral Reviews*, 82, 110-123, 2017.

꿀벌의 집단 지성

1 J. Krause, G. D. Ruxton, S. Krause, 'Swarm intelligence in animals and humans', *Trends in Ecology&Evolution* 25: 28-34, 2010.

2 K. Von Frisch, *The Dance Language and Orientation of Bees*, Harvard University Press, 1967.

3 F. C. Dyer, 'Dance langage', *Encyclopedia of Animal Behavior* 445-453, 2010.

4 T. D. Seeley, *Honeybee Democracy*, Princeton University Press, 2010. (한국어 번역본: T. D. 실리, 『꿀벌의 민주주의』, 하임수 옮김, 에코리브르, 2021)

5 T. D. Seeley, P. K. Visscher, T. Schlegel, P. M. Hogan, N. R. Franks, J. A. Marshall, 'Stop signals provide cross inhibition in collective decisionmaking by honey bee swarms', *Science* 335: 108-111, 2012.

6 T. D. Seeley, 앞의 책, 2010.

7 M. Lihoreau, T. Latty, L. Chittka, 'An exploration of the social brainhypothesis in insects', *Frontiers in Physiology* 3: 165, 2012.

8 C. J. Perry, A. B. Barron, L. Chittka, 'The frontiers of insect cognition', *Current Opinion in Behavioral Sciences* 16: 111-118, 2017.

숲, 인간, 침팬지의 복잡한 관계

1 이 접근법은 여러 학문(지리학, 생태학, 민족학)과 방법을 결합한 지리학 논문에서 활용되었다. 침팬지 분포에 대한 공간 분석(GPS 및 행동 추적 조사)과 식생에 대한 공간 분석(숲과 그 경계 지역의 식물 조사, 나무 결실 추적 조사), 그리고 지역 주민 조사 등이 포함되었다. 다음을 참고. S. Bortolamiol 'Interactions hommes-chimpanzés-forêt. Approche spatiale et territoriale de la répartition des chimpanzés, des perceptions locales et de la gestion de la

biodiversité(Sebitoli, parc national de Kibale, Ouganda)', 파리디드로대학교 지리학 박사 논문, 2014.

S. Bortolamiol *et al.*, 'Suitable habitats for endangered frugivorous mammals: small-scale comparison, regeneration forest and chimpanzee density in Kibale National Park, Uganda', *PLoS ONE* 9: e102177, 2014.

S. Bortolamiol *et al.*, 'Chimpanzee non-avoidance of hyper-proximity to humans', *Journal of Wildlife Management* 80: 924-934, 2016.

S. Krief *et al.*, 'Wild chimpanzees on the edge: nocturnal activities in cropland', *PLoS ONE* 9: e109925, 2014.

M. Cibot *et al.*, 'Chimpanzees facing a dangerous situation: A high-traffic asphalted road in the Sebitoli area of Kibale National Park, Uganda', *American Journal of Primatology* 77: 890-900, 2015.

S. Krief *et al.*, 'Agricultural expansion as risk to endangered wildlife: Pesticide exposure in wild chimpanzees and baboons displaying facial dysplasia', *Science of the Total Environment* 598: 647-656, 2017.

S. Bortolamiol *et al.*, 'Territoires protégés, humains et chimpanzés. Une lisière fluctuante dans le temps et l'espace', *Annales de Géographie* 716: 435-463, 2017.

S. Bortolamiol *et al.*, 'Wildlife and spiritual knowledge at the edge of protected areas: raising another voice in conservation', Universidade Federal Rural de Pernambuco, 2018.

M. A. Tucker *et al.*, 'Moving in the Anthropocene: Global reductions in terrestrial mamma-lian movements', *Science* 359: 466-469, 2018.

K. Mc Gaynor *et al.*, 'The influence of human disturbance on wildlife nocturnality', *Science*; 1232-1235, 2018.

Le Silence des bêtes, Fayard, 1998.

Les Origines animales de la culture, Flammarion, 2001.

Les Diplomates. Cohabiter avec les loups sur une autre carte du vivant, Wildproject, 2016.

P. Kropotkine, L'Entraide, un facteur de l'évolution, Aden, 1906.

다음을 읽어보기 바람. M. A. Selosse, Jamais seul. Ces microbes qui construisent *les plantes, les animaux et les civilisations*, Actes Sud, 2017. (한국어 번역본: 마르크 앙드레 슬로스, 『혼자가 아니야: 식물, 동물을 넘어 문명까지 만들어 내는 미생물의 모든 것』, 양영란 옮김, 갈라파고스, 2019)

6   개의 '발명'에 관한 자세한 내용은 나의 저서 2권을 참고하기 바람. *Kamala, une louve dans ma famille*, Flammarion, 2012 et *Trois* prédateurs dans un salon. Une histoire du chat, du chien et de l'homme, Belin, 2014). 또는 월간 대중 과학지 《푸르 라 시앙스Pour la Science》('La domestication du loup', n° 423, p. 42-49, 2015), 《라 르세르슈La Recherche》('L'évolution de l'homme sur la piste du loup', n° 498: p. 60-66, 2015), 《시앙스 위맨Sciences Humaines》('Le chien a-t-il fait l'homme?' n° 262: p. 50-52, 2014)에 실린 기사들을 참고하기 바람.

7   P. Jouventin, *Kamala, une louve dans ma famille*, Flammarion, 2012.

8   P. Jouventin, Le loup, ce mal-aimé qui nous ressemble, HumenSciences, 2021.

9   늑대에 관한 글에서 결론으로 제시함.

10 P. Shipman, *The Invaders. How Humans and Their Dogs Drove Neanderthals to Extinction*, Harvard University Press, 2015.

동물 매개 치료

1   B. Belin, *Animaux de compagnie au secours du handicap*, L'Harmattan, 2003.

2   'The dog as 'co-therapist'', *Mental Hygiene*, 46, 1962.

3   A. Condoret, *L'Animal, compagnon de l'enfant*, Fleurus, 1973.

4   프랑스 국가 공인 자격증 목록: '에퀴시엥': http://www.rncp.cncp.gouv.fr/grand-public/visualisationFiche?format=fr&fiche=18139

5   프랑스 병원감염방지위원회 보고서: 'Prévention du risque infectieux et médiation/présence animale en établissements médico-sociaux et établissements de santé', novembre 2016.

6   R. Kholer, 'État des lieux de la Médiation animale dans les Etablissements d'hébergement pour personnes âgées dépendantes en France: De la théorie vers la conception d'un cahier des charges', Thèses.fr, 2011.

7   J. Michalon, *Panser avec les animaux. Sociologie du soin par le contact animalier*, Presses des Mines, 2014.

8   2020년 9월에 잡지 《주간 사회 소식Actualités Sociales Hebdomadaires》에서는 이 주제에 대한 법적, 사회적 문제를 자세히 다루었다.

프랑스 재단의 후원을 받는 아드리엔&피에르 소메르 재단은 공익을 위한 활동으로 인정받고 있으며, 이해관계를 따라 활동하지 않으며, 대중의 자금 지원에 의존하지 않는다. 재단의 역할은 동물 매개에 대한 인식을 높이고 관련 활동과 연구를 지원함으로써 동물 매개 치료를 촉진하는 것이다. 2003년 이래로 이 재단은 사회 복지 시설, 사회 의료 기관, 마을, 교도소 등에서 1천 개 이상의 동물 매개 치료 활동을 지원했으며 지원 총액은 1천만 유로에 달한다. www.fondation-apsommer.org

G. Chapouthier, 'Un test de personnalité pour éléphants', *Cerveau et Psycho* n°99, 2018.

Seuil, 2016.
A.-L. Thessard, 'Transanimalisme, animaux augmentés, animaux cyborg: vers un statut de sous-machine?', *Droit, animal, éthique et sciences*, n° 97, avril 2017, p. 24.
A.-L. Thessard, 'Compétition symbolique entre les espèces. Animaux/Humains/IA', *Multitudes*, avril 2020.
B. Morizot, *Les Diplomates*, Wildproject, 2016.

K. Mercier et A.-C. Lomellini-Dereclenne, *Le Droit de l'animal*, LGDJ, 2017.
C. Morales Frénoy, *Le Droit animal*, L'Harmattan 2017.
J. P. Marguénaud, F. Burgat et J. Leroy, *Le Droit animalier*, PUF 2016.
이 주제와 관련해서는 다음을 참고. 'Steven Wise, l'avocat des grands singes', Catherine Vincent, *Le Monde* du 27 janv. 2018.
이와 관련해서는 다음을 참고. J. P. Marguénaud, *La Personnalité juridique des animaux*, Recueil Dalloz 1998, p. 205.

6 'Les animaux ne sont plus des 'meubles'', Judith Duportail et Vincent Tremolet de Villers, *Le Figaro* du 15 avril 2014.

7 J.-L. Bergel, *Méthodologie juridique*, PUF, 2016, n° 69.

8 특히 다음을 참고. 'La Théorie des droits de l'animal selon Gary L. Francione, Pour l'abolition de l'animal-esclave', *Le Monde Diplomatique*, août 2006.

9 이 의미는 다음을 참고. P.-J. Delage, 'L'Animal en droit pénal: vers une protection pénale de troisième génération?', *Revue Droit pénal* n° 2, février 2018, dossier 2. 다음 저작도 참고. M. Perrin, *Le Statut pénal de l'animal*, L'Harmattan, 2016.

종차별 논쟁

1 다음을 참고. La tribune de L. Aliot, Rassemblement national, 'combattre les dangers du véganisme et de l'antispécisme', 03/07/2018.

2 'Vegan tendance néonazis', Slate.fr, http://www.slate.fr/story/153122/vegan-tendance-neonazis, 28/10/2017

3 최근 설립된 프랑스 동물기호학협회(Société française de zoosémiotique): http://societefrancaisedezoosemiotique.fr/ 참고.

4 지각력(Sentience): 생명체가 감정, 고통, 안녕 등을 느끼고, 환경과 삶의 경험을 주관적으로 인식하는 능력. Astrid Guillaume, 'Le mot sentience entre dans le Larousse 2020', *La revue de la Fondation Droit animal, Ethique et Science*(LFDA), n°102, 2019, https://www.fondation-droit-animal.org/102-lemot-sentience-entre-dans-le-larousse-2020/

5 아스트리드 기욤, '휴머니멀리즘(인간동물주의)과 어휘론: 동물의 고통의 말(Humanimalisme et lexicologie: les mots de la souffrance animale)', 심포지엄 '동물 연구 사유하기. 학문을 (다시) 창조하고 인간/동물 관계를 (다시) 생각하기', 스트라스부르, 2017년 11월 9일, 온라인 동영상: https://www.youtube.com/watch?v=Fr8vGN4BAEI

6 'Déclaration des droits de l'être sentient', Blog Mediapart, https://blogs.mediapart.fr/hippolyte-varlin/blog/150518/declaration-des-droits-de-letre-sentient, mai 2018.

미국: 소방관들이 언 늪에 고립된 개 두 마리 구출. FranceTV info, 20/02/2015. https://www.francetvinfo.fr/monde/ameriques/video-etats-unis-les-pompiers-sauvent-deux-chiens-bloquesdans-les-glaces-d-un-marais_830067.html

D. Pongas, M. Mistry et S. Schaal, 'A robust quadruped walking gait for traversing rough terrain', *Robotics and Automation*, 2007 IEEE International Conference on(pp. 1474-1479).

유튜브: https://www.youtube.com/watch?v=aR5Z6AoMh6U

F. Courchamp, I. Jaric *et al.*, 'The paradoxical extinction of the most charismatic animals', *PLOS Biology* 16 (4): e2003997, 2018.

L. Maréchal *et al.*, 'Experience-based human perception of facial expressions in Barbary macaques(Macaca sylvanus)', *PeerJ*, 5, e3413, 2017.

G. Agamben, *The Sacrament Of Language*, John Wiley & Sons, 2018. (한국어 번역본: G. 아감벤, 『언어의 성사(맹세의 고고학)』, 정문영 옮김, 새물결, 2012)

동물심리학의 탄생

R. W. Burkhardt, *Patterns of Behavior, Konrad Lorenz, Niko Tinbergen, and the Founding of Ethology*, University of Chicago Press, 2005.

R. W. Burkhardt, An Orangutan in Paris: Pondering Proximity at the Muséum d'histoire naturelle in 1836', *History and Philosophy of the Life Sciences*, 2018, 40 (1) Article number 20 https://doi.org/10.1007/s40656-018-0186-1

C. Herzfeld, *The Great Apes. A Short History*, Yale University Press, 2017.

G. M. Montgomery, *Primates in the Real World. Escaping Primate Folklore and Creating Primate Science*, University of Virginia Press, 2015.

T. Munz, "My Goose Child Martina': The Multiple Uses of Geese in the Writings of Konrad Lorenz', *Historical Studies in the Natural Sciences*, 2011, 41 (4), p. 405-446.

T. Munz, *The Dancing Bees: Karl von Frisch and the Discovery of the Honeybee Language*, University of Chicago Press, 2016.

G. Radick, *The Simian Tongue. The Long Debate about Animal Language*, University of Chicago Press, 2007.

D. Todes, *Ivan Pavlov. Exploring the Animal Machine*, Oxford University Press, 2000.

M. Thomas, 'Are Animals just Noisy Machines? Louis Boutan and the Co-invention of Animal and Child Psychology in the French Third Republic', *Journal of the History of Biology*, 2005, 38 (3), p. 425-460.

동물은 세상을 어떻게 지각할까?

J. von Uexküll(1934/2010), *Milieu animal et milieu humain*, Payot & Rivages. (한국어 번역본: 야콥 폰 윅스퀼 지음, 『동물들의 세계와 인간의 세계』, 정지은 옮김, 도서출판b, 2012)

M. Bekoff, *Les Émotions des animaux*, Payot, 2009.

D. Bovet, G. Chapouthier, 'Les Degrés de sensibilité dans le monde animal et leur identification scientifique', in T. Auffret Van Der Kemp, M. Lachance (sous dir.), *La Souffrance animale: de la science au droit*, éditions Yvon Blais, Canada, 2013.

G. Chapouthier, 'Philosophie et neurosciences: les racines animales de la psychiatrie', *Psychiatrie française*, 2012, 1.

G. Chapouthier, F. Kaplan, *L'Homme, l'Animal et la Machine-Perpétuelles redéfinitions*, CNRS éditions (Poche, collection 'Biblis'), 2013.

G. Chapouthier, *Sauver l'homme par l'animal*, Odile Jacob, 2020.

F. De Waal, *Le Bon singe: Les bases naturelles de la morale*, Bayard, 1997.

L. Dickel, A. S. Darmaillacq, 'L'intelligence des céphalopodes', *Pour la Science*, 2014, 441.

K. L. Matignon, *Émotions animales*, éditions du Chêne, 2005.

T. Watt Smith, *Le dictionnaire des émotions. Ou comment cultiver son intelligence émotionnelle*, éditions Zulma, 2019.

F. Lévy, A.-S. Darmaillacq, *Éthologie animale. Une approche biologique du comportement*, De Boeck Supérieur, 2019.

S. C. Strum, *Voyage chez les babouins*, Points Sciences, 1995.

J. Vauclair, *L'Intelligence de l'animal*, Le Seuil, 2016.

J. Vauclair, M. Kreutzer, *L'Éthologie cognitive*, Éditions Ophrys, 2004.

D. Marie et A. Meguerditchian *et al.*, 'Left Brain Asymmetry of the Planum Temporale in a non-Hominid primate: Redefining the origin of brain specialization for language', *Cerebral Cortex*, 28,1808-1815, 2018.

M. Bourjade, A. Meguerditchian et J. Vauclair *et al.*, 'Olive baboons *Papio anubis* adjust their visual and auditory intentional gestures to the visual attention of others', *Animal Behaviour*, 87, 121-128, 2014.

A. Meguerditchian(dir.), 'Communication des primates: à la recherche des origines du langage', *Revue Primatologie* 5, 2013.

A. Meguerditchian et W. D. Hopkins *et al.*, 'The sound of one hand clapping: handedness and perisylvian neural correlates of a communicative gesture in chimpanzees', *Proceeding of the Royal Society Biology*, 279, 1959-1966, 2012.

유혹하기 … 목숨을 내놓는 일

P.-H. Gouyon, *Aux origines de la sexualité*, Fayard, 2009.

F. de Waal. *Bonobos, le bonheur d'être singe*, Fayard, 2006. (한국어 번역본: 프란스 드 발, 『보노보』, 김소정 옮김, 새물결, 2003)

포유류의 애착

R. Nowak, M. Keller, F. Lévy, 'Mother-young relationships in sheep: a model for a multidisciplinary approach of the study of attachment in mammals', *J. Neuroendocrinology* 23 (11): 1042-53, 2011.

J. S. Lonstein, F. Lévy, A. S. Fleming, 'Common and divergent psychobiological mechanisms underlying maternal behaviors in non-human and human mammals', *Hormones and Behavior* 73: 156-85, 2015.

M. Numan et L. J. Young, 'Neural mechanisms of mother-infant bonding and pair bonding: Similarities, differences, and broader implications', *Hormones and Behavior* 77, (98), 2016.

R. Feldman, 'The Neurobiology of Human Attachments', *Trends in Cognitive Sciences* 21 (2):80-99, 2017.

A. M. Lomanowska, M. Boivin, C. Hertzman ? A. S. Fleming, 'Parenting begets parenting: A neurobiological perspective on early adversity and the transmission of parenting styles across generations', *Neuroscience* 342, 7: 120-139, 2017.

G. Boeuf, *Biodiversité, de l'océan à la cité. Leçons inaugurales du Collège de France*, Collège de France/Fayard, 2014.

G. Boeuf, 'La COVID 19: un électrochoc collectif salutaire?', in *Sorbonnavirus, regards sur la crise du Coronnavirus*, Presses de Sorbonne Université, pp 251–264, 2021.

R. Carson, *Silent spring*, Houghton Mifflin, 1962.

S. Diaz *et al.*, 'Pervasive Human-Driven Decline of Life on Earth Points to the Need for Transformative Change', *Science*, vol. 366, N° 6471, 2019.

J. Dorst, *Avant que nature meure*, Delachaux et Niestlé, 1965 ; réédité, sous le titre Avant que nature meure, pour que nature vive, Editions du MNHN, 2012.

P. Gandré et C. Cornand, 'Covid-19: cette 'myopie au désastre' qui dégrade nos capacités de réponse aux crises', *The Conversation*, 8 avril 2020.

IPBES (Intergovernmental Science-Policy Platform on Bio-diversity and Ecosystem Services), *Global Assessment Report on Biodiversity and Ecosystem Services: Summary for Policymakers*, 2019.

IPCC, *Special Report on climate change and land ; Special Report on the Ocean and Cryosphere in a changing climate*, 2019.

K. E. Jones *et al.*, 'Global Trends in Emerging Infectious Diseases', *Nature*, vol. 451, 2008.

F. Keesing *et al.*, 'Impacts of biodiversity on the emergence and transmission of infectious diseases', *Nature*, vol. 468, 2010, p. 647-652.

D. H. Meadows *et al.*, *The limits to growth. Enquête sur le club de Rome et rapport sur les limites à la croissance*, Fayard, 1974.

N. Mitchell et F. Popham, 'Effect of exposure to natural environment on health inequalities: an observational population study', *The Lancet*, 372, 1655-60, 2008.

E. Morin, *Le temps est venu de changer de civilisation. Dialogue avec Denis Lafay*, L'Aube, 2021.

UICN, The Marseille Manifesto, 2021.

P. M. Vitousek, *et al.*, 'Human domination on Earth's ecosystems', *Science*, 277, 494-499, 1997.

C. Xu *et al.*, 'Future of the human climate niche', *PNAS*, 117:11350-5, 2020.

C. Castoriadis, *L'Institution Imaginaire de la Société*, Seuil, 1975.

D. Karadimas, 'Voir une chenille, dessiner un serpent à plumes. Une relecture analogique de l'hybridité et des êtres imaginaires en Mésoamérique préhispanique', *Journal de la Société des Américanistes* 100 (1): 7-43, 2014.

C. Lévi-Strauss, *Anthropologie structurale*, Plon, 1958.

J.-L. Le Quellec et B. Sergent, *Dictionnaire critique de mythologie*, CNRS Éditions, 2017.

이 책에 참여한 사람들

로랑 테스토

저널리스트, 교육자, 강사. 편저로
『붕괴. 변화하는가, 사라지는가? 우리
행성에 대한 진정한 평가Collapsus.
Changer ou disparaître? Le vrai bilan sur
notre planète』(L. Aillet 공편, Albin
Michel, 2020), 저서로『대재앙,
인류의 환경사Cataclysmes. Une histoire
environnementale de l'humanité』(Payot,
2017, rééd. Poche 2018),『호모 카니스.
개와 인류의 역사Homo canis. Une histoire
des chiens et de l'humanité』(Payot, 2018),
『세계의 새로운 역사La Nouvelle Histoire
du Monde』(Éditions Sciences Humaines,
2019)가 있다.

마르크 뫼라노

과학 저널리스트.《시앙스 위맨》과
《리앵 소시알Lien Social》에 정기적으로
기고한다.

마린 부아사두

툴루즈장조레스대학교 강사 겸
연구원. 프랑스대학연구소의 주니어
회원이다. 동물행동학, 생물학,
심리학, 진화인류학을 아우르는

연구와 강의 활동을 진행한다. 다양한
동물 종과 다양한 인간 집단에 대한
비교 연구를 수행 중이다.

마리안 코앵

소르본대학교 교수.

미리옹 토미

스트라스부르대학교 과학사 부교수.
영장류학, 수의학, 동물행동학의
역사를 전문으로 다룬다.

마린 그랑조르주

렌대학교 동물 및 인간 행동학 강사
겸 연구원. 편저로『상호 작용과
상호 이해: 비교 접근법Interactions et
intercomprénion: une approche comparative』
(B. Le Pévédic 및 F. Pugnière-Saavedra
공편, E.M.E., 2013),『인간-동물-기계
간 소통을 향해?Vers une communication
Homme-Animal-Machine?』(C. Jost, B. Le
Pévédic 및 F. Pugnière-Saavedra 공편,
E.M.E., 2015)가 있다.

마티유 리오로

동물행동학자, CNRS 연구원. 곤충의

비교 인지를 전문으로 연구하는 동물행동학자. 10년 동안 꿀벌의 개체 및 집단 지능에 대한 연구를 수행해 왔다.

베로니크 세르베

심리학자, 리에주대학교 커뮤니케이션 인류학 교수. 편저로 『개에 관한 (인문) 과학La Science (humaine) des chiens』(Le Bord de l'eau, 2016), 저서로 『동물행동학, 행동의 자연사L'Éthologie. Histoire naturelle du comportement』(J.-L. Renck 공저, Seuil, 2002)가 있다.

보리스 알브레히트

아드리엔 & 피에르 소메르 재단 이사.

사라 보르톨라미올

CNRS 연구원.

사브리나 크리프

국립자연사박물관 교수.

세드릭 쉬외르

스트라스부르대학교 동물행동학 및 동물윤리학 부교수. 주요 저서로 『가미카제 원숭이, 실험용 원숭이Kamikaze saru, le singe cobaye』(Éditions du jasmin noir, 2021)와 『동물 윤리의 문제들Questions d'actualité en éthique animale』(M. Pelé 공저, L'Harmattan, 2017)이 있다.

소피 비기에 뱅송

과학 저널리스트.

스즈키 고타로

니가타대학교 실험심리학 명예 교수. 저서로 『인간 정신의 진화L'Évolution de l'esprit humain』(Chikuma, 2013)와 『심리학의 몇 가지 신화들De quelques mythes en psychologie』(J. Vauclair 공저, Le Seuil, 2016)이 있다.

아드리엥 메게르디치앙

엑스마르세유대학교 인지심리학 연구소 소속 CNRS 연구원.

아스트리드 기욤

소르본대학교 기호학자, 프랑스 동물기호학협회 명예 부회장 겸 공동 창립자. 편저로 『이데올로기와 번역학Idéologie et traductologie』(L'Harmattan, 2016)이 있다.

안 로르 테사르

철학자, 소르본대학교 강사. EM 노르망디 파리 철학 교수. 트랜스애니멀리즘에 관한 논문을 다수 집필했다.

안 클레르 테리졸

과학 저널리스트.

엘로이즈 주니에

유아 발달 전문 심리학자, 과학 저널리스트, 교육자, 강사.

과학 저널리스트.

엑스마르세유대학교 비교심리학 및
발달심리학 명예 교수. 주요 저서로
『인간과 동물. 비교 인지L'homme et
l'animal. Cognition comparée』(Presses
de Paris Ouest, 2020), 『동물의
지능L'Intelligence de l'Animal』(Seuil,
2e éd., 2017) 및 『동물 인지Animal
Cognition』(Harvard University Press,
1996) 등이 있다.

인류학자이자 CNRS 명예 연구
책임자. 주요 저서로 『융과 원형Jung
et les Arché-types』(Sciences Humaines,
2013)과 『인류학 비판 사전Dictionnaire
critique d'anthropologie』(B. Sergent 공저,
CNRS Éditions, 2017)이 있다.

역사학자이자 과학 철학자. 주요
저서로 『곤충의 철학Philosophie de
l'insecte』(Seuil, 2014)이 있다. 2020년
별세.

과학 저술가. 주요 저서로 『멸종,
종의 황혼Extinctions. Le crépuscule des
espèces』(Dargaud, 2021), 『동물의
행동Le comportement animal』(Milan,
2021), 『인간은 다른 동물과 같은
존재인가?L'homme est-il un animal comme

les autres ?』(La ville brûle, 2017) 등이
있다.

휴머놀로지(인간학) 전문가, 《시앙스
위맨》 및 《뤼마놀로그》창간인.
저서로 『인간, 이토록 이상한
동물L'Homme cet étrange animal』,
『인간 사용 설명서Les Humains mode
d'emploi』(Éditions Sciences Humaines)가
있다.

심리학자, 《르 세르클 프시》 전
편집장. '바보' 3부작인 『내 주위에는
왜 멍청이가 많을까』(2018; 시공사,
2020), 『바보의 세계』(2019; 월북,
2021) 및 『정치의 바보들Psychologie de
la connerie en politique』(2020, Sciences
Humaines)을 비롯해 여러 책을
기획하고 엮었다.

인류학자, CNRS 명예 연구 책임자,
말 및 승마 역사학자. 주요 저서로
『동물주의는 반인간주의L'Animalisme
est un antihumanisme』(CNRS éditions,
2018)가 있다.

생물학자이자 철학자. CNRS의 명예
연구 책임자다. 뇌와 동물에 관한
많은 저작물을 출간했으며 『연구원과
쥐Le Chercheur et la souris』(F. Tristani-
Potteaux 공저, CNRS, 2013), 『기억의

이 책에 참여한 사람들

발명: 쓰기, 기록, 디지털화L'Invention de la mémoire, écrire, enregistrer, numériser』(M. Laguës 및 D. Beaudouin 공저, CNRS, 2017) 등이 있다.

조엘 파고

CNRS 연구 책임자. 비인간 영장류의 인지를 연구한다.

질 뵈프

생물학자이자 전 자연사 박물관 관장, 피에르에마리퀴리대학교 교수. 바뉠쉬르메르에 있는 아라고 연구소의 연구원이며 프랑스 생물 다양성청에서 과학위원회 위원장을 맡고 있다.

크리스텔 심레르

스트라스부르대학교 사법 부교수. 기본사법연구센터(기관 번호 n° 1351)의 회원이다. 저서로『재산법 핵심Les Indispensables du droit des biens』(Ellipses, 2017) 및 『가족법Droit de la famille』(P. Hilt 공저, Ellipses, 2018)이 있다.

클로드 비타

행동의학 전문 수의사. 저서로『개의 심리학La Psychologie du Chien』(Odile Jacob, 2004)과 『사랑의 위험Au risque d'aimer』(Odile Jacob, 2013)이 있다.

타마라 고메즈 모라쇼

동물인지연구센터(CRCA) 및 통합 생물학 센터(CBI)(CNRS, 툴루즈

폴사바티에대학교) 연구원. 꿀벌의 숙주-기생충 관계를 전문으로 연구한다.

파비엔 델푸르

프랑스 고등연구원 강사.

프레데리크 레비

INRA 발드루아르 센터 연구원.

플로랑스 고네

엑스마르세유대학교/CNRS 인지심리학 연구소 연구원. 개의 사회 인지와 개의 인간에 대한 행동을 연구한다. 최근 연구는 도시의 개와 주인, 그리고 개가 사물에 대해 의사소통하는 능력에 초점을 맞췄다.

피에르 주방탱

과학국가박사, 전 CNRS 동물행동학 연구 책임자. 40년 동안 CNRS에서 동물행동학 연구 책임자로, 13년 동안 CNRS 동물생태학 연구소장으로 재직했다. 국제 저널에 수많은 과학 기사를 기고했으며 은퇴 이후 일반 대중을 위한 저서 10권을 펴냈다. 주요 저서로『생명의 생태학을 위하여Pour une écologie du vivant』(S. Latouche 공저),『다윈의 숨겨진 얼굴La Face cachée de Darwin』및 『인간, 실패한 동물L'Homme cet animal raté』(éditions Libre et Solidaire)이 있다. 2012년에는 『우리 가족의 늑대 카말라Kamala une louve dans ma famille』(Flammarion), 2021년에는

『늑대, 우리와 닮았지만 사랑받지 못하는 동물 Le loup, ce mal-aimé qui nous ressemble』(HumenSciences)을 출간했다.

초판 1쇄 발행 2025년 3월 19일

지은이 장 프랑수아 마르미옹
옮긴이 김지현

펴낸이 안병현 김상훈
본부장 이승은   **총괄** 박동옥   **편집장** 박윤희
책임편집 이경주   **디자인** 서윤하
마케팅 신대섭 배태욱 김수연 김하은 이영조   **제작** 조화연

펴낸곳 주식회사 교보문고
등록 제406-2008-000090호(2008년 12월 5일)
주소 경기도 파주시 문발로 249
전화 대표전화 1544-1900 | 주문 02)3156-3665 | 팩스 0502)987-5725

ISBN 979-11-7061-235-3 (03180)
책값은 표지에 있습니다.